Questo volume include

My ↘ Desk | Il sistema completo di e-learning

Per accedere a MyDesk vai su
www.alphatest.it/tu26759
e segui le istruzioni.

Cos'è MyDesk e cosa ti offre?

MyDesk è la piattaforma adottata in tutti i corsi di preparazione Alpha Test.

MyDesk e questo libro sono integrati, avrai a tua disposizione:

- **Simulazioni** d'esame
- **Esercitazioni** mirate
- **Tutorial** su test e preparazione all'esame

L'integrazione fra libro e MyDesk ti consente di potenziare lo studio, l'esercizio e la verifica della preparazione offrendoti le maggiori possibilità di successo nella selezione.

TESTUNIVERSITARI

Alpha Test
BIOTECNOLOGIE, FARMACIA
TOLC-B, TOLC-F, TOLC-S
Esercizi commentati

Alpha Test

Viale Cassala, 22 – 20143 Milano (Italy)

Tel. 02 5845981 – fax 02 58459896

servizi@alphatest.it

www.alphatest.it

ISBN: 9788848326759

Quinta edizione: novembre 2023

Prima edizione: aprile 2013

Stampato da L.E.G.O. S.p.A. Lavis (TN)
per conto di Alpha Test S.r.l.
nel novembre 2023

INDICE

Prefazione

Per gli studenti italiani (ma anche stranieri che vogliono studiare in Italia) l'iscrizione all'università è ormai da parecchi anni subordinata al superamento di una prova di **selezione** (o talvolta di valutazione), che ha lo scopo di verificare se e in quale misura le aspiranti matricole abbiano le potenzialità di frequentare con profitto il corso di laurea prescelto.

Attualmente, in Italia – sia nelle più importanti università private sia in quelle statali – quasi tutti i corsi di laurea magistrale a ciclo unico (Medicina e Chirurgia, Odontoiatria e Protesi dentaria, Medicina Veterinaria, Scienze della Formazione primaria, Farmacia e Farmacia industriale, Architettura e Ingegneria edile-Architettura, Giurisprudenza ecc.) e molti corsi di laurea triennale sono caratterizzati dalla presenza del **numero programmato** a livello nazionale o locale: il numero di iscritti al primo anno di questi corsi non può quindi superare il limite di posti stabilito dal ministero dell'Università e della Ricerca (MUR) o dai singoli atenei.

La selezione tra i candidati che desiderano accedere a un corso universitario a numero programmato viene effettuata quasi sempre mediante una prova a test, composta da domande a risposta multipla: si valutano in tal modo le conoscenze e le attitudini degli studenti. Il test viene predisposto, a seconda dei casi, o su incarico del MUR (come, per esempio, per le prove nazionali di accesso ai corsi di Medicina/Odontoiatria e Veterinaria) o dalle singole università o da consorzi interuniversitari (quali il CISIA o il CINECA). Il risultato che uno studente ottiene nel test determina il **punteggio** con cui entra nella **graduatoria dei candidati** in base alla quale vengono attribuiti i posti a disposizione.

In pochi corsi a numero chiuso locale, a definire la posizione nella graduatoria finale contribuiscono anche i voti conseguiti negli ultimi anni di scuola superiore o il voto dell'Esame di Stato, ma con peso minore (se non minimo) rispetto al punteggio del test.

La normativa impone ormai anche ai corsi di laurea ad accesso libero di attivare **prove valutative** e/o di **orientamento**, quasi sempre a test; lo scopo di tali prove è rilevare il livello della preparazione iniziale di ogni studente, che sia almeno pari a quella ritenuta necessaria per frequentare con successo un dato corso (talvolta viene indicata con la formula "saperi minimi"). Tale valutazione non ha lo scopo di precludere l'iscrizione ma, in caso di mancato raggiungimento della soglia stabilita, attribuisce alcuni **obblighi formativi aggiuntivi** (OFA) che lo studente dovrà assolvere entro il primo semestre o il primo anno di corso, dimostrando di aver colmato le lacune evidenziate. In taluni casi, gli OFA vanno saldati prima di potere affrontare gli esami del primo anno di corso. Talvolta lo studente – prendendo atto di un esito insufficiente della prova – può decidere spontaneamente di rivedere la propria scelta di studi.

Dunque, anche chi intende frequentare un corso universitario ad accesso libero deve affrontare una **prova prima dell'immatricolazione**; ciò impone agli studenti seriamente motivati di **prepararsi** in modo adeguato per iniziare senza penalità il proprio percorso di studio.

Alpha Test è la più importante organizzazione in Italia che, per prima e da oltre 30 anni, offre agli studenti strumenti e percorsi diversi per affrontare con successo i test di valutazione o di selezione. A questo scopo pubblica la **collana TestUniversitari**, composta da oltre ottanta tra manuali ed eserciziari, specifici per ogni area di studio (informazioni su alphatest.it/Libri).

In particolare, questo libro è valido per la preparazione dei test di ammissione ai corsi di laurea delle aree di **biologia** e **biotecnologia** (L-2 *Biotecnologie;* L-13 *Scienze biologiche*), **chimica** e **farmacia** (L-27 *Scienze e tecnologie chimiche*; L-29 *Scienze e tecnologie farmaceutiche*; LM-13 *Farmacia e Farmacia industriale*), **agraria** e **veterinaria** (L-25 *Scienze e tecnologie agrarie e forestali;* L-26 *Scienze e tecnologie agro-alimentari*; L-38 *Scienze zootecniche e tecnologie delle produzioni animali*), **scienze naturali** (L-34 *Scienze geologiche;* L-32 *Scienze e tecnologie per l'ambiente e la natura*).

Questi corsi, infatti, prevedono lo svolgimento o di prove per l'accesso preparate dai singoli atenei (diverse tra loro, ma sempre basate su alcune o tutte le discipline trattate nel presente volume), oppure di una delle seguenti prove CISIA: **TOLC-B** o **TOLC-F** o **TOLC-S** oppure **TOLC-AV**. Anche questi test hanno per oggetto le materie trattate in questo libro.

Pochi atenei richiedono per taluni corsi delle aree sopracitate lo svolgimento del **TOLC-I**: in tal caso questo libro non coprirà tutte le discipline previste nel test.[1]

Molti atenei, invece, utilizzano il **TOLC-S** come prova valutativa anche per l'accesso ai corsi di laurea triennale in *Scienze e tecnologie fisiche* (L-30), *Scienze e tecnologie informatiche* (L-31) e *Scienze matematiche* (L-35). Questo libro, dunque, è adatto anche per la preparazione ai test di ingresso di questi specifici corsi in tali sedi.

Data la varietà di scelte possibili da parte delle università, si consiglia sempre di **verificare sul bando di ateneo** quale **TOLC** è richiesto per il corso di laurea di proprio interesse e/o quali **materie** sono previste dal test del proprio ateneo.

L'acquisto di un volume della collana TestUniversitari consente anche di accedere a **MyDesk**, l'esclusiva piattaforma online sviluppata da Alpha Test, con materiali di studio aggiuntivi (videolezioni, tutorial dei docenti, informazioni aggiornate ecc.) e un avanzato **sistema di simulazione** per svolgere esercitazioni per materia o prove simulate secondo tempi e modalità dell'esame ufficiale.

Per **accedere a MyDesk** è sufficiente seguire le istruzioni che si trovano nella seconda pagina di questo volume.

Alpha Test – attiva su tutto il territorio nazionale, con sedi nelle principali città universitarie – si avvale inoltre della collaborazione di un corpo docente di grande esperienza, organizzando **corsi specifici di preparazione** di diversa durata, in presenza oppure online (informazioni su alphatest.it/Corsi).

Un altro utile strumento per i lettori è **Alpha Test Academy**: una piattaforma online di assistenza personalizzata allo studio, che guida lo studente in un programma graduale di esercitazioni, fino al raggiungimento di una completa preparazione al test.

Il parere dei lettori è importante

Per continuare a migliorare la qualità delle proprie pubblicazioni, Alpha Test considera estremamente prezioso il parere dei propri lettori ai quali chiede la cortesia di esprimere un giudizio su questo libro nell'apposita sezione "Valuta un libro" del sito alphatest.it.

Ringraziamenti

Alpha Test ringrazia i numerosi lettori, i partecipanti ai corsi e i collaboratori che, con i loro interventi, suggerimenti e in particolare con i giudizi ogni anno forniti al termine dei corsi, hanno contribuito a migliorare nel tempo la qualità dei volumi e dei servizi offerti.

1. Si consiglia in questi casi l'uso dei volumi *Alpha Test Ingegneria- TOLC-I*.

Natura del test e caratteristiche di questo libro

Natura del test

L'accesso ai corsi di laurea attivati nelle università italiane può essere a numero programmato o libero. A seconda dei casi, è previsto o un test di ingresso selettivo o uno valutativo delle conoscenze di base.

Le prove che dovranno affrontare i lettori di questo volume sono comunque decise **in autonomia dalle singole sedi universitarie**. Ciò comporta che le caratteristiche delle prove (data di somministrazione, modalità di svolgimento – se su carta e in presenza o *computer based* in presenza o dal domicilio – numero di domande ecc.), le discipline interessate e i relativi programmi, il tempo a disposizione, l'attribuzione di valore a ogni quesito e i criteri con cui viene elaborata l'eventuale graduatoria di merito o sono assegnati gli OFA, possono variare non solo tra un corso o un indirizzo e l'altro ma tra una sede universitaria e l'altra. Per questa ragione è importante che ogni studente si procuri per tempo, sul sito dell'ateneo che intende frequentare, il **bando per l'ammissione al corso di proprio interesse**. Su tale documento si possono reperire tutte le informazioni necessarie.

Per l'accesso ai corsi di studio delle aree a cui si rivolge questo volume, risulta che una parte delle sedi universitarie formula **propri questionari**, mentre numerose altre da alcuni anni preferiscono avvalersi di appositi test predisposti dal consorzio interuniversitario CISIA, noti come **TOLC** (test on line CISIA).

I test TOLC

Come prova di ammissione per i corsi di laurea delle aree di **biologia** e **biotecnologia** (L-2 *Biotecnologie;* L-13 *Scienze biologiche*), **chimica** e **farmacia** (L-27 *Scienze e tecnologie chimiche*; L-29 *Scienze e tecnologie farmaceutiche*; LM-13 *Farmacia e Farmacia industriale*), **agraria** e **veterinaria** (L-25 *Scienze e tecnologie agrarie e forestali*; L-26 *Scienze e tecnologie agro-alimentari*; L-38 *Scienze zootecniche e tecnologie delle produzioni animali*), **scienze naturali** (L-34 *Scienze geologiche;* L-32 *Scienze e tecnologie per l'ambiente e la natura*), gli atenei che usano i test CISIA di solito richiedono uno tra **TOLC-S**, **TOLC-F**, **TOLC-B**, **TOLC-AV** (raramente è usato il TOLC-I).

Va anche notato che in molti atenei, i corsi di laurea triennale **L-30** *Scienze e tecnologie fisiche*, **L-31** *Scienze e tecnologie informatiche* e **L-35** *Scienze matematiche* utilizzano il **TOLC-S** come prova per l'accesso.

Ogni studente può svolgere la prova CISIA indicata dal bando per l'accesso al corso di suo interesse in una delle numerose date disponibili di varie sessioni previste durante l'anno, distribuite da febbraio/marzo sino a novembre.

A seconda del modo di erogazione accettato da ciascuna università, la prova si può sostenere o presso le aule di un ateneo (cosiddetto *TOLC all'università*) oppure dal domicilio nella modalità *TOLC@CASA*. L'esito di un TOLC è valido almeno per l'anno solare in cui è svolto.

In ogni sessione, i questionari somministrati di una stessa tipologia sono tutti **diversi** tra un candidato e l'altro: sono però composti da quesiti equipollenti estratti dallo stesso database predisposto dal CISIA per ogni specifico TOLC. Tutti i questionari di un medesimo TOLC hanno perciò pari livello di difficoltà.

Le tipologie di TOLC differiscono per discipline e/o sezioni e/o programmi (*syllabi*, pubblicati sulle pagine web del relativo TOLC) e/o numero di domande e/o tempo a disposizione. Vediamoli in particolare.

Il **TOLC-B** prevede **4 sezioni**, a cui si aggiunge (se l'ateneo lo richiede) una prova finale di lingua inglese:

• matematica di base	20 quesiti	50 minuti
• biologia	10 quesiti	20 minuti
• fisica	10 quesiti	20 minuti
• chimica	10 quesiti	20 minuti
totale	**50 quesiti**	**110 minuti**
• inglese	30 quesiti	15 minuti
totale con inglese	**80 quesiti**	**125 minuti**

Il **TOLC-S** prevede **4 sezioni**, a cui si aggiunge (se l'ateneo lo richiede) una prova finale di lingua inglese:

• matematica di base	20 quesiti	50 minuti
• ragionamento e problemi	10 quesiti	20 minuti
• comprensione del testo	10 quesiti	20 minuti
• scienze di base	10 quesiti	20 minuti
totale	**50 quesiti**	**110 minuti**
• inglese	30 quesiti	15 minuti
totale con inglese	**80 quesiti**	**125 minuti**

Il CISIA sta lavorando a una modifica del TOLC-S, che prevede in particolare di sostituire la sezione "scienze di base" con quattro sezioni autonome dedicate a chimica, biologia, fisica e scienze della Terra (5 quesiti ciascuna), tutte discipline già previste nell'attuale *syllabus* di scienze di base.

Il **TOLC-F** prevede **5 sezioni**, a cui si aggiunge (se l'ateneo lo richiede) una prova finale di lingua inglese:

• biologia	15 quesiti	20 minuti
• chimica	15 quesiti	20 minuti
• matematica	7 quesiti	12 minuti
• fisica	7 quesiti	12 minuti
• logica	6 quesiti	8 minuti
totale	**50 quesiti**	**72 minuti**
• inglese	30 quesiti	15 minuti
totale con inglese	**80 quesiti**	**87 minuti**

Il **TOLC-AV** prevede **6 sezioni**, a cui si aggiunge (se l'ateneo lo richiede) una prova finale di lingua inglese:

• biologia	8 quesiti	16 minuti
• chimica	8 quesiti	16 minuti
• fisica	8 quesiti	16 minuti
• matematica	8 quesiti	16 minuti
• logica	8 quesiti	16 minuti
• comprensione verbale (due brani)	10 quesiti)	20 minuti
totale	**50 quesiti**	**100 minuti**
• inglese	30 quesiti	15 minuti
totale con inglese	**80 quesiti**	**115 minuti**

L'esito, per tutti i TOLC, risulta dall'attribuzione dei seguenti **punteggi**: 1 punto per ogni risposta corretta; 0 per ogni risposta non data; –0,25 per ogni risposta errata.

I test di ateneo

Dall'analisi dei bandi e dei test degli anni passati risulta che anche nei test autonomi di ateneo le discipline oggetto di verifica sono le medesime presenti nei TOLC. Infatti, per la composizione delle prove valutative o selettive dei corsi di laurea a cui si rivolge questo libro sono utilizzati quesiti relativi a tutte o alcune delle seguenti aree tematiche: biologia; chimica; matematica; fisica; ragionamento logico; inglese.

La tabella seguente indica, a **titolo di esempio**, i test utilizzati nelle principali sedi universitarie come prova di accesso per l'a.a. 2023/24 per i corsi delle aree a cui si rivolge questo volume. Si raccomanda di **verificare sul bando di ateneo** le informazioni relative all'anno accademico di interesse e se la prova ha carattere selettivo o valutativo.

[*U.d.S.* = Università degli Studi; *Test* = prova autonoma di ateneo, selettiva o valutativa; *Libero* = iscrizione diretta con attribuzione di OFA in base al voto dell'Esame di Stato; *Libero**= iscrizione diretta, con graduatoria basata sul voto dell'Esame di Stato e sull'ordine cronologico della domanda di iscrizione.]

Se nella tabella non è specificato il tipo di test, il corso di riferimento non è attivo presso la sede universitaria.

Ateneo	**Area di biologia e biotecnologie**	**Area di Farmacia**	**Area di Chimica**	**Area di scienze ambientali e geologiche**	**Area di agraria e veterinaria**
U.d.S. di BARI Aldo Moro	Test	Test	Test	Test	Test
U.d.S. della BASILICATA	TOLC-B	TOLC-F	TOLC-S	TOLC-S	TOLC-AV
U.d.S. di BOLOGNA	TOLC-I	TOLC-F	TOLC-I	TOLC-I	TOLC--I
U.d.S. di BRESCIA	TOLC-B	TOLC-F	–	–	TOLC-AV
U.d.S. di CAGLIARI	TOLC-B	TOLC-F	TOLC-S	TOLC-S	–
U.d.S. della CALABRIA (CS)	TOLC-B	TOLC-F	TOLC-S	TOLC-S	–
U.d.S. di CAMERINO	Test	Test	Test	Test	Test
U.d.S. di CATANIA	Libero	Libero	Libero	Libero	Libero
U.d.S. "Magna Graecia" di CATANZARO	Test	Libero	Libero	Libero	Libero
U.d.S. di FERRARA	TOLC-B/F/Test	TOLC-F	Test	TOLC-S	TOLC-AV
U.d.S. di FIRENZE	TOLC-S	Test	TOLC-S	TOLC-S	TOLC-AV
U.d.S. di FOGGIA	Test	–	–	–	Libero
U.d.S. di GENOVA	Test/TOLC-B	Test	Test	Test	–
U.d.S. INSUBRIA (VA-CO)	Test	–	TOLC-S	Test	–
U.d.S. di L'AQUILA	TOLC-B	–	TOLC-S	–	–
U.d.S. di MESSINA	TOLC-F	TOLC-F	TOLC-S	TOLC-B	TOLC-AV
U.d.S. di MILANO	TOLC-S	TOLC-F	TOLC-S	TOLC-B	TOLC-AV
U.d.S. di MILANO Bicocca	TOLC-B	–	TOLC-S	TOLC-B	–
Libera Univ. "Vita Salute San Raffaele" MILANO	Test	–	–	–	–
U.d.S. di MODENA e REGGIO EMILIA	TOLC-B	TOLC-F	TOLC-B	TOLC-B	TOLC-AV
U.d.S. di NAPOLI "Federico II"	TOLC-B / Test	Libero*	TOLC-I	TOLC-I/Test	Test
U.d.S. della Campania "Luigi Vanvitelli"	TOLC-F	TOLC-F	–	Test	Test
U.d.S. di PADOVA	TOLC-I	TOLC-F	TOLC-I	TOLC-I	TOLC-AV

Ateneo	Area di biologia e biotecnologie	Area di Farmacia	Area di Chimica	Area di scienze ambientali e geologiche	Area di agraria e veterinaria
U.d.S. di PALERMO	Test	Libero	Libero	Libero	Libero
U.d.S. di PARMA	Libero*	Libero*	TOLC-I/ S/B/F	Libero	Libero*
U.d.S. di PAVIA	TOLC-B	TOLC-F	TOLC-S	TOLC-S	–
U.d.S. di PERUGIA	Test	TOLC-F	TOLC-S	Test	Test
U.d.S. del PIEMONTE ORIENTALE "Amedeo Avogadro" Vercelli	Test/TOLC-B	TOLC-F	Test	Test	–
U.d.S. di PISA	TOLC-B	TOLC-F	Libero*	TOLC-S	TOLC-AV
U.d.S. di ROMA "Sapienza"	TOLC-B	TOLC-F	TOLC-S	TOLC-S	–
U.d.S. di ROMA TRE	TOLC-B	TOLC-F	–	Test/TOLC-S/I/B	Test/TOLC-S/B
U.d.S. del SALENTO	Test	–	–	Test	Test
U.d.S. del Sannio BENEVENTO	TOLC-B	–	–	TOLC-S/B	–
U.d.S. di SASSARI	Test		TOLC-I	Libero	–
U.d.S. di SIENA	TOLC-S/B	TOLC-F	TOLC-S	TOLC-B	TOLC-AV
U.d.S. di TERAMO	TOLC-B	–	–	–	TOLC-AV
U.d.S. di TORINO	TOLC-B	TOLC-F	TOLC-S	TOLC-S	TOLC-AV
U.d.S. di TRENTO	TOLC-B	–	–	–	TOLC-AV
U.d.S. di TRIESTE	TOLC-B	TOLC-S	TOLC-S	TOLC-S/B	–
U.d.S. della TUSCIA	Test	–	–	Test	Test
U.d.S. di UDINE	TOLC-B	–	–	–	TOLC-AV
U.d.S. di URBINO Carlo Bo	Test	Test	Test	Test	–
U.d.S. di VERONA	TOLC-B	–	–	–	TOLC-AV
U.d.S. Ca' Foscari VENEZIA	–	–	TOLC-I	TOLC-I	–

Dal momento che ogni anno i test di ammissione predisposti dalle singole sedi universitarie possono presentare novità rispetto a quelli degli anni precedenti, si consiglia di **consultare il bando di concorso** al quale si rimanda quale **fonte ufficiale di informazioni**.

Caratteristiche del libro

Questo volume consente agli studenti di ottimizzare la preparazione per lo svolgimento di prove con le caratteristiche descritte; contiene infatti centinaia di esercizi risolti e commentati relativi alle materie e alle tipologie di esercizi previste nei test di ammissione a cui il volume si rivolge.

Nella **prima**, **seconda**, **terza**, **quarta** e **quinta** parte vengono presentati i quesiti relativi, rispettivamente, a matematica, biologia, fisica, chimica, e scienze della Terra. La **sesta parte** del volume è dedicata ai quesiti di natura **logico-attitudinale**, che possono essere raggruppati in due categorie:

- **comprensione verbale,** tra cui figurano gli esercizi di comprensione di brani: è richiesta la lettura di uno o più brani, di diversa natura, per rispondere a domande sul loro contenuto e sul loro significato;

- **ragionamento logico,** che comprende diverse tipologie di esercizi: problemi di logica deduttiva e numerica, sillogismi, interpretazione di tabelle e grafici statistici ecc.;

Nella settima parte infine sono riportati i quesiti di **lingua inglese**; gli esercizi proposti in questa parte del volume possono essere suddivisi in due principali tipologie:

- **comprensione di brani** di varia natura (scientifica, tecnica, letteraria, storica, giornalistica ecc.) e di lunghezza variabile da poche righe a una pagina; la comprensione viene verificata da alcuni quesiti (generalmente da uno a cinque);
- **quesiti di grammatica**, che possono essere del tipo *fill in the blanks* oppure possono consistere in frasi con una parte sottolineata contenente uno o più errori (in questo caso il candidato deve scegliere, fra le alternative proposte, quella che, sostituita alla parte sottolineata, completa correttamente la frase).

Ognuna di queste parti è composta da due sezioni: nella prima, titolata "Quesiti", vengono presentate le domande a risposta multipla a cui dare risposta; nella seconda, titolata "Soluzioni e commenti", viene invece indicata la soluzione di ogni esercizio all'interno di un commento che ne dà la spiegazione e, dove opportuno, richiama i concetti teorici necessari alla comprensione della domanda e a collocarla nel giusto contesto.

Naturalmente il commento agli esercizi presuppone che lo studente sia già in possesso, almeno parzialmente, delle conoscenze teoriche necessarie alla risoluzione dei quesiti. Il commento, infatti, indica le tecniche di risoluzione più efficaci e segnala le nozioni teoriche che l'esercizio intende verificare, ma non tratta in modo analitico e dettagliato gli argomenti oggetto delle varie domande.

Per utilizzare nel modo più proficuo questo eserciziario è utile quindi affiancarlo al corrispondente MANUALE DI PREPARAZIONE i cui capitoli consentono il **ripasso di tutte le discipline oggetto del test,** anche con l'aiuto di efficaci illustrazioni, schemi originali, tabelle ed esercizi esemplificativi.

È opportuno ricordare che gli atenei dove sono attivati i corsi a cui si riferisce il volume possono somministrare test comprensivi di tutti o solo di alcuni degli argomenti o tipologia di esercizi tra quelli analizzati nelle varie parti del libro.

Dal momento che ogni anno i test di accesso ai singoli corsi di laurea possono presentare novità rispetto a quelli degli anni precedenti, si consiglia di studiare e di esercitarsi su tutte le tipologie di esercizi analizzate nel libro, **concentrandosi maggiormente su quelle che trovano corrispondenza con la natura della prova così come descritta nel bando di concorso al quale si rimanda quale fonte ufficiale di informazioni**. Si potrà in questo modo ottimizzare la propria preparazione minimizzando eventuali sorprese al momento della prova.

Per prepararsi al test di ammissione a uno specifico corso di una particolare sede universitaria, in modo conforme al programma e alle modalità ufficiali, si consiglia di frequentare il relativo **corso Alpha Test**: durante le lezioni vengono infatti descritte in modo dettagliato le **caratteristiche** peculiari della prova di ammissione e fornite **indicazioni** precise circa le tipologie di esercizi più frequenti e le modalità di svolgimento della prova stessa, tenendo conto delle eventuali e più recenti novità.

ragionamento logico, che comprende diverse tipologie di esercizi: problemi di logica deduttiva [illegible] numerica, sillogismi, interpretazione di tabelle e grafici statistici ecc.

Nella sezione [illegible] infine sono proposti [illegible] quesiti di lingua inglese [illegible]

Gli strumenti di Alpha Test per prepararsi ai test di ingresso

[illegible]

[illegible] possono trovare tutte le normative in materia sul sito [illegible] le informazioni sono [illegible] sulle modalità di iscrizione e svolgimento; invece, sul sito delle singole Università e di Alpha Test [illegible] sono pubblicati i bandi per i diversi concorsi di ammissione, che integrano le indicazioni del Ministero [illegible] le specifiche proprie di ciascun ateneo.

Su alphatest.it viene costantemente aggiornato il calendario [illegible] test [illegible] pubblicati [illegible] test ufficiali [illegible] corsi di laurea [illegible]

[illegible] alphatest.it è possibile [illegible] domande [illegible] debolezze e impostare al meglio il percorso di studio.

[illegible] canali social Alpha Test (Instagram, TikTok, YouTube [illegible]) [illegible]

Sul magazine on line di Alpha Test [illegible] bandi [illegible]

[illegible] Alpha Test, libri con MyDesk, Alpha Test Academy, corsi di preparazione.

[illegible] successivo necessario [illegible] studio individuale [illegible] Alpha Test ha realizzato [illegible]

[illegible] libri consigliati [illegible] MyDesk [illegible]

[illegible] Alpha Test Academy.

[illegible]

[illegible] MyDesk [illegible]

Gli strumenti di Alpha Test per prepararsi al test di ingresso

Il **primo passo** in ogni percorso di preparazione consiste nel procurarsi tutte le informazioni disponibili sul test che si vuole affrontare, cominciando dai contenuti delle sue precedenti edizioni. Le fonti più autorevoli e complete sono il **sito del ministero dell'Università e della Ricerca** (MUR), i **siti degli atenei** di proprio interesse, il sito del **CISIA** se si deve sostenere un TOLC e il sito **alphatest.it**. Sul sito del MUR gli studenti possono trovare tutta la normativa in materia, sul sito del CISIA le informazioni sullo specifico test e sulle modalità di iscrizione e svolgimento; invece, sui siti delle singole università e di Alpha Test vengono pubblicati i bandi per i diversi concorsi di ammissione, che integrano le indicazioni del Ministero con le specifiche proprie di ciascuna sede.

Su **alphatest.it** viene costantemente aggiornato il calendario con le date di svolgimento delle prove a test nonché pubblicata la normativa sulle prove di ingresso; si possono inoltre scaricare, quando siano resi pubblici, i test ufficiali degli anni precedenti risolti e commentati, o reperire dati e approfondimenti relativi ai diversi corsi di laurea.

Sempre su **alphatest.it** è possibile autovalutare il proprio livello di preparazione. Il test diagnostico gratuito prevede domande rappresentative del test; il suo scopo è aiutare il candidato a individuare le eventuali debolezze e impostare al meglio il percorso di studio.

Anche i canali social Alpha Test (Instagram, Tik Tok, Youtube) informano tempestivamente su tutte le novità riguardanti sia i test sia le iniziative del Ministero o degli atenei.

Sul **magazine on line** di Alpha Test (**http://magazine.alphatest.it**) si possono consultare articoli e approfondimenti aggiornati in tema di ammissione all'università, metodi e strumenti di studio, orientamento universitario e bandi di concorso.

Il metodo Alpha Test: libri con MyDesk, Alpha Test Academy, corsi di preparazione

Il **passo successivo** necessario per conseguire una adeguata preparazione, è lo **studio individuale**. Allo scopo, Alpha Test ha realizzato una serie di libri dedicati a chi deve affrontare i test a cui si rivolge questo libro; i principali sono il MANUALE DI PREPARAZIONE, la raccolta di quesiti suddivisi per materia ESERCIZI COMMENTATI, la raccolta di SIMULAZIONI e il volume 3300 QUIZ.

Ognuno di questi libri consente l'accesso a **MyDesk**, l'esclusivo ambiente di formazione online creato da Alpha Test, con contenuti e strumenti aggiuntivi a disposizione del lettore (nella seconda pagina di ogni volume, si trovano le indicazioni per accedere alla specifica area di MyDesk). Infine, è possibile sfruttare anche un'ulteriore risorsa digitale: AlphaTestAcademy.

Ai fini dello studio, ciascuno dei quattro volumi è autosufficiente ma, allo stesso tempo, complementare agli altri. Ecco in breve le caratteristiche di ciascuno.

- **MANUALE DI PREPARAZIONE**: è il principale strumento di studio. Raccoglie la sintesi di tutti gli argomenti previsti nei programmi ufficiali del test, materia per materia. È un valido aiuto a non disperdere gli sforzi di fronte alla vastità dei programmi da svolgere, perché consente lo **studio** e il **ripasso** mirato. L'esposizione degli argomenti è resa più efficace e completa grazie a immagini, schemi, tabelle, glossari, mentre l'apprendimento è facilitato e consolidato grazie ai numerosi esercizi di esempio (sempre nella forma a risposta multipla), risolti e commentati.

  Lo spazio **MyDesk** del MANUALE propone videolezioni su argomenti di matematica, tutorial sullo svolgimento dei test, sintesi, formulari e ulteriori materiali di studio. Nel libro, un'apposita icona – visibile sul margine della pagina – segnala la presenza di contenuti aggiuntivi su **MyDesk**.

- **Esercizi commentati**: questo libro rappresenta un ulteriore supporto nella fase intermedia dello studio. Si tratta di un volume di esercitazioni guidate, con centinaia di quesiti, suddivisi tra le materie oggetto d'esame. Lo studente può svolgere ogni quesito in autonomia per poi verificare la soluzione nel relativo commento, dove troverà richiamate le nozioni teoriche necessarie e i metodi risolutivi più efficaci. In tal modo, il lettore può sia **esercitarsi** sia **accrescere la preparazione**.

  Nello spazio **MyDesk** dell'Eserciziario è possibile accedere a un **simulatore online** per svolgere esercitazioni per materia, combinando i quesiti a disposizione di una stessa disciplina, o per comporre prove simulate secondo le modalità e i tempi dell'esame ufficiale.

- **Simulazioni**: è uno strumento agile ed efficace, consigliato nella **fase finale** del percorso di preparazione. Consente di valutare i propri risultati nella soluzione di prove strutturate, monitorare la preparazione raggiunta e intervenire sulle materie o aree in cui si rilevano incertezze o lacune. Contiene 10 test completi, composti con domande ufficiali dei concorsi degli ultimi anni, in forma di **prove simulate**, accompagnate da indicazioni pratiche (tempo a disposizione, criteri di calcolo del punteggio ecc.) che consentono di svolgerle e valutarle nei modi dell'esame ufficiale.

  Nello spazio **MyDesk** correlato, è possibile svolgere online le prove contenute nel volume e confrontare così il proprio risultato con quello degli altri lettori. Sono inoltre disponibili alcune prove aggiuntive.

- **3300 Quiz – I quesiti delle prove di ammissione**: è una raccolta di quesiti, aggregati in funzione di un allenamento intensivo nelle discipline oggetto del test. Gli esercizi sono suddivisi per materia, tra matematica, biologia, fisica, chimica e scienze della Terra, logica e comprensione di testi, inglese; alla fine di ogni sezione sono riportate in tabella le soluzioni di tutti i quesiti.

  Come per l'eserciziario, anche lo spazio **MyDesk** correlato al quizzario consente l'accesso a un **simulatore online**, per svolgere esercitazioni mirate sulle singole discipline o argomenti e comporre numerose prove simulate da svolgere secondo le modalità e i tempi dell'esame ufficiale.

AlphaTestAcademy

È l'innovativo ambiente di studio online, **personalizzato** e **assistito**, che si aggiunge ai libri e a MyDesk. Per ciascuna delle materie e degli argomenti previsti nelle prove di ammissione, AlphaTestAcademy accompagna lo studente a migliorare le proprie conoscenze, proponendogli in modo **adattivo** batterie di domande a difficoltà graduale e differenziata; ogni domanda è corredata da spiegazioni o da commenti multimediali (link, videotutorial), con specifici richiami di teoria. Il materiale e l'assistenza offerti da AlphaTestAcademy consentono di chiarire lungo il percorso ogni quesito e dubbio individuale, migliorando e consolidando progressivamente conoscenze e capacità in vista del test ufficiale.

L'abbonamento alla piattaforma è in dotazione ai partecipanti ai corsi Alpha Test e viene abilitato al momento dell'iscrizione.

Corsi: studiare con i docenti Alpha Test può fare la differenza

Per superare le selezioni in ingresso al corso di laurea desiderato, lo studio individuale sui libri e con gli strumenti digitali appena descritti è un momento ineliminabile. Riuscire a studiare con efficacia in autonomia non è immediato; talvolta richiede una certa formazione di partenza, sempre un buon metodo di studio e la capacità di organizzare il proprio tempo in modo efficiente. Trovarsi in queste condizioni non è scontato, specialmente nel caso in cui la preparazione al test si svolga durante gli ultimi due anni di scuola superiore, e vada quindi coordinata con gli impegni scolastici.

Proprio per sostenere la complessità dello studio, Alpha Test offre agli studenti numerosi **corsi**, che si svolgono **on line** oppure **in aula**, con durata differenziata (da pochi giorni di lezione ad alcuni mesi). Alcune particolari caratteristiche rendono i corsi di Alpha Test l'ambiente ideale per costruirsi una preparazione ottimale, opportunamente guidata e aggiornata ai programmi e alle novità dei test.

1. **I docenti Alpha Test.** I docenti che insegnano nei corsi Alpha Test sono tutti laureati e hanno maturato un'esperienza specifica nell'insegnamento della materia di cui sono titolari. La padronanza completa della propria disciplina è infatti un requisito irrinunciabile per entrare nel team didattico, insieme alla passione per questo lavoro e alla dedizione verso gli studenti. I docenti sanno quali sono gli argomenti che occorre approfondire per il test, quali competenze specifiche devono essere attivate per questo tipo di prova e guidano ogni studente nello studio, qualunque sia il suo livello di preparazione iniziale.
2. **Come si studia nei corsi Alpha Test.** Ogni aspetto del percorso di preparazione è determinato da un metodo didattico solido e verificato. Chi partecipa a un corso Alpha Test è spinto ad acquisire, o affinare, la capacità di studiare con logica e programmazione. È soprattutto grazie a questo, più che a non sempre affidabili "trucchi", che imparerà a non farsi confondere da domande difficili, insolite o inaspettate. Nei corsi gli argomenti sono contestualmente oggetto di spiegazioni, di esercitazioni guidate e, infine, inseriti in simulazioni del test ufficiale, che diventano più frequenti con l'avvicinarsi della sessione d'esame. I docenti insegnano come gestire il tempo durante lo svolgimento della prova e come utilizzarlo al meglio con "tecniche di risoluzione" che eliminano ridondanze e passaggi inutili, scegliendo i procedimenti più veloci e adeguati al tipo di quesito. Chi frequenta con costanza un corso Alpha Test vedrà maturare il proprio metodo di studio e crescere le proprie conoscenze, guadagnando sicurezza e limitando lo "stress da esame".
3. **Il supporto dei tutor.** Oltre al corpo docente, ogni corso Alpha Test si avvale della presenza e del lavoro di tutor. Sono studenti o studentesse che, avendolo da poco sperimentato, conoscono molto bene il percorso per superare il test. Il loro ruolo è aiutare gli studenti a restare al passo con le lezioni, accompagnandoli nell'organizzazione del tempo e dello studio e nell'uso di tutti gli strumenti, cartacei e digitali, di cui i corsi si avvalgono.
4. **L'aggiornamento dei corsi.** Nel mondo universitario, i test di selezione o valutazione in ingresso subiscono numerosi e continui aggiornamenti normativi, introdotti a livello ministeriale o dei singoli atenei. In oltre 35 anni di attività in questo settore, Alpha Test ha visto più volte l'introduzione di riforme, rispondendo con tempestività e precisione alle diverse modifiche. L'organizzazione del corpo docente e l'impegno di quanti lavorano alla progettazione dei corsi consentono sempre ad Alpha Test di cogliere, analizzare e trasferire in tempo reale nella didattica eventuali cambiamenti, anche attraverso la predisposizione di materiale integrativo aggiornato e riservato ai corsisti.

Come è ovvio, la frequenza di un corso potenzia e non sostituisce l'impegno di ogni aspirante matricola nelle attività di **studio individuale** e di **esercitazione**.

Per questo, si consiglia a chi decida di iscriversi a un corso di fare una **lettura preliminare** dei libri (almeno del manuale) prima dell'inizio delle lezioni, per acquisire una conoscenza di base dei programmi. Questa raccomandazione vale in particolar modo per chi sceglie di frequentare uno dei corsi brevi Alpha Test.

Come scegliere un corso Alpha Test

Alpha Test organizza corsi di preparazione per i test di accesso a **tutte le aree di studio**. I corsi sono in formati diversi: **online** (interamente on demand oppure in diretta oppure in modalità *blended*, cioè con ambiente di apprendimento misto) o **in presenza**, in molte città italiane.

In base alle proprie esigenze, gli studenti possono scegliere tra **corsi di lunga durata**, che prevedono anche una guida allo studio approfondito della teoria, e corsi **brevi e intensivi** di sole esercitazioni e simulazioni.

Di ciascun corso, su **alphatest.it** sono indicati i calendari, le quote di iscrizione, le promozioni attive e la scontistica riservata a coloro che hanno già acquistato uno o più volumi di preparazione.

Per ogni richiesta di informazione o per una consulenza personalizzata è inoltre possibile contattare il team Admission Alpha Test al telefono o su Whatsapp al numero **02 5845 981**.

Suggerimenti per affrontare il test

Per affrontare al meglio un test a risposta multipla è importante conoscerne le caratteristiche rilevanti: per esempio quali siano le modalità di svolgimento, la composizione, il numero dei quesiti e delle alternative di risposta, o – se possibile – quali tipologie di esercizi si dovranno risolvere. In tal modo si possono studiare anche opportune "strategie" per valorizzare al massimo le proprie conoscenze e potenzialità.

Nelle prove per l'ammissione ai corsi a numero programmato, i candidati sono selezionati sulla base di un criterio di tipo **comparativo**. Cioè, per superare la selezione **lo studente deve figurare tra i migliori** nella graduatoria: non è quindi tanto rilevante il punteggio assoluto ottenuto quanto svolgere il test di ammissione meglio di un certo numero di altri candidati.

È bene però ricordare, soprattutto nei casi dei test di ammissione a base nazionale, che a volte è prevista una soglia minima qualificante: in tal caso anche qualora residuassero posti disponibili, i candidati con punteggio inferiore a tale soglia non potrebbero immatricolarsi perché giudicati non idonei. Dunque, totalizzare i punti minimi rappresenta una condizione necessaria ma non sufficiente per l'immatricolazione.

Prima di addentrarci nell'analisi dei contenuti dei test e degli esercizi che li compongono, è opportuno considerare alcuni suggerimenti solo in apparenza banali, e invece molto utili al fine di ottimizzare il risultato nella prova di ammissione.

Prima del test

Il primo suggerimento, di carattere generale, è leggere con grande attenzione e per intero il **bando di concorso**, compresi gli allegati con i programmi di esame. Inoltre bisogna tenere in considerazione anche le **disposizioni** pubblicate dalla sede universitaria dove lo studente svolgerà la prova. Gli atenei e il Ministero, infatti, sono le fonti di informazioni **ufficiali** relative alle norme, alle modalità di selezione, alla struttura e ai contenuti della prova che regola l'ammissione al corso di studi scelto.

In particolare è importante avere ben chiare le indicazioni relative a: modalità di iscrizione alla prova; titoli necessari per potere partecipare al concorso; giorno e ora di svolgimento della prova di interesse, nonché la sua durata ecc. Sarà cura dello studente verificare in quale modalità (computer based o meno, sessione unica o multisessione ecc.) sarà somministrato il test di suo interesse. Sicuramente, in caso di test in presenza, bisognerà ricordare di recarsi all'esame con un documento di identità valido, la ricevuta di iscrizione ed eventuali ricevute di pagamento richieste.

Il giorno del test

In sede d'esame, prima del suo inizio, di solito vengono comunicate ai candidati le **norme alle quali attenersi durante tutte le fasi di svolgimento del test**. Tali norme riguardano, per esempio: il tempo totale a disposizione, le modalità con cui indicare le risposte sull'apposita scheda cartacea o, in caso di prova *computer based*, le istruzioni per l'utilizzo della piattaforma; vengono inoltre fornite altre indicazioni su come comportarsi durante l'esame e al suo termine.

È necessario rispettare scrupolosamente tutte le regole, evitando così errori banali ma sostanziali (quale, per esempio, la compilazione errata della scheda per le risposte o l'omissione di una firma), che potrebbero compromettere la validità della prova e quindi l'ammissione.

In alcuni casi, all'interno del test stesso gli esercizi sono preceduti da **istruzioni circa le modalità di risoluzione** dei quesiti e a volte anche da un esempio risolto. È importante in questi casi non lasciarsi prendere dalla fretta di mettersi subito al lavoro, ma dedicare la massima attenzione alla lettura di queste istruzioni, indispensabili per capire la logica degli esercizi e per rispondere correttamente alle domande.

Domande a risposta multipla

I test che vengono utilizzati per l'ammissione all'università sono costituiti da domande a risposta **chiusa**, le cui risposte sono cioè predefinite: il candidato deve individuare la sola risposta esatta tra le alternative proposte che, per i test cui si rivolge questo volume, sono sempre **5**.

Per rispondere a una domanda *aperta* (cioè non corredata da risposte prefissate) come per esempio "Qual è la capitale della Colombia?", occorre conoscere l'esatta nozione che consente di dare la risposta. Nel caso di *domande a scelta multipla* è invece possibile procedere anche in maniera diversa.

Si ipotizzi, per esempio, di dover rispondere al medesimo quesito, però in forma chiusa.

---

1 **Qual è la capitale della Colombia?**

A Delhi | B Buenos Aires | C Bogotá | D Brasilia | E Santiago

In questo caso è possibile determinare la risposta corretta procedendo in due modi distinti:

1. ragionando come se si trattasse di una domanda aperta: sapendo che la capitale della Colombia è Bogotá, si individua direttamente la risposta corretta (C) senza valutare le altre risposte proposte;
2. se, al contrario, non si conosce la risposta alla domanda, ma si ricordano altri accoppiamenti Paese/capitale, è possibile individuare la risposta corretta eliminando le alternative errate: sapendo che Delhi è la capitale dell'India, Buenos Aires dell'Argentina, Santiago del Cile e Brasilia del Brasile, per esclusione si può concludere che la risposta esatta è la C.

In altre parole, per rispondere a una domanda a scelta multipla non è strettamente necessario conoscere la risposta esatta: a volte la soluzione si può individuare indirettamente, escludendo le alternative errate.

Nel caso in cui, procedendo per esclusione, il candidato non riesca a eliminare tutte le alternative errate, il metodo di risposta per eliminazione permette comunque di aumentare le probabilità di individuare la risposta corretta: l'esclusione di una o più risposte riduce infatti il numero delle alternative tra cui si rimane incerti e quindi incrementa la probabilità di individuare l'alternativa corretta.

Valore dei quesiti e gestione del tempo

Come i partecipanti ai corsi Alpha Test hanno modo di sperimentare durante lo svolgimento delle prove simulate, il **tempo** rappresenta uno dei fattori critici per affrontare con successo un test di ammissione.

Infatti, le prove sono spesso progettate e formulate in modo tale da permettere solo ai più preparati e ai più veloci di rispondere, entro i termini concessi, alla totalità delle domande.

È dunque imperativo impiegare razionalmente ogni minuto, avendo ben presente – prima di iniziare la prova – il tempo medio a disposizione per ogni quesito (calcolato sui minuti complessivi divisi per il numero dei quesiti stessi), ed evitando di soffermarsi su una singola domanda per un tempo eccessivamente superiore. In generale, il consiglio è di non superare il tempo medio per più del 20%: questa dilazione per gli esercizi più complessi viene infatti compensata dalla presenza di altri di più veloce risoluzione.

Ormai in quasi tutti i test, ogni risposta corretta fa "guadagnare" lo stesso punteggio: dunque a parità di tempo impiegato conviene risolvere due esercizi semplici piuttosto che uno complesso.

Poniamo che il tempo a disposizione per l'intero test sia di 100 minuti e gli esercizi da risolvere 60, il tempo medio per quesito è di 1 minuto e 40 secondi (100 secondi): quindi, bisogna evitare di dedicare più di due minuti allo svolgimento del singolo quesito. Questo conto va eventualmente ripetuto se il test è diviso in **sezioni**, con **ripartizione obbligata** del tempo complessivo. Se, per esempio, i 100 minuti di cui sopra fossero divisi in due sezioni, l'una di 20 quesiti per 30 minuti e una di 40 quesiti per 70 minuti, il tempo medio sarebbe diverso per i quesiti della prima e della seconda sezione (90 secondi e 105 secondi rispettivamente).

L'obiettivo da raggiungere è rispondere correttamente al maggior numero possibile di esercizi; si consiglia quindi, compatibilmente con i vincoli imposti dalle modalità di svolgimento della prova, di affrontare prima gli esercizi che – per argomento o tipologia – si presume di riuscire a risolvere più facilmente e velocemente, per tornare poi a quelli più ostici per i quali si prevede un dispendio di tempo maggiore.

Scelta casuale della risposta?

La correzione dei test attribuisce in genere un punteggio positivo per le risposte corrette e, nella più parte dei casi, l'attribuzione di un punteggio negativo per ogni risposta errata (di solito quantificato in una frazione di punto). Ai quesiti omessi, a cui cioè non si è risposto, viene di norma attribuito punteggio nullo.

Spesso l'attribuzione del punteggio avviene con i seguenti valori:

- risposta esatta: + 1
- risposta errata: –0,25 (– 1/4)
- risposta omessa: 0

La penalità sulle risposte errate ha lo scopo di annullare il punteggio positivo che, statisticamente, il candidato potrebbe conseguire rispondendo a caso in assenza di tale penalità.

Ma **è conveniente o no rispondere a caso** ai quesiti a cui non si sa trovare soluzione?

Si supponga di non conoscere assolutamente le risposte di 20 quesiti (con 5 risposte alternative ciascuno) della prova. Scegliendo a caso, si risponderebbe statisticamente in modo corretto a 4 esercizi (20/5) e si sbaglierebbero i restanti 16 quesiti. Il punteggio totalizzato sarebbe dunque:

- risposte esatte: $4 \times (+1) = +4$
- risposte errate: $16 \times (-1/4) = -4$
- risposte nulle: $0 \times 0 = 0$
- punteggio totale: $4 - 4 = 0$

Si otterrebbe quindi un punteggio nullo, esattamente identico a quello che si totalizzerebbe scegliendo di non rispondere ai 20 quesiti. Dunque, è possibile distillare una regola utile su come comportarsi nel caso in cui non si riesca a identificare, tra le diverse risposte alternative, quella corretta:

> conviene rispondere casualmente ogni volta che il numero di alternative tra cui si è indecisi è pari o inferiore al reciproco del punteggio negativo attribuito alle risposte errate.

È evidente che il punteggio totalizzato rispondendo casualmente potrà essere tanto maggiore quanto minore sarà il numero di alternative tra cui si è indecisi e quanto minore è la penalità attribuita alle risposte errate. Il numero delle alternative tra cui si è indecisi non coincide necessariamente con quello delle alternative esistenti. Se, per esempio, le alternative proposte sono 5, ma il candidato riesce a eliminarne due perché le si riconosce come errate, la valutazione statistica va rivista su 3 alternative (cioè 5 – 2).

Nella pratica, scartare almeno due alternative di risposta è possibile anche quando l'argomento sia poco o per nulla noto al candidato. Si veda per esempio:

---

1 **In base alla Costituzione, l'Italia è:**

- **A** una repubblica regionale
- **B** uno Stato federale
- **C** una repubblica democratica, fondata sul lavoro
- **D** una repubblica presidenziale, fondata sul lavoro
- **E** uno Stato federato

Anche senza ricordare la definizione precisa che la Costituzione dà dello Stato italiano, è facile riuscire a escludere le alternative **B** ed **E** che si segnalano per l'evidente implausibilità. L'Italia infatti è uno Stato unitario che non si articola al suo interno in altre entità statali né è a sua volta parte di uno Stato federale. Al candidato resterà dunque, eventualmente, il dubbio tra tre sole alternative (la risposta esatta è **C**).

Prova computer based

Tutti i test di ammissione a cui questo volume si riferisce sono *computer based* e spesso è anche possibile svolgerli dal domicilio (*home based*). È dunque particolarmente importante che ogni studente legga attentamente il **bando** e in generale tutte le **istruzioni** fornite dall'università e/o dal CISIA sulle specifiche di hardware e software necessarie per potere svolgere il test, sulle procedure di accesso alla piattaforma e sugli obblighi da rispettare per rendere possibile il controllo a distanza durante lo svolgimento della prova (cosiddetto *proctoring*).

Rispetto alle prove cartacee (con questionario e scheda delle risposte separate), l'indicazione della risposta sarà più agevole: basterà cliccare lo spazio corrispondente all'alternativa che si ritiene corretta. Di solito inoltre è possibile apportare correzioni fino al momento in cui si conclude o una sezione o (se non sono previste) la prova.

parte prima

MATEMATICA

Quesiti

1 **L'insieme A contiene tutti i numeri interi positivi che sono divisori di 30. L'insieme B contiene tutti i numeri che sono multipli di 5. Quanti sono gli elementi comuni all'insieme A e all'insieme B?**

A 0
B 2
C 3
D 4
E 6

2 **Il minimo comune multiplo dei numeri 3, 4, 5 e 7 è:**

A 2100
B 4200
C 210
D 420
E 70

3 **L'espressione $4 \cdot 10^0 + 5 \cdot 10^1 + 3 \cdot 10^2 + 7 \cdot 10^3$ vale:**

A 7354
B 7350
C 4735
D 4537
E 4357

4 **Quale dei seguenti numeri è divisibile per 3?**

A 241
B 1662
C 4912
D 3131
E 7777

5 **$(0{,}4) \times (0{,}4) \times (0{,}4)$ è uguale a:**

A 0,16
B 0,64
C 0,016
D 0,064
E 0,0064

6 **Quanti sono i numeri primi tra 7 e 21 (7 e 21 compresi, se primi)?**

A 7 B 4 C 5 D 3 E 6

7 **Una popolazione, che è inizialmente di 32 batteri, aumenta del 50% ogni ora. Da quanti batteri sarà formata dopo 4 ore?**

A 100 B 122 C 162 D 184 E 192

8 **Disporre in ordine crescente i seguenti numeri:**

$$p = 0{,}12 \qquad q = 10^{-1} \qquad r = 27/200 \qquad s = 6/25$$

A p, q, r, s
B s, r, q, p
C s, q, r, p
D q, p, s, r
E q, p, r, s

9 **Fra i seguenti numeri reali quello che rende minima la somma del numero stesso con il suo reciproco è:**

A 1/2
B 1
C 0
D $\sqrt{2}$
E $\sqrt{3}$

10 **Nella relazione $\frac{1}{p} + \frac{1}{q} = \frac{1}{r}$ si pongano $p = 3$ e $q = 5$; r risulta uguale a:**

A 8
B 15
C $\frac{15}{8}$
D $\frac{8}{15}$
E 4

11 **Se all'esame di Stato viene ammesso il 90% degli studenti e di questi solo il 20% prende un voto pari o superiore a 90/100, qual è la percentuale sul totale di studenti che passa l'esame con un voto inferiore a 90/100?**

A 18%
B 20%
C 82%
D 68%
E 72%

12 **Sia *n* un intero positivo non divisibile per 3. Dire quale delle seguenti affermazioni è vera per ogni valore di *n*.**

A Il numero 3 divide entrambi i numeri $n - 1$ e $n + 1$
B Il numero 3 divide solo il numero $n - 1$
C Il numero 3 divide solo il numero $n + 1$
D Il numero 3 divide solo il numero $n - 1$ o solo il numero $n + 1$
E Il numero 3 non divide né $n - 1$ né $n + 1$

13 **I valori delle potenze 2^{-2}, $\left(\frac{1}{3}\right)^{-3}$, $(-4)^{-4}$ sono rispettivamente:**

A 4, 27, impossibile

B $-\frac{1}{4}, \frac{1}{27}, 128$

C $\frac{1}{4}$, 27, impossibile

D $\frac{1}{4}$, impossibile, $\frac{1}{128}$

E nessuna delle altre risposte è corretta

14 **Il prodotto fra un miliardesimo e 10^{-9} vale:**

A 10^{-18}

B -10^{18}

C $2 \cdot 10^{-9}$

D 100^{-18}

E 20^{-9}

15 **Se il 20% di *N* è 200, quanto vale *N*?**

A 10

B 20

C 200

D 400

E 1000

16 **L'espressione $10^9 + 10^8 + 10^8 + 10^9$ è uguale a:**

A 10^{34}

B 40^{34}

C duemilioniduecentomila

D duemiliardiduecentomilioni

E $20^9 + 20^8$

17 **Quanto vale l'espressione $\frac{43^{65} \cdot (43^2)^3}{43^{-12} \cdot 43^{20}}$?**

A 43^{78}

B $43^{-1,625}$

C 43^{-43}

D 43^{-2}

E $(43^3)^{21}$

18 **Stabilire quale delle seguenti coppie è formata da monomi simili.**

A $xyz^2, \frac{5}{2}x^2yz$

B x^3yz, xy^2z^2

C $4x^2yz^3, \frac{1}{2}x^2yz^3$

D $\frac{2}{3}xy^2, \frac{2}{3}x^2y$

E $3x, 3y$

19 **L'espressione $a^3 - b^3$ è uguale a:**

A $(a+b)(a^2+b^2+ab)$

B $(a-b)(a^2+b^2-ab)$

C $(a-b)(a^2+b^2+2ab)$

D $(a-b)(a^2+b^2+ab)$

E $(a+b)(a^2+b^2-2ab)$

20 $\frac{a^8 - b^4}{a^2 - b} =$

A $(a^4+b^2)(a^2+b)$

B $a^6 - b^3$

C $a^4 - b^4$

D $a^2 + b^2$

E $(a^2-b)(a^2+b)$

21 **Quale dei seguenti polinomi è un quadrato perfetto?**

A $4x^2 + 9$

B $4x^2 - 6x + 9$

C $4x^2 + 6x + 9$

D $4x^2 - 12x + 9$

E $4x^2 + 12x - 9$

22 **La scomposizione in fattori del polinomio $x^4 - 7x^3 + 18x^2 - 20x + 8$ è:**

A $(x-1) \cdot (x^3 - 2)$

B $(x-1) \cdot (x-2)^3$

C $(x-1)^2 \cdot (x+1)$

D $(x-1)^2 \cdot (x-2)^2$

E $(x-1) \cdot (x^3 + 2)$

23 **Se $x + \frac{1}{x} = 2$ quanto vale $x^3 + \frac{1}{x^3}$?**

A 2 B 5 C 4 D 3 E 8

24 **Il resto della divisione del polinomio $x^4 + 5x^3 - 7x + 6$ per $x - 2$ è:**

A $3x - 5$
B $x - 46$
C -4
D 6
E 48

25 **Due numeri hanno somma 7 e prodotto $45/4$. Quanto vale la somma dei loro quadrati?**

A 104
B 44
C $53/2$
D $53/4$
E $37/2$

26 **L'espressione $(2^n + 2^{n+1})^2$ con *n* intero positivo, è anche uguale a:**

A $9 \cdot 4^n$
B 2^{4n+2}
C 4^{4n+2}
D 2^{2n^2+2n}
E $3 \cdot 4^n$

27 **Qual è il più grande tra i seguenti numeri?**

A $6^{7/10}$
B $6^{2/3}$
C $12^{3/5}$
D $50^{2/5}$
E $50^{1/3}$

28 **La radice quadrata del cubo di 4 è:**

A 2
B 4
C 8
D 16
E 64

29 **La classe dei numeri reali è l'insieme dei numeri:**

A razionali
B razionali e irrazionali
C irrazionali
D naturali e razionali
E nessuna delle altre risposte è corretta

30 $\sqrt[3]{5} \cdot \sqrt[5]{5}$ **è uguale a:**

A $\sqrt[8]{5}$

B $\sqrt[15]{5^8}$

C $\sqrt[15]{5}$

D $\sqrt{5}$

E $\sqrt[15]{5^2}$

31 **Il radicale algebrico** $\sqrt[3]{a^6b^2}$ **corrisponde a:**

A $ab^{1/2}\sqrt[3]{a^2b}$

B $a\sqrt[3]{a^2b^2}$

C $a^2\sqrt[3]{a^2b^2}$

D $a^2\sqrt[3]{b^2}$

E quesito senza soluzione univoca o corretta

32 **Qual è la relazione tra le radici quadrate dei numeri sotto riportati?**

$$a = (30/31)^{15} \quad b = (30/31)^{16} \quad c = (31/30)^{15} \quad d = (31/30)^{16}$$

A $a < b < c < d$

B $c < a < b < d$

C $b < a < c < d$

D $a < c < b < d$

E Nessuna delle altre risposte è corretta

33 **Individuare il polinomio di secondo grado le cui radici sono 1 e 2.**

A $x^2 - 3x + 2$

B $x^2 + 3x + 2$

C $x^2 - 3x - 2$

D $x^2 + 2x - 3$

E $x^2 - 2x - 3$

34 **Due equazioni si dicono equivalenti quando ammettono lo stesso insieme di soluzioni. In quale delle seguenti coppie le equazioni sono equivalenti?**

A $5x - 2 = 4x + 8$ e $x = 6$

B $|x| = 1$ e $x^2 = 1$

C $x = 1$ e $x = -1$

D $x = 3$ e $x(x - 3) = 0$

E $4 - 2x = 10$ e $x = 3$

35 **L'equazione $(x-2)\cdot(x-3)=0$ ha come radici:**

A $x=2, x=3$

B $x=3, x=0$

C $x=-1/2, x=-1/3$

D $x=-2, x=-3$

E $x=3, x=-2$

36 **Quale espressione si ottiene per x risolvendo l'equazione**

$$ab-\frac{bc}{x}=0$$

con a, b e c numeri reali non nulli?

A $x=bc+ab$

B $x=1/abc$

C $x=bc-ab$

D $x=a/c$

E $x=c/a$

37 **Determinare quale relazione deve sussistere tra a e b (reali) affinché l'equazione:**

$$Ax^2+(A-B)x-B=0$$

abbia radici reali la cui somma sia uguale a 1.

A Non esistono radici reali

B A e B qualunque

C $B-2A=0$

D $B-2A>0$

E Nessuna delle altre risposte è corretta

38 **Una frazione è uguale a 8/3 e il numeratore supera il denominatore di 10. Qual è la frazione?**

A 107/13

B 16/6

C 18/8

D 22/7

E Nessuna delle altre risposte è corretta

39 **Luca ha sei anni più di Silvia. Fra dodici anni l'età di Luca sarà uguale ai 5 / 4 di quella di Silvia. Oggi Luca e Silvia hanno rispettivamente:**

A 30 e 24 anni

B 18 e 12 anni

C 24 e 18 anni

D 6 e 12 anni

E non è possibile stabilirlo

40 **L'equazione $x^3+x^2-x=0$:**

A non ha radici reali

B ha una radice tripla (tre radici coincidenti)

C ha una radice reale e due radici complesse

D ha tre radici reali distinte

E nessuna delle altre risposte è corretta

41 Se al numero *N* si toglie il *k* % e il risultato è *R*, il valore di *N* è:

A $R + \frac{k}{100}$

B $\frac{R}{\left(1 - \frac{k}{100}\right)}$

C $\frac{R}{1 - k}$

D $R + k$

E $\frac{R}{k + 1}$

42 Se X e Y stanno tra loro come 5 sta a 6 e la loro somma vale 22, quanto vale X?

A 11

B Non è possibile determinarlo univocamente, con i dati a disposizione

C 9

D 10

E 12

43 Il sistema $\begin{cases} x^2 = y^2 \\ x = y + 10 \end{cases}$:

A ha per soluzioni $x = 10, y = 0$, e $x = 5, y = -5$

B non ha soluzioni

C ha per soluzioni $x = 5, y = -5$ e $x = 5, y = 5$

D ha solo la soluzione $x = 5, y = -5$

E ha solo la soluzione $x = 10, y = 0$

44 Per quali valori reali di *x* è verificata l'equazione $|x - 3| = 3 - x$?

A $x \leq 3$

B $x = 3$

C $x \geq 3$

D $x \leq 3$ o $x \geq 6$

E Per nessun valore di *x*

45 Nell'insieme dei numeri reali, la disequazione $x^2 < -9$ è verificata per:

A valori di *x* esterni all'intervallo $(-3, 3)$ estremi esclusi

B valori di *x* interni all'intervallo $(-3, 3)$ estremi inclusi

C nessun valore di *x*

D qualunque valore di *x*

E valori di *x* interni all'intervallo $(-3, 3)$ estremi esclusi

46 **Supponiamo che x, y siano reali positivi, $xy \neq 1$. La disuguaglianza:**

$$\frac{x^2}{1-xy} > \frac{x}{y(1-xy)}$$

vale per:

A $x > y$
B $x > 1$ e $y > 1$
C $1 - xy > 0$
D mai
E $x < y$

47 **La disequazione**

$$\frac{1+x}{x-4} < 0$$

è equivalente a:

A $x - 4 < 0$
B $x + 4 < 0$
C $1 + x < 0$
D $(x-4)(1+x) < 0$
E nessuna delle altre risposte è corretta

48 **La disequazione $|5 - x| < 1$:**

A non ha soluzioni
B ha soluzioni positive e negative
C ha solo soluzioni positive
D ha solo soluzioni negative
E ha la sola soluzione $x = 5$

49 **La funzione logaritmica $y = \log_{10}x$ può anche scriversi come una funzione esponenziale. Quale?**

A $y^{10} = x$
B $x^{10} = y$
C $10^x = y$
D $10^y = x$
E $x^y = 10$

50 **$\log_{10}100 + \log_{10}10 + \log_{10}1 + \log_{10}0{,}1 =$**

A $\log_{10}111{,}1$
B 4,1
C 2
D 2,2
E 5,11

51 **Calcolare il valore di x per cui risulta $5^{2x} = 1$.**

A $x = 0$

B $x = \frac{1}{2}$

C $x = 5$

D $x = -1$

E $x = \log_2 5$

52 **L'equazione $6^x = -36$:**

A ha due soluzioni irrazionali

B non ammette soluzioni nel campo reale

C ha come radici 2 e – 2

D ha come unica radice 2

E ha come unica radice – 2

53 **L'espressione $\log_{10} 4 + \log_{10} 25$ è uguale a:**

A 0,40

B 2

C 6,25

D 29

E 250

54 **$\log_4 2 + \log_2 4$ vale:**

A non si possono sommare logaritmi con base diversa

B 2

C 4

D 2,5

E 3

55 **Il logaritmo L in base 10 di 12345,6 è uguale a:**

A $L = 1 - \log_{10} 123456$

B $L = 2 - \log_{10} 12345{,}6$

C $L = -2 + \log_{10} 123456$

D $L = -1 + \log_{10} 123456$

E $L = -2 - \log_{10} 123456$

56 **È possibile definire logaritmi dei numeri negativi?**

A Sì, se la base è compresa tra 0 e 1

B Sì, se la base è negativa

C Sì, se la base è minore di 1

D Sì, se la base è positiva

E No, mai

57 **L'uguaglianza:**

$$(\log_{\alpha} \alpha^2) \cdot (\log_{\alpha^2} \alpha) = 1$$

è sempre vera?

A Sì, sempre
B No, mai
C Sì, ma solo per α positivo
D Sì, ma solo per α negativo
E Sì, ma solo per α positivo e diverso da uno

58 **La retta passante per i punti di coordinate A(−5; 2) e B(1; −2) ha pendenza *m* pari a:**

A −3/2
B −1
C −2/3
D 0
E 1

59 **In un piano cartesiano due circonferenze con raggio uguale di lunghezza 5 e centri di coordinate $(2; 2)$ e $(10; 8)$ hanno:**

A infiniti punti in comune
B due punti in comune
C un punto in comune
D nessun punto in comune
E quattro punti in comune

60 **La regione limitata di piano avente per contorno l'asse delle *x*, la retta $y = 2x - 1$ e le due rette verticali $x = 1$ e $x = 3$, ha area uguale a:**

A 1
B 3
C 4
D 5
E 6

61 **Si consideri la retta in figura.**

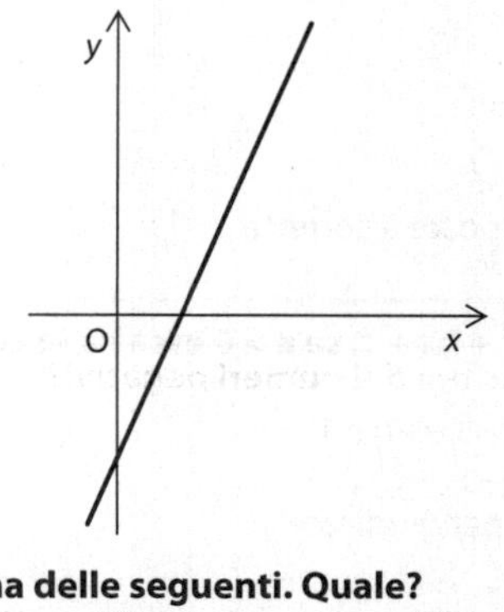

Si sa che la sua equazione è una delle seguenti. Quale?

A $y = 2x + 3$ B $y = -2x + 3$ C $y = -3x - 2$ D $y = 3x + 2$ E $y = 2x - 3$

62 Quanto vale la distanza tra due punti che in un piano cartesiano hanno coordinate (1; 4) e (5; 1)?

A $\sqrt{3}$
B $\sqrt{2}$
C 5
D 4
E 7

63 L'equazione della retta passante per i punti $(0; 0)$ e $(\sqrt{2}; 4\sqrt{2})$ è:

A $y = 4x + 1$
B $y = \frac{1}{4}x - 1$
C $y = \frac{1}{4}x$
D $y = 4x$
E $y = 2x$

64 Considerare l'equazione parametrica $mx - y - 2m + 1 = 0$ dove m è un parametro reale. Individuare, tra le seguenti, la proposizione corretta.
Al variare di *m* l'equazione data:

A non rappresenta alcuna retta orizzontale
B non rappresenta alcuna retta passante per l'origine
C individua tutte le rette del piano passanti per il punto (2; 1), eccetto una
D individua tutte le rette del piano passanti per il punto (2; 1), eccetto due
E individua tutte le rette del piano passanti per il punto (2; 1)

65 Quanti sono nel piano cartesiano *Oxy* i punti le cui coordinate *x* e *y* soddisfano tutte e tre le condizioni seguenti?

$$xy > 0 \qquad x^2 + y^2 = 1 \qquad x + y = 1$$

A Nessuno
B Uno
C Due
D Quattro
E Nessuna delle altre risposte è corretta

66 Data la parabola $y = ax^2 + bx + c$, se $a > 0$ essa ha in comune con l'asse delle *x*:

A 2 punti
B un punto
C non vi sono elementi per giudicare
D nessun punto
E un punto coincidente con l'origine

67 **In un piano cartesiano, quale delle seguenti equazioni descrive una circonferenza?**

A $y + x = r$ B $y = \sqrt{r^2 + x^2}$ C $x^2 + y^2 = r^2$ D $(x + y)^2 = r^2$ E $(x - y)^2 = r^2$

68 **Due rette di equazioni $x - y = 0$ e $2x - 1 = 0$ hanno in comune il punto di coordinate:**

A (1; 1)
B (2; 2)
C (0; 1)
D (1/2; 1/2)
E (0; 0)

69 **Se una grandezza *x* è proporzionale al quadrato di una grandezza *y* e *y* è inversamente proporzionale a una grandezza *z*, allora:**

A *x* è direttamente proporzionale a z^2
B *x* è inversamente proporzionale a z^2
C *x* è direttamente proporzionale a *z*
D *x* è inversamente proporzionale a *z*
E *x* è direttamente proporzionale a $\sqrt{z}$

70 **Quale fra i seguenti rappresenta il grafico della funzione $2x - 3y = \frac{2}{3}$?**

A
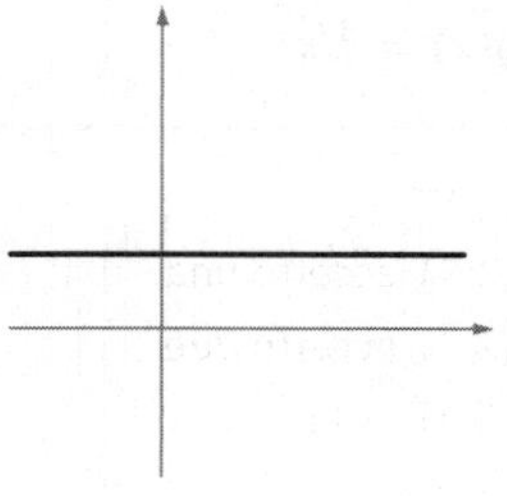

B
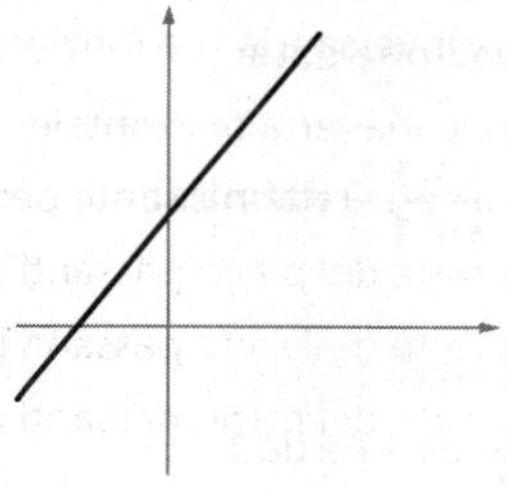

C
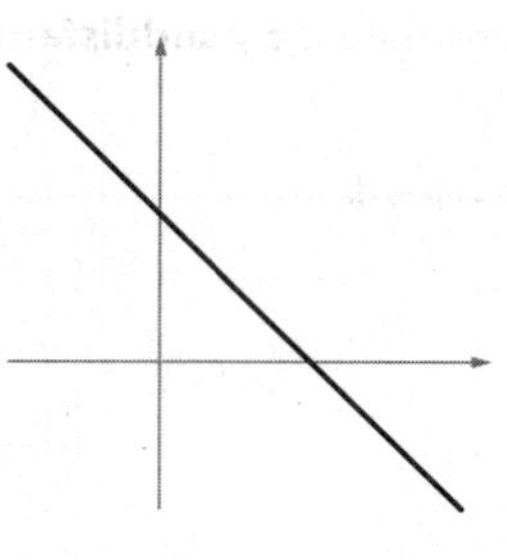

D
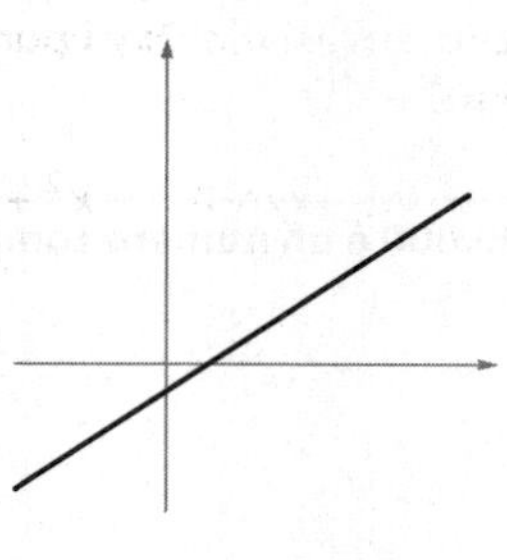

E
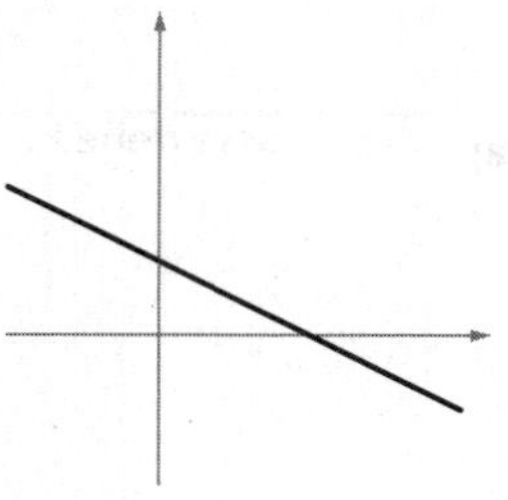

71 **Il disegno rappresenta il grafico di una funzione f: $[-2, 4] \rightarrow \mathbb{R}$ (ogni quadretto ha lato di misura 1). Quanto vale $\frac{f(f(f(2)))}{f(2)}$?**

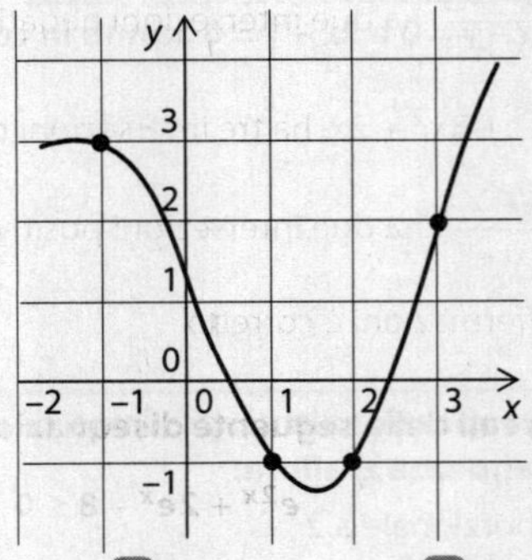

A 3 B −3 C −2 D 1 E −1

72 **La funzione $f(x) = x^3$:**

- A è sempre positiva
- B ammette funzione reciproca per ogni $x \in \mathbb{R}$
- C non è dispari
- D non ha zeri
- E ammette funzione inversa e la sua funzione inversa è $g(x) = \sqrt[3]{x}$

73 **La funzione $f(x) = \frac{x-1}{x+1}$ è definita:**

- A per ogni x reale
- B per ogni x diverso da -1
- C per ogni x diverso da -1 e da 1
- D per $x > 0$
- E per $x < 0$

74 **Log_{10} 2.567.000.000.000 è un numero compreso tra:**

- A 0 e 1
- B 10 e 11
- C 12 e 13
- D 25 e 26
- E 11 e 12

75 **Sia x un numero reale tale che $x \log x < 0$. Ciò equivale a:**

- A $0 < x < 1$
- B $x > 1$
- C $x < -1$
- D $x < 0$
- E $-1 < x < 0$

76 **Determinare quale tra le seguenti affermazioni è corretta.**

A La funzione $f(x) = x^3 + 3x^2 + 2x$ ha tre intersezioni con l'asse delle ordinate

B La funzione $g(x) = \frac{x^2 - 3}{x + 1}$ ha due intersezioni negative con l'asse delle x

C La funzione $f(x) = x^3 + 3x^2 + 2x$ ha tre intersezioni con l'asse delle ascisse

D La funzione $g(x) = \frac{x^2 - 3}{x + 1}$ ha due intersezioni positive con l'asse delle x

E Nessuna delle altre affermazioni è corretta

77 **Quali sono le soluzioni reali della seguente disequazione?**

$$e^{2x} + 2e^x - 8 \leq 0$$

A $x \leq \ln 2$
B $-\ln 4 \leq x \leq \ln 2$
C $0 \leq x \leq \ln 2$
D $-\ln 4 \leq x \leq 0$
E La disequazione non ammette soluzioni reali

78 **In quale intervallo il grafico della funzione:**

$$f(x) = \frac{e^x \cdot (x^2 - x - 6)}{x^2 + 25}$$

si trova nel semipiano positivo delle *y*?

A $-5 < x < -2 \ \cup \ 2 < x < 5$
B $-2 < x < 3$
C $x < -3 \ \cup \ x > 2$
D $x < -5 \ \cup \ x > 5$
E $x < -2 \ \cup \ x > 3$

79 **Stabilire per quale dei seguenti angoli il coseno non è nullo.**

A 90 gradi
B 630 gradi
C 360 gradi
D 270 gradi
E 450 gradi

80 **Si indichi la relazione errata:**

A $\text{sen}(-\alpha) = -\text{sen}\,\alpha$
B $\cos(-\alpha) = \cos\alpha$
C $\cos(180° - \alpha) = -\cos\alpha$
D $\text{sen}(180° - \alpha) = -\text{sen}\,\alpha$
E $\text{tg}(-\alpha) = -\text{tg}\,\alpha$

81 **L'equazione sen $2x = 2$:**

A ha tra le soluzioni il numero $x = 1$

B ha tra le soluzioni il numero $x = \frac{\pi}{2}$

C ha tra le soluzioni il numero $x = 0$

D è una identità

E non ha soluzioni reali

82 **Nel triangolo ABC, rettangolo in C, il cateto AC misura 12 cm e il cateto BC misura 5 cm. Se l'angolo in A misura α e l'angolo in B misura β, quale delle seguenti relazioni è corretta?**

A $\text{sen}\alpha > \cos\beta$

B $\text{tg}\beta > \text{sen}\alpha$

C $\cos\beta > \cos\alpha$

D $\text{sen}\alpha > \text{sen}\beta$

E $\cos\beta > \text{tg}\beta$

83 **Le lunghezze in centimetri di due lati di un triangolo sono 3 e 2, e l'angolo fra essi compreso misura 45°. La lunghezza in centimetri del terzo lato è approssimativamente:**

A 1

B 2

C 3

D 2,5

E 5

84 **Nel cerchio goniometrico le funzioni seno e coseno sono entrambe negative:**

A nel primo quadrante

B nel secondo quadrante

C nel terzo quadrante

D nel quarto quadrante

E seno e coseno non sono mai entrambe negative

85 **Il seno di un angolo di 75° è uguale a:**

A un quarto della somma della radice quadrata di 2 e della radice quadrata di 6

B un mezzo della radice quadrata di 3

C tre quarti

D un mezzo

E un terzo della differenza tra la radice quadrata di 3 e la radice quadrata di 2

86 **Considerata l'equazione trigonometrica $\text{sen}x - 2\cos 2x + 2 = 0$, quale dei seguenti angoli espressi in gradi è una radice?**

A 30°

B 90°

C 150°

D 180°

E 270°

87 **Quale delle seguenti relazioni non è necessariamente vera per $0 < \alpha < \frac{\pi}{2}$?**

- **A** $\operatorname{sen}\alpha < \operatorname{tg}\alpha$
- **B** $\operatorname{sen}\alpha < \alpha$
- **C** $\operatorname{sen}\alpha + \cos\alpha < 1$
- **D** $\operatorname{sen}^2\alpha + \cos^2\alpha = 1$
- **E** $\operatorname{sen}\alpha \cos\alpha < 1$

88 **Si consideri la funzione trigonometrica $y = \operatorname{tg} x$ con $0 < x \leq \pi$ (*x* esprime l'ampiezza dell'angolo in radianti). I valori della funzione $\operatorname{tg} 1$, $\operatorname{tg}\frac{\pi}{3}$, $\operatorname{tg} 3$, $\operatorname{tg}\pi$, disposti in ordine crescente, risultano:**

- **A** $\operatorname{tg} 3$, $\operatorname{tg}\pi$, $\operatorname{tg} 1$, $\operatorname{tg}\frac{\pi}{3}$
- **B** $\operatorname{tg} 1$, $\operatorname{tg} 3$, $\operatorname{tg}\pi$, $\operatorname{tg}\frac{\pi}{3}$
- **C** $\operatorname{tg}\pi$, $\operatorname{tg} 1$, $\operatorname{tg}\frac{\pi}{3}$, $\operatorname{tg} 3$
- **D** $\operatorname{tg}\frac{\pi}{3}$, $\operatorname{tg}\pi$, $\operatorname{tg} 3$, $\operatorname{tg} 1$
- **E** $\operatorname{tg} 1$, $\operatorname{tg}\frac{\pi}{3}$, $\operatorname{tg} 3$, $\operatorname{tg}\pi$

89 **Limitatamente all'intervallo $[0, 2\pi]$, la disequazione $2\cos^2 x + 7\operatorname{sen} x - 5 < 0$ è soddisfatta per:**

- **A** $0 \leq x < \frac{\pi}{6}$
- **B** $0 \leq x < \frac{\pi}{6}$ e $\frac{5\pi}{6} < x \leq 2\pi$
- **C** $\frac{5\pi}{6} < x \leq 2\pi$
- **D** $\frac{\pi}{6} < x \leq \frac{5}{6}\pi$
- **E** nessuna delle altre risposte è corretta

90 **Una moneta è lanciata quattro volte. Qual è la probabilità di ottenere due croci e due teste sapendo che la prima volta si è ottenuto croce?**

- **A** $\frac{3}{16}$
- **B** $\frac{1}{2}$
- **C** $\frac{3}{8}$
- **D** $\frac{1}{4}$
- **E** $\frac{5}{16}$

91 **Nel lancio di un dado con sei facce sia *E* l'evento: "esce un numero maggiore di 2". La probabilità dell'evento $\bar{E}$ (complementare di *E*) è:**

A $\frac{2}{3}$

B $-\frac{2}{3}$

C $\frac{3}{4}$

D $\frac{1}{2}$

E $\frac{1}{3}$

92 **Due arcieri tirano ciascuno una sola freccia verso un bersaglio. Un arciere colpisce il bersaglio con probabilità del 30%, l'altro con probabilità del 40%. Qual è la probabilità che il bersaglio venga colpito almeno una volta?**

A 35%
B 46%
C 58%
D 42%
E 70%

93 **Ogni domenica un ciclista passa sotto a una cascata. La probabilità che si bagni, ogni volta che passa sotto la cascata, è del 20%. Dopo quante domeniche il ciclista è sicuro di bagnarsi?**

A Sempre
B Dopo 5 domeniche
C Dopo 2 domeniche
D Mai
E Nessuna delle altre risposte è corretta

94 **Un'urna contiene 100 palline numerate da 1 a 100. Qual è la probabilità di estrarre una pallina con un numero maggiore di 95 o minore 6?**

A 95%
B 6%
C 101%
D 10%
E 12%

95 **In un sacchetto ci sono 8 caramelle alla menta e 2 alla frutta. Quante caramelle alla frutta bisogna aggiungere per fare in modo che la probabilità di estrarre una caramella alla frutta sia pari a 1/3?**

A 4
B 6
C 5
D 3
E 2

96 **Dati tre mazzi di 40 carte ciascuno, qual è la probabilità di estrarre da ognuno di essi, contemporaneamente, l'asso di picche o l'asso di cuori?**

A $\frac{1}{40}$

B $\frac{3}{20}$

C $\frac{3}{40}$

D $\frac{1}{8000}$

E $\frac{1}{16.000}$

97 **A e B sono due eventi indipendenti. La probabilità che A si verifichi è 2/5; la probabilità che B non si verifichi è 5/6. Quale è la probabilità che A e B si verifichino contemporaneamente?**

A 1/15

B 2/15

C 1/3

D 17/30

E 13/15

98 **Tre amici (*A*, *B* e *C*) giocano a testa o croce. Le regole del gioco sono le seguenti: ciascuno tira una sola volta la moneta: prima tira *A*, poi tira *B* e per ultimo *C*; vince chi fa testa per primo. Dette rispettivamente P_A, P_B, P_C le probabilità di vittoria (in percentuale) di *A*, *B* e *C*, risulta:**

A $P_A + P_B + P_C = 100\%$

B $P_A = P_B = P_C = 50\%$

C $P_A = P_B = P_C = 33{,}3\%$ (circa)

D $P_A = 2P_B = 3P_C$

E $P_A = 2P_B = 4P_C$

99 **Cinque amici formano una squadra di calcetto di vecchie glorie. Sono appena arrivate le nuove divise con il simbolo della squadra sul petto, nessun nome sulla schiena e ovviamente cinque numeri di maglia diversi. In quanti modi differenti si possono assegnare i numeri di maglia ai cinque amici?**

A 24

B 120

C 256

D 16

E 60

100 **Disponendo di 7 lettere dell'alfabeto, tutte diverse, il numero di parole con 4 lettere che si possono formare potendo ripetere 2 o 3 o 4 volte la stessa lettera è:**

- A 4^4
- B 4^7
- C 7^4
- D 7^7
- E 49

101 **Si consideri la seguente serie di numeri: 5, 13, 7, 9, 11. La media e la mediana sono rispettivamente:**

- A 7 e 7
- B 9 e 7
- C 11,25 e 9
- D 9 e 9
- E 11,25 e 7

102 **Le prime 10 rilevazioni dell'altezza degli studenti di una classe hanno una media pari a 168 cm. Le successive 15 rilevazioni hanno una media pari a 172 cm. Qual è la media delle 25 osservazioni?**

- A 169
- B 170
- C 171
- D 172
- E Nessuna delle altre risposte è corretta

103 **Dati due esagoni regolari *E* e *F* tali che l'apotema di *F* è tripla di quella di *E*, l'area di *E*:**

- A è uguale a quella di *F*
- B è tripla di quella di *F*
- C è la terza parte di quella di *F*
- D è la nona parte di quella di *F*
- E è la quarta parte di quella di *F*

104 **Un esaedro regolare ha:**

- A 6 facce e 8 vertici
- B 6 vertici e 8 facce
- C 6 spigoli e 6 facce
- D 6 facce e 8 spigoli
- E 12 spigoli e 12 vertici

105 **Affinché due triangoli isosceli siano simili è sufficiente che:**

- A abbiano basi uguali
- B abbiano altezze uguali
- C abbiano la stessa area
- D abbiano gli angoli al vertice uguali
- E due triangoli isosceli sono sempre simili

106 Un triangolo, di cui un lato coincide con il diametro della circonferenza in cui è inscritto, risulta sempre:

A scaleno
B isoscele
C equilatero
D equiangolo
E rettangolo

107 Due sfere hanno raggi di lunghezza l'una tripla dell'altra. Qual è il rapporto tra la misura della superficie della sfera di raggio maggiore e quella della superficie della sfera di raggio minore?

A 3
B π
C 9
D 3π
E 2π

108 Due rette nello spazio sono sghembe se:

A sono parallele
B appartengono allo stesso piano
C sono incidenti
D appartengono allo stesso piano ma non sono parallele
E non appartengono allo stesso piano

109 Tra le seguenti figure geometriche quale ha la superficie maggiore?

A Quadrato di lato a
B Triangolo equilatero di lato a
C Cerchio di raggio uguale ad a
D Esagono regolare di lato a
E Non è possibile stabilirlo

110 Siano S e s le due aree rispettivamente del cerchio circoscritto e del cerchio inscritto in un triangolo equilatero di lato l. Allora:

A S è il doppio di s
B S è il quadruplo di s
C il triplo di S è uguale al quadruplo di s
D il rapporto S/s dipende da l
E le superfici dei due cerchi sono grandezze fra loro incommensurabili

111 L'area della superficie totale di un parallelepipedo vale S. Allora l'area della superficie totale del parallelepipedo ottenuto dal precedente raddoppiandone le dimensioni è uguale a:

A $8\,S^3$
B $2\,S$
C $4\,S$
D $8\,S$
E S^2

112 **La semiretta PT è tangente alla circonferenza di raggio *r* nel punto T e il segmento PO misura 2*r*. L'angolo OPT vale:**

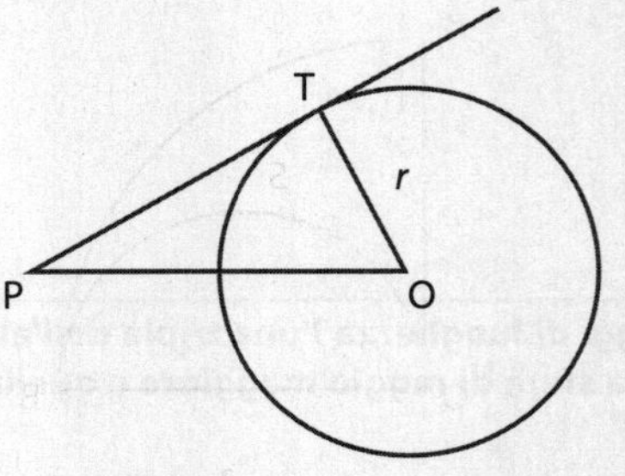

A 36° B 27° C 60° D 45° E 30°

113 **Quale delle seguenti terne di numeri può rappresentare la lunghezza dei lati di un triangolo rettangolo?**

A 7, 7, 7
B 7, 6, 15
C 30, 40, 50
D 2, 3, 2
E Nessuna delle precedenti terne

114 **Dato un triangolo scaleno ABC si può affermare che:**

A la bisettrice coincide con l'altezza
B altezza e mediana coincidono
C mediana e bisettrice coincidono
D altezza e bisettrice coincidono
E nessuna delle altre risposte è corretta

115 **Sia T un triangolo isoscele con gli angoli alla base di 45°. Se la base misura 10, quanto misura l'altezza relativa alla base?**

A $5\sqrt{2}$
B $\frac{10}{\sqrt{2}}$
C 5
D $\sqrt{75}$
E 10

116 **Le ampiezze di due angoli di un pentagono sono 90° e 150° mentre le ampiezze dei rimanenti tre angoli sono proporzionali ai numeri 5, 7 e 13.**
Quale delle seguenti terne rappresenta le ampiezze dei tre angoli incogniti?

A 60° 84° 156°
B 50° 90° 160°
C 60° 80° 160°
D 64° 82° 154°
E 72° 100° 128°

117 **Nel settore circolare AOB l'area della porzione di piano S delimitata dai due archi di circonferenza e dal raggio OA di lunghezza *r* vale:**

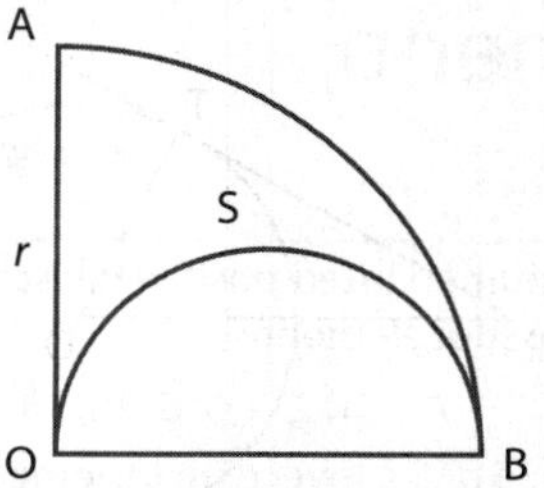

A $\frac{\pi r^2}{6}$ B $\frac{\pi r^2}{10}$ C $\frac{\pi r^2}{8}$ D $\frac{r^2}{2}$ E $\frac{r^2}{3}$

118 **Un cubo e una sfera hanno rispettivamente il lato e il raggio uguale a *r*. Allora il rapporto tra il volume del cubo e quello della sfera è:**

A π

B $\frac{4\pi}{3}$

C $\frac{3}{4\pi}$

D $\frac{1}{\pi}$

E 1

119 **Una goccia sferica di mercurio di raggio R viene suddivisa in otto goccioline di raggio R/2. Il rapporto superficie/volume del sistema diventa:**

A 2 volte più grande
B 8 volte più piccolo
C 8 volte più grande
D 2 volte più piccolo
E rimane inalterato

120 **Si assumano per l'uomo le seguenti dimensioni: altezza 170 cm, spessore "medio" 250 mm, larghezza "media" 0,5 m. Ciò porta a un volume stimato di:**

A 2,1 centimetri cubi
B 212 centimetri cubi
C 0,21 centimetri cubi
D 0,21 metri cubi
E 2,1 metri cubi

Soluzioni e commenti

1 L'insieme A contenente tutti i numeri interi positivi divisori di 30 è un insieme finito che può essere rappresentato elencando i suoi elementi:

$$A = \{1, 2, 3, 5, 6, 10, 15, 30\}$$

L'insieme B costituito dai multipli di 5 è invece un insieme infinito:

$$B = \{5, 10, 15, 20, 25, 30, 35, ...\}$$

Cercare gli elementi comuni a tali insiemi equivale a calcolare l'intersezione dei due:

$$A \cap B = \{x \mid x \in A \text{ e } x \in B\} = \{5, 10, 15, 30\}$$

Poiché tale insieme è costituito da 4 elementi la risposta corretta è la **D**.

2 Poiché i valori proposti sono primi tra loro (non hanno fattori primi in comune) e quindi hanno M.C.D. uguale a 1, è facile calcolarne il m.c.m.: esso è dato infatti dal prodotto dei quattro valori. L'alternativa corretta è dunque la **D** in quanto:

$$\text{m.c.m.} = 4 \cdot 3 \cdot 5 \cdot 7 = 420$$

3 Utilizzando le proprietà delle potenze, l'espressione proposta nel quesito è equivalente a:

$$4 \cdot 10^0 + 5 \cdot 10^1 + 3 \cdot 10^2 + 7 \cdot 10^3 = 4 + 50 + 300 + 7000 = 7354 \text{ (alternativa A)}$$

Si noti che l'espressione è la rappresentazione in notazione decimale del numero 7354: il valore di partenza è decomposto in una somma di potenze di dieci, ciascuna moltiplicata per una cifra compresa tra 0 e 9.

4 Un numero è divisibile per 3 se e solo se la somma delle sue cifre è divisibile per 3: tra i valori proposti, solo il numero 1662 soddisfa questa condizione (infatti $1 + 6 + 6 + 2 = 15$). La risposta corretta è dunque la **B**.

5 Il quesito è di puro calcolo: $0{,}4 \times 0{,}4 \times 0{,}4 = 0{,}16 \times 0{,}4 = 0{,}064$ (risposta **D**)

6 Si dicono numeri primi quei numeri che non ammettono altri divisori oltre a sé stessi e all'unità. I primi compresi tra 7 e 21 sono: 7, 11, 13, 17, 19. Essi sono dunque 5, come indicato nell'alternativa **C**.

7 Partendo da 32 elementi, dopo un'ora la popolazione sarà composta da 48 batteri essendo aumentata del 50%, cioè di 16 elementi. Dopo la seconda ora l'aumento sarà di 24 batteri (il 50% di 48) e la popolazione conterà 72 batteri. Dopo la terza ora aumenterà del 50% di 72 e cioè di altri 36 batteri, arrivando così a 108 batteri. Al termine della quarta ora aumenterà di 54 batteri (il 50% di 108), raggiungendo un totale di 162 batteri: la risposta corretta è la **C**.

8 Esprimendo i numeri dati in forma frazionaria, si ha:

$$p = \frac{12}{100} \quad q = \frac{1}{10} \quad r = \frac{27}{200} \quad s = \frac{6}{25}$$

Le stesse frazioni, ridotte a denominatore comune 200, sono uguali a:

$$p = \frac{12 \cdot 2}{100 \cdot 2} = \frac{24}{200} \quad q = \frac{1 \cdot 20}{10 \cdot 20} = \frac{20}{200} \quad r = \frac{27}{200} \quad s = \frac{6 \cdot 8}{25 \cdot 8} = \frac{48}{200}$$

Dal confronto fra i numeratori si ricava il corretto ordine crescente: $q < p < r < s$ (risposta **E**).

MATEMATICA

9 Dato un numero x, la somma di tale numero con il suo reciproco è pari a $x + \frac{1}{x}$, quindi è immediato escludere l'alternativa **C**, dal momento che 0 non può essere il denominatore di una frazione. Sostituendo a x i valori proposti dalle restanti alternative, si ottiene:

- $\frac{1}{2} + \frac{1}{1/2} = \frac{1}{2} + 2 = \frac{5}{2}$
- $1 + \frac{1}{1} = 1 + 1 = 2$
- $\sqrt{2} + \frac{1}{\sqrt{2}} = \frac{2+1}{\sqrt{2}} = \frac{3}{\sqrt{2}} = \frac{3}{2}\sqrt{2} = \sqrt{2 \cdot \frac{9}{4}} = \sqrt{\frac{9}{2}}$
- $\sqrt{3} + \frac{1}{\sqrt{3}} = \frac{3+1}{\sqrt{3}} = \frac{4}{\sqrt{3}} = \frac{4}{3}\sqrt{3} = \sqrt{3 \cdot \frac{16}{9}} = \sqrt{\frac{16}{3}}$

L'alternativa che rende minima la somma considerata è dunque la **B**, essendo:

$$2 < \frac{5}{2} \qquad 2 = \sqrt{4} < \sqrt{\frac{9}{2}} \qquad 2 = \sqrt{4} < \sqrt{\frac{16}{3}}$$

10 Sostituendo a p e q i valori proposti si ottiene:

$$\frac{1}{p} + \frac{1}{q} = \frac{1}{3} + \frac{1}{5} = \frac{5+3}{15} = \frac{8}{15} = \frac{1}{r} \rightarrow r = \frac{15}{8}$$

La risposta corretta è la **C**.

11 Per risolvere velocemente l'esercizio conviene ipotizzare che il numero totale di studenti sia pari a 100. In tale ipotesi il numero degli studenti ammessi all'esame di Stato è pari a 90 e il numero di coloro che superano l'esame con una votazione maggiore o uguale a 90/100 è pari al 20% di 90, ossia 18. Pertanto, il numero di studenti che supera l'esame di Stato con una votazione inferiore a 90/100 è facilmente calcolabile come 90 – 18 = 72, che corrisponde al 72% del numero totale di studenti (100). La risposta corretta è dunque la **E**.

12 Nella sequenza di numeri naturali: 1, 2, **3**, 4, 5, **6**, 7, 8, **9**, 10, 11, … i multipli di 3, evidenziati, sono separati da due numeri non divisibili per 3. Ciascuno di questi numeri n ha dunque solo il numero precedente, $n - 1$, o solo il numero successivo, $n + 1$, divisibile per 3. La risposta corretta è quindi la **D**.

13 Applicando le proprietà delle potenze si ottiene:

$$2^{-2} = \frac{1}{2^2} = \frac{1}{4} \qquad \left(\frac{1}{3}\right)^{-3} = 3^3 = 27 \qquad (-4)^{-4} = \frac{1}{(-4)^4} = \frac{1}{256}$$

La risposta corretta è pertanto la **E**.

14 Un miliardesimo, scritto come potenza di 10, diventa:

$$\frac{1}{1.000.000.000} = \frac{1}{10^9} = 10^{-9}$$

quindi il prodotto richiesto è:

$$10^{-9} \cdot 10^{-9} = 10^{(-9)+(-9)} = 10^{-18} \text{ (risposta A)}$$

15 Poiché il 20% di N è 200, N è certamente un valore maggiore di 200, quindi si possono escludere le alternative **A**, **B** e **C**.

Se $\frac{20}{100}N = 200$ si ha $N = \frac{200 \cdot 100}{20} = 1000$.

L'alternativa esatta è dunque la **E**.

16 L'espressione $10^9 + 10^8 + 10^8 + 10^9$ è uguale a $2 \cdot 10^9 + 2 \cdot 10^8$. Poiché 10^9 è pari a un miliardo e $10^8 = 10^2 \cdot 10^6$ equivale a cento milioni, la risposta corretta è la **D**.

Si osservi che l'alternativa **E** è errata, poiché:

$$20^9 + 20^8 = (2 \cdot 10)^9 + (2 \cdot 10)^8 = 2^9 \cdot 10^9 + 2^8 \cdot 10^8$$

mentre, come già visto:

$$10^9 + 10^8 + 10^8 + 10^9 = 2 \cdot 10^9 + 2 \cdot 10^8$$

17 Applicando le proprietà delle potenze si ricava:

$$\frac{43^{65} \cdot (43^2)^3}{43^{-12} \cdot 43^{20}} = \frac{43^{65} \cdot 43^6}{43^{-12} \cdot 43^{20}} = \frac{43^{71}}{43^8} = 43^{63}$$

Nessuna delle alternative proposte corrisponde al valore trovato. Osservando però che:

$$43^{63} = (43^3)^{21}$$

si deduce che la risposta corretta è la **E**.

18 Due monomi sono simili se hanno la stessa parte letterale, ovvero le stesse lettere con i medesimi esponenti: l'unica coppia di monomi che soddisfa tale condizione è $4x^2yz^3, \frac{1}{2}x^2yz^3$, quindi la risposta corretta è la **C**.

19 Ricordando il prodotto notevole differenza fra due cubi:

$$a^3 - b^3 = (a - b) \cdot (a^2 + ab + b^2)$$

si deduce che la risposta corretta è la **D**.

20 L'alternativa esatta è la **A**. Infatti, osservando che a numeratore si ha una differenza di quadrati pari a:

$$a^8 - b^4 = (a^4 + b^2)(a^4 - b^2)$$

e che uno dei due fattori rappresenta ancora una differenza di quadrati, si può semplificare la frazione algebrica nel modo seguente:

$$\frac{a^8 - b^4}{a^2 - b} = \frac{(a^4 + b^2)(a^4 - b^2)}{a^2 - b} = \frac{(a^4 + b^2)(a^2 - b)(a^2 + b)}{a^2 - b} = (a^4 + b^2)(a^2 + b)$$

21 L'unico quadrato perfetto tra i polinomi proposti è quello indicato dall'alternativa **D**:

$$4x^2 - 12x + 9 = (2x - 3)^2$$

Si ricordi che, perché un trinomio rappresenti il quadrato di un binomio $a + b$, deve contenere i quadrati delle due basi, a^2 e b^2, e il loro doppio prodotto, $2ab$.

Vale infatti la regola generale:

$$(a \pm b)^2 = a^2 \pm 2ab + b^2$$

MATEMATICA

22 Per risolvere il quesito proposto, conviene partire dalle risposte calcolando i prodotti presenti nelle alternative. In primo luogo si osserva che la C è sicuramente errata in quanto il prodotto indicato non dà luogo a un polinomio di quarto grado, bensì di terzo: infatti il termine di grado massimo del polinomio prodotto (che dovrebbe essere un termine di quarto grado) può solo derivare dal prodotto dei termini di grado massimo dei polinomi fattori (rispettivamente di secondo e primo grado, il cui prodotto è un termine di terzo grado).
Similmente si osserva che le alternative A, D ed E sono anch'esse sicuramente errate in quanto i prodotti indicati generano dei polinomi il cui termine noto è diverso da 8: infatti il termine noto di ciascun polinomio prodotto (che dovrebbe essere pari a 8) può solo derivare dal prodotto dei termini noti dei polinomi fattori (che invece danno luogo a prodotti pari a 2, 4 e –2 rispettivamente).
Quindi, per esclusione, la risposta esatta è la B. Effettivamente, svolgendo il prodotto si ottiene:

$$(x-1)\cdot(x-2)^3 = (x-1)\cdot(x^3-6x^2+12x-8) = x^4-7x^3+18x^2-20x+8$$

23 Per rispondere al quesito occorre osservare che la somma di monomi $x^3+\frac{1}{x^3}$ compare nello sviluppo del cubo del binomio $\left(x+\frac{1}{x}\right)^3$ e che raccogliendo opportunamente si ha:

$$\left(x+\frac{1}{x}\right)^3 = x^3+3\cdot x+3\cdot\frac{1}{x}+\frac{1}{x^3} = x^3+\frac{1}{x^3}+3\left(x+\frac{1}{x}\right)$$

da cui si ricava:

$$x^3+\frac{1}{x^3} = \left(x+\frac{1}{x}\right)^3-3\left(x+\frac{1}{x}\right)$$

Di conseguenza, poiché $x+\frac{1}{x} = 2$, la risposta corretta è la A. Infatti:

$$x^3+\frac{1}{x^3} = \left(x+\frac{1}{x}\right)^3-3\left(x+\frac{1}{x}\right) = 2^3-3\cdot 2 = 8-6 = 2$$

24 Per rispondere al quesito non è necessario applicare la regola di Ruffini; infatti, indicando con $Q(x)$ il quoziente della divisione e con R il resto (la quantità richiesta dal quesito), si ha che il polinomio dividendo x^4+5x^3-7x+6 è uguale alla somma del prodotto fra il divisore $x-2$ e il quoziente $Q(x)$ e del resto R. In formule:

$$x^4+5x^3-7x+6 = (x-2)\cdot Q(x)+R$$

Ponendo $x = 2$ (la radice del divisore) nella precedente relazione si ottiene:

$$16+40-14+6 = 0\cdot Q(x)+R \rightarrow R = 48$$

per cui la risposta corretta è la E.

25 Il metodo più rapido per risolvere l'esercizio consiste nel ricordare i prodotti notevoli e nell'osservare che, dati due numeri x e y, risulta:

$$(x+y)^2 = x^2+y^2+2xy \rightarrow x^2+y^2 = (x+y)^2-2xy$$

Essendo $x+y = 7$ e $xy = \frac{45}{4}$, la formula precedente diventa:

$$x^2+y^2 = 7^2-2\cdot\frac{45}{4} = 49-\frac{45}{2} = \frac{53}{2}$$

quindi la risposta esatta è la C.

In alternativa è possibile giungere alla soluzione risolvendo il sistema:

$$\begin{cases} x + y = 7 \\ xy = \dfrac{45}{4} \end{cases}$$

elevando poi al quadrato i risultati ottenuti e sommando i valori così trovati.
Un ulteriore metodo risolutivo consiste nell'utilizzare la regola di somma e prodotto. Per determinare due interi la cui somma sia s e il cui prodotto sia p si può infatti risolvere l'equazione:

$$x^2 - sx + p = 0$$

Nel caso in esame risulta $s = 7$ e $p = 45/4$, quindi si ottiene:

$$x^2 - 7x + \frac{45}{4} = 0$$

che, risolta, fornisce:

$$x_{1,2} = \frac{7 \pm \sqrt{49 - 45}}{2} = \frac{7 \pm 2}{2} = \begin{cases} x_1 = \dfrac{5}{2} \\ x_2 = \dfrac{9}{2} \end{cases}$$

Infine, calcolando la somma dei quadrati di tali valori si ottiene:

$$\left(\frac{5}{2}\right)^2 + \left(\frac{9}{2}\right)^2 = \frac{25}{4} + \frac{81}{4} = \frac{106}{4} = \frac{53}{2}$$

26 Sfruttando le proprietà delle potenze è possibile scrivere:

$$(2^n + 2^{n+1})^2 = (2^n + 2^n \cdot 2)^2$$

ed effettuando un raccoglimento a fattore comune:

$$(2^n + 2^n \cdot 2)^2 = [(1+2) \cdot 2^n]^2 = (3 \cdot 2^n)^2 = 3^2 \cdot 2^{2n} = 3^2 \cdot (2^2)^n = 9 \cdot 4^n$$

La risposta corretta è dunque la **A**.

27 Per rispondere al quesito è opportuno, in primo luogo, confrontare fra loro le potenze con la stessa base osservando che:

$$6^{7/10} > 6^{2/3}$$

in quanto $7/10$ è maggiore di $2/3$. In modo analogo, si ha:

$$50^{2/5} > 50^{1/3}$$

in quanto $2/5$ è maggiore di $1/3$.
Il numero più grande è quindi sicuramente uno dei tre seguenti:

$$6^{7/10} \quad 12^{3/5} \quad 50^{2/5}$$

che, avendo basi diverse, non possono essere confrontati direttamente. Applicando la proprietà invariantiva all'esponente frazionario $3/5$ è possibile scrivere gli esponenti dei primi due numeri come frazioni aventi lo stesso denominatore, ottenendo:

$$6^{7/10} = (6^7)^{1/10} \quad 12^{3/5} = 12^{6/10} = (12^6)^{1/10}$$

A questo punto, avendo ottenuto due potenze con lo stesso esponente, è sufficiente confrontare le due basi 6^7 e 12^6.

Osservando che:

$$6^7 = 6 \cdot 6^6 \qquad 12^6 = (2 \cdot 6)^6 = 2^6 \cdot 6^6 = 64 \cdot 6^6$$

si ricava che il più grande fra i due numeri è 12^6, quindi risulta $12^{3/5} > 6^{7/10}$.

Per concludere, restano da confrontare i due "candidati" rimasti, $12^{3/5}$ e $50^{2/5}$. Essendo:

$$12^{3/5} = (12^3)^{1/5} \qquad 50^{2/5} = (50^2)^{1/5}$$

ci si trova di nuovo di fronte a due potenze aventi lo stesso esponente. Confrontando ora 12^3 e 50^2 e osservando che:

$$12^3 = 1728 \qquad 50^2 = 2500$$

si ricava che il più grande fra i due numeri è 50^2, quindi fra i cinque numeri di partenza il più grande è $50^{2/5}$ (risposta D).

---

28 La risposta esatta è la C. Infatti, applicando il teorema del trasporto fuori dal segno di radice, si ricava:

$$\sqrt{4^3} = \sqrt{(2^2)^3} = \sqrt{2^{2 \cdot 3}} = 2^3 = 8$$

---

29 Per definizione, l'insieme dei numeri reali $\mathbb{R}$ è costituito dall'unione dell'insieme dei numeri razionali $\mathbb{Q}$ e dell'insieme dei numeri irrazionali $\mathbb{I}$. La risposta corretta è quindi la B.

---

30 L'alternativa esatta è la B. Per rispondere al quesito è possibile procedere in due modi.

Ricordando che si può eseguire una moltiplicazione fra radicali solo nel caso in cui questi abbiano lo stesso indice, si riducono i due radicali allo stesso indice e poi se ne calcola il prodotto. Dato che m.c.m.$(3, 5) = 15$ si ha:

$$\sqrt[3]{5} \cdot \sqrt[5]{5} = \sqrt[15]{5^5} \cdot \sqrt[15]{5^3} = \sqrt[15]{5^5 \cdot 5^3} = \sqrt[15]{5^{5+3}} = \sqrt[15]{5^8}$$

Risulta però sicuramente più rapido trasformare i due radicali in potenze con esponente frazionario e applicare le relative proprietà. Si ottiene infatti:

$$\sqrt[3]{5} \cdot \sqrt[5]{5} = 5^{\frac{1}{3}} \cdot 5^{\frac{1}{5}} = 5^{\frac{1}{3}+\frac{1}{5}} = 5^{\frac{8}{15}} = \sqrt[15]{5^8}$$

---

31 Il teorema del trasporto fuori dal segno di radice afferma che se $a \geq 0$ allora $\sqrt[n]{a^n b} = a\sqrt[n]{b}$.

In questo caso si ha:

$$\sqrt[3]{a^6 b^2} = \sqrt[3]{(a^2)^3 b^2} = a^2\sqrt[3]{b^2} \text{ (alternativa D)}$$

---

32 La frazione 30/31 è un numero positivo minore di uno, per cui elevandolo a potenze via via crescenti, si ottengono numeri via via più piccoli. Viceversa, la frazione 31/30 è un numero positivo maggiore di uno, per cui elevandolo a potenze via via crescenti si ottengono numeri via via più grandi. Il corretto ordinamento crescente dei numeri dati è quindi $b < a < c < d$.

Il quesito richiede però di indicare la relazione esistente fra le *radici* delle quattro quantità: ricordando che la funzione radice quadrata è crescente, si ricava che l'ordinamento non cambia se si considerano le quattro quantità oppure le corrispondenti quattro radici quadrate.

La risposta corretta è dunque la C.

33 La forma più semplice di polinomio che si annulli in corrispondenza dei due valori prefissati (ossia 1 e 2) è:

$$(x-1)\cdot(x-2) = x^2-3x+2$$

ossia il polinomio che si ottiene dal prodotto di due fattori di primo grado, ciascuno dei quali si annulla in corrispondenza di uno dei valori prefissati. La risposta corretta è dunque la **A**.

34 Tra le coppie di equazioni proposte le alternative **C** e **D** possono essere facilmente scartate: nel primo caso vengono già fornite le soluzioni e sono diverse, mentre nel secondo le equazioni sono una di primo e una di secondo grado, quindi necessariamente non possono essere equivalenti (lo stesso discorso non vale per la **B** in quanto la presenza del modulo all'interno dell'equazione di primo grado indica la possibile presenza di due soluzioni).
Per quanto riguarda le restanti alternative, risolvendo le equazioni si ottiene:

Risposta **A**:	prima equazione:	$5x-2 = 4x+8 \rightarrow x = 10$
	seconda equazione:	$x = 6$
Risposta **B**:	prima equazione:	$\lvert x\rvert = 1 \rightarrow x = \pm 1$
	seconda equazione:	$x^2 = 1 \rightarrow x = \pm 1$
Risposta **E**:	prima equazione:	$4-2x = 10 \rightarrow x = -3$
	seconda equazione:	$x = 3$

La risposta corretta è quindi la **B**.

35 È possibile rispondere al quesito sfruttando la legge dell'annullamento del prodotto: il primo membro (costituito dal prodotto fra due fattori di primo grado) si annulla se e solo se almeno uno dei due fattori è nullo. Il valore di x per cui si annulla il primo fattore è $x = 2$, mentre il valore in corrispondenza del quale si annulla il secondo è $x = 3$. La risposta corretta è quindi la **A**.

36 L'equazione data è un'equazione frazionaria che risolta dà:

$$ab-\frac{bc}{x} = 0 \xrightarrow{\text{C.E.}: x\neq 0} abx-bc = 0 \rightarrow abx = bc \rightarrow x = \frac{bc}{ab} = \frac{c}{a}$$

La risposta esatta è la **E**.

37 Affinché le soluzioni di una equazione di secondo grado siano reali è necessario che il discriminante dell'equazione non sia negativo. Nel caso in esame si ha:

$$\Delta = (A-B)^2+4AB = A^2+B^2+2AB = (A+B)^2 \geq 0$$

È dunque evidente che le due soluzioni sono **sempre** reali (per qualsiasi valore di a e di b).
Ricordando che in una equazione di secondo grado $ax^2+bx+c = 0$ la somma delle radici è pari al quoziente tra i coefficienti dei termini di primo e secondo grado, cambiato di segno:

$$x_1+x_2 = -\frac{b}{a}$$

nel caso dell'equazione $Ax^2+(A-B)x-B = 0$ si ricava:

$$x_1+x_2 = -\frac{A-B}{A}$$

Ponendo tale somma uguale a 1 si ottiene:

$$-\frac{A-B}{A} = 1 \rightarrow B-A = A \rightarrow B-2A = 0$$

La risposta esatta è dunque la **C**.

38 In sostanza si tratta di trovare la frazione nella forma $\frac{8x}{3x}$ tale che $8x - 3x = 10$. Da quest'ultima equazione si ricava $x = 2$, per cui la frazione cercata è $\frac{8 \cdot 2}{3 \cdot 2} = \frac{16}{6}$. La risposta corretta è la **B**.

39 Indicando con x l'età attuale di Silvia, oggi Luca ha $x + 6$ anni. Il fatto che fra dodici anni l'età di Luca sarà i 5 / 4 di quella di Silvia si traduce nella seguente equazione:

$$(x+6)+12 = \frac{5}{4}(x+12) \rightarrow 4(x+18) = 5(x+12) \rightarrow 4x+72 = 5x+60 \rightarrow x = 12$$

Pertanto oggi Silvia ha 12 anni e, di conseguenza, Luca ne ha 12 + 6 = 18 (risposta **B**).

40 Poiché l'equazione data è di terzo grado, per ricavarne le radici è utile scomporla in fattori e sfruttare la legge dell'annullamento del prodotto.
Effettuando un raccoglimento a fattor comune si ottiene:

$$x^3 + x^2 - x = x(x^2 + x - 1)$$

Il primo fattore si annulla se $x = 0$ mentre il secondo è un trinomio di secondo grado tale che:

$$x^2 + x - 1 = 0 \rightarrow x = \frac{-1 \pm \sqrt{5}}{2}$$

L'equazione $x^3 + x^2 - x = 0$ ha dunque tre radici reali distinte, come indicato nell'alternativa **D**.

41 La traduzione in formule del quesito è:

$$N - \frac{k}{100} \cdot N = R$$

Eseguendo i seguenti passaggi, si ottiene il valore cercato:

$$N \cdot \left(1 - \frac{k}{100}\right) = R \rightarrow N = \frac{R}{\left(1 - \frac{k}{100}\right)}$$

La risposta esatta è la **B**.

42 Per risolvere velocemente l'esercizio è sufficiente provare a moltiplicare 5 e 6 per la stessa cifra e vedere quando la loro somma è proprio uguale a 22. Moltiplicando 5 e 6 per 2 si ottiene rispettivamente 10 e 12. La somma di questi due valori è 22 (il valore posto dall'esercizio) e quindi il valore di x sarà proprio 10, essendo il minore dei due valori (si ricordi che X e Y stanno tra loro come 5 sta a 6). La soluzione del quesito è fornita dall'alternativa **D**.
In alternativa è possibile impostare una proporzione:

$$X : Y = 5 : 6$$

e applicare la proprietà del comporre per ricavare il valore di X:

$$(X + Y) : X = (5 + 6) : 5$$

Essendo X + Y = 22 diventa:

$$22 : X = 11 : 5$$

da cui segue

$$X = \frac{22 \cdot 5}{11} = 2 \cdot 5 = 10$$

43 Si tratta di un sistema di secondo grado: il metodo più rapido consiste nel verificare le alternative proposte. Si ricava facilmente che la soluzione è quella indicata dalla lettera **D**.

In alternativa, si risolve il sistema applicando il metodo di sostituzione:

$$\begin{cases} x = y + 10 \\ x^2 = y^2 \end{cases} \rightarrow \begin{cases} x = y + 10 \\ (y+10)^2 = y^2 \end{cases} \rightarrow \begin{cases} x = y + 10 \\ y^2 + 20y + 100 = y^2 \end{cases} \rightarrow$$

$$\rightarrow \begin{cases} x = y + 10 \\ 20y = -100 \end{cases} \rightarrow \begin{cases} x = y + 10 \\ y = -5 \end{cases} \rightarrow \begin{cases} x = 5 \\ y = -5 \end{cases}$$

44 Per $x \geq 3$ l'equazione diventa $x - 3 = 3 - x$, cioè $2x = 6$, da cui $x = 3$.

Per $x < 3$ l'equazione assume la forma $-x + 3 = 3 - x$, cioè $0 \cdot x = 0$, che è una equazione indeterminata. Pertanto l'equazione $|x - 3| = 3 - x$ ammette come soluzioni tutti i numeri reali minori o uguali a 3. Unendo le soluzioni trovate, si ricava che la risposta corretta è la **A**.

45 Un qualsiasi valore elevato al quadrato è positivo o nullo, pertanto non può essere minore di un numero negativo. La disequazione proposta non ammette perciò soluzione per alcun valore di x (alternativa **C**), come si può ricavare anche osservando che il discriminante dell'equazione associata è negativo.

46 Portando tutto a primo membro e riducendo le frazioni a denominatore comune, si ottiene:

$$\frac{x^2}{1-xy} > \frac{x}{y(1-xy)} \rightarrow \frac{x^2}{1-xy} - \frac{x}{y(1-xy)} > 0 \rightarrow \frac{x(xy-1)}{y(1-xy)} > 0$$

Ora, osservando che:

$$xy - 1 = -(1 - xy)$$

si può scrivere:

$$\frac{x(xy-1)}{y(1-xy)} > 0 \rightarrow -\frac{x(1-xy)}{y(1-xy)} > 0$$

Poiché per ipotesi $xy \neq 1$ è possibile semplificare, ottenendo:

$$-\frac{x}{y} > 0 \rightarrow \frac{x}{y} < 0$$

Dal momento che x e y sono numeri positivi, anche il loro quoziente è positivo, quindi la disequazione $\frac{x}{y} < 0$ e, di conseguenza, quella di partenza, non sono mai verificate.

La risposta corretta è pertanto la **D**.

47 Due disequazioni si dicono *equivalenti* quando ammettono le stesse soluzioni. Per le disequazioni $\frac{1+x}{x-4} < 0$ e $(x-4)(1+x) < 0$ si può verificare che ciò è senz'altro vero perché vale la relazione:

$$A \cdot B < 0 \leftrightarrow \frac{A}{B} < 0 \leftrightarrow \text{A e B sono discordi}$$

dove A e B sono due espressioni algebriche sempre definite.

Osservando il grafico seguente:

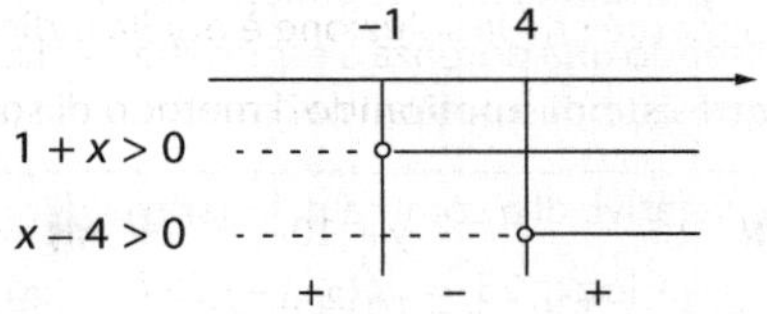

si ricava agevolmente che le disequazioni $\frac{1+x}{x-4} < 0$ e $(x-4)(1+x) < 0$ sono soddisfatte per:

$$-1 < x < 4$$

poiché in tale intervallo i termini della prima disequazione e, rispettivamente, i fattori della seconda, sono discordi. La risposta corretta è pertanto la D.

---

48 Si tratta di una disequazione con valore assoluto del tipo $|f(x)| < k$ con $k \geq 0$. Le soluzioni di tale disequazione si determinano risolvendo il sistema:

$$\begin{cases} f(x) < k \\ f(x) > -k \end{cases}$$

ovvero, nel caso in esame:

$$\begin{cases} 5-x<1 \\ 5-x>-1 \end{cases} \rightarrow \begin{cases} -x<-4 \\ -x>-6 \end{cases} \rightarrow \begin{cases} x>4 \\ x<6 \end{cases} \rightarrow 4<x<6$$

La disequazione presenta soltanto soluzioni positive. quindi la risposta esatta è la C.

---

49 Per scrivere un logaritmo come funzione esponenziale è sufficiente applicare la definizione. Il logaritmo y è l'esponente da attribuire alla base 10 per ottenere l'argomento x, quindi l'equazione esponenziale cercata è $10^y = x$: alternativa D.

---

50 Per risolvere il quesito è possibile applicare il teorema:

$$\log_a b + \log_a c = \log_a bc \text{ con } a, b, c > 0 \text{ e } a \neq 1$$

Si ha infatti:

$$\log_{10}100 + \log_{10}10 + \log_{10}1 + \log_{10}0{,}1 = \log_{10}(100 \cdot 10 \cdot 1 \cdot 0{,}1)$$

Svolgendo i conti si ottiene:

$$\log_{10}100 + \log_{10}10 + \log_{10}1 + \log_{10}0{,}1 = \log_{10}(10^2 \cdot 10^1 \cdot 10^{-1}) = \log_{10}10^2 = 2$$

quindi l'alternativa esatta è la C.
In alternativa, è possibile calcolare i valori dei singoli logaritmi e poi sommare:

$$\log_{10}100 + \log_{10}10 + \log_{10}1 + \log_{10}0{,}1 = \log_{10}10^2 + \log_{10}10^1 + \log_{10}10^0 + \log_{10}10^{-1} =$$
$$= 2 + 1 + 0 - 1 = 2$$

---

51 Dal momento che $5^0 = 1$, l'equazione data diventa:

$$5^{2x} = 5^0$$

Poiché due potenze aventi la stessa base sono uguali quando sono uguali gli esponenti, si ha:

$$2x = 0 \rightarrow x = 0$$

La risposta esatta è pertanto la A.

52 L'equazione $6^x = -36$ è un'equazione esponenziale elementare avente primo membro positivo per ogni valore di x, essendo una potenza a esponente reale, e secondo membro negativo: l'equazione data non ammette quindi soluzioni nel campo reale (alternativa **B**).

53 Applicando il teorema relativo alla somma di logaritmi di ugual base, si ha:

$$\log_{10} 4 + \log_{10} 25 = \log_{10}(4 \cdot 25) = \log_{10} 100 = 2$$

La risposta esatta è quindi la **B**.

54 Si osservi innanzitutto che non è possibile applicare la regola:

$$\log a + \log b = \log(a \cdot b)$$

dal momento che i logaritmi considerati non hanno la stessa base. È quindi necessario calcolare il valore di ogni singolo logaritmo, applicando la definizione stessa:

$$\log_4 2 = x \leftrightarrow 4^x = 2 \rightarrow x = \frac{1}{2} \qquad \log_2 4 = x \leftrightarrow 2^x = 4 \rightarrow x = 2$$

La relazione data equivale quindi a:

$$\log_4 2 + \log_2 4 = \frac{1}{2} + 2 = 0{,}5 + 2 = 2{,}5$$

pertanto la risposta esatta è la **D**.

55 Si osservi innanzitutto che $12345{,}6 = \frac{123456}{10}$, quindi il numero L cercato è:

$$L = \log_{10} 12345{,}6 = \log_{10} \frac{123456}{10}$$

Ricordando che il logaritmo di un quoziente di numeri positivi equivale alla differenza fra il logaritmo del numeratore e quello del denominatore, si ricava:

$$L = \log_{10} \frac{123456}{10} = \log_{10} 123456 - \log_{10} 10 = \log_{10} 123456 - 1$$ (alternativa **D**)

56 L'alternativa corretta è la **E**, infatti il logaritmo di un numero negativo non esiste nell'insieme dei numeri reali. Infatti, dalla definizione di logaritmo si ha:

$$\log_a b = x \leftrightarrow a^x = b$$

e sappiamo che una potenza a esponente reale assume sempre valori positivi, per cui anche l'argomento b dovrà essere tale.

57 Occorre analizzare singolarmente ciascuno dei due fattori a primo membro. Per il primo e il secondo fattore si ha rispettivamente:

$$\log_\alpha \alpha^2 = 2 \cdot \log_\alpha \alpha = 2$$

$$\log_{\alpha^2} \alpha = \log_{\alpha^2} (\alpha^2)^{1/2} = \frac{1}{2} \cdot \log_{\alpha^2} \alpha^2 = \frac{1}{2} \cdot 1 = \frac{1}{2}$$

quindi, considerando il prodotto fra questi due fattori, si ottiene:

$$(\log_\alpha \alpha^2) \cdot (\log_{\alpha^2} \alpha) = 2 \cdot \frac{1}{2} = 1$$

L'uguaglianza è quindi sempre verificata, ma solo nel caso siano rispettate le condizioni di esistenza, ossia α sia positiva e diversa da uno (risposta **E**).

58 La risposta corretta è la **C**, infatti la pendenza (espressa dal coefficiente angolare m) di una retta passante per i punti A(–5; 2) e B(1; –2) è data dalla formula:

$$m = \frac{y_2 - y_1}{x_2 - x_1} = \frac{-2-2}{1-(-5)} = \frac{-4}{1+5} = -\frac{4}{6} = -\frac{2}{3}$$

59 Le due circonferenze sono tangenti e hanno dunque un punto in comune (alternativa **C**).
Il metodo più rapido per stabilirlo consiste nell'osservare che la distanza tra i due centri è pari a:

$$d(C_1, C_2) = \sqrt{(10-2)^2 + (8-2)^2} = \sqrt{8^2 + 6^2} = \sqrt{64+36} = 10$$

Questo valore corrisponde alla somma delle lunghezze dei due raggi: $5 + 5 = 10$, cosa che permette di stabilire la tangenza.
In alternativa, ricordando che noti il centro $C(\alpha; \beta)$ e il raggio r di una circonferenza la sua equazione è $(x-\alpha)^2 + (y-\beta)^2 = r^2$, si scrivono le equazioni delle due circonferenze e si mettono a sistema:

$$\begin{cases}(x-2)^2 + (y-2)^2 = 25 \\ (x-10)^2 + (y-8)^2 = 25\end{cases}$$

Poiché il sistema è formato da due equazioni di secondo grado tale procedimento risulta però decisamente più laborioso.

60 Disegnando le rette $x = 1$, $x = 3$ e $y = 2x - 1$, determinando le coordinate dei punti di intersezione delle prime due rette sia con l'asse delle x sia con la retta $y = 2x - 1$ (come soluzioni del sistema fra le rispettive equazioni), si ricava che la regione di cui si chiede l'area è quella evidenziata in figura: tale area coincide con l'area del trapezio ABCD. Osservando che le coordinate dei punti sono:

$$A = (1; 0)\ ;\ B = (3; 0)\ ;\ C = (3; 5)\ ;\ D = (1; 1)$$

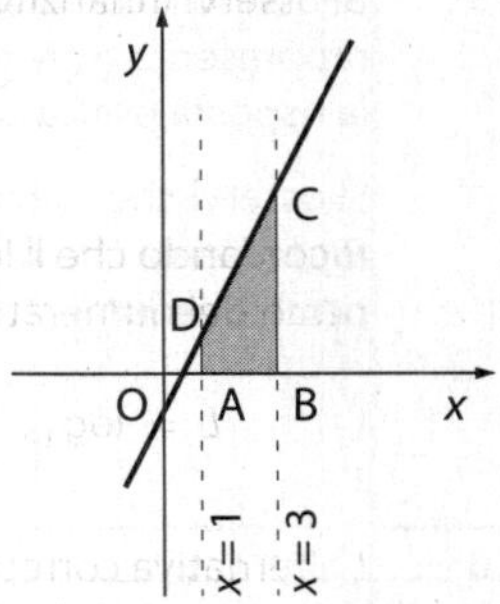

si ricava che l'area del trapezio è:

$$A_{ABCD} = \frac{(\overline{AD} + \overline{BC}) \cdot \overline{AB}}{2} = \frac{(1+5) \cdot 2}{2} = 6 \text{ (risposta E)}$$

61 La retta rappresentata in figura ha equazione:

$$y = mx + q$$

dove:

- il coefficiente angolare m indica la tangente dell'angolo che essa forma con il semiasse positivo delle ascisse;
- l'ordinata all'origine q indica l'ordinata del punto in cui la retta interseca l'asse delle y.

Osservando il disegno si nota che la retta interseca l'asse delle y in un punto a ordinata negativa, quindi deve essere $q < 0$: tra le alternative proposte, solo **C** ed **E** soddisfano tale condizione, con $q = -2$ e $q = -3$ rispettivamente, quindi le risposte **A**, **B** e **D** possono essere scartate.
La retta data forma un angolo acuto con il semiasse positivo delle ascisse, quindi risulta $m > 0$: poiché nell'alternativa **C** tale condizione non è verificata, essendo $m = -3$, la risposta esatta è la **E**, $y = 2x - 3$.

62 Applicando la formula generale per il calcolo della distanza tra due punti A e B di coordinate $(x_1; y_1)$ e $(x_2; y_2)$ si ricava che l'alternativa corretta è la **C**. Infatti:

$$\overline{AB} = \sqrt{(x_2-x_1)^2 + (y_2-y_1)^2} = \sqrt{(5-1)^2 + (1-4)^2} = \sqrt{16+9} = \sqrt{25} = 5$$

63 Dati due punti di coordinate rispettivamente $(x_1;y_1)$ e $(x_2;y_2)$ l'equazione della retta passante per i due punti è data dalla formula:

$$\frac{y-y_1}{y_2-y_1} = \frac{x-x_1}{x_2-x_1}$$

Nel caso in esame si avrà dunque:

$$\frac{y-0}{4\sqrt{2}-0} = \frac{x-0}{\sqrt{2}-0}$$ ovvero $y = 4x$ (risposta **D**)

In alternativa, poiché la retta cercata deve passare per l'origine degli assi, nella sua equazione dovrà mancare il termine noto, pertanto si possono scartare le alternative **A** e **B**.

Tra le alternative rimaste, l'equazione cercata è quella della retta cui appartiene il punto $(\sqrt{2};4\sqrt{2})$, ossia la **D**.

64 Le coordinate del punto (2; 1) soddisfano l'equazione data indipendentemente da m:

$$mx - y - 2m + 1 = 0 \rightarrow 2m - 1 - 2m + 1 = 0 \rightarrow 0 = 0$$

quindi l'equazione considerata rappresenta un insieme di rette passanti per tale punto.
Esplicitando l'equazione si ottiene la forma canonica $y = mx - 2m + 1$ e, ricordando che tale forma rappresenta tutte le rette del piano a eccezione di quelle perpendicolari all'asse delle ascisse (essendo il coefficiente della y diverso da zero), si deduce immediatamente che l'equazione data rappresenta tutte le rette passanti per il punto (2; 1) tranne quella di equazione $x = 2$, pertanto la risposta esatta è la **C**.

Si osservi che l'alternativa **A** può essere esclusa perché, se $m = 0$, l'equazione diventa $y = 1$ e rappresenta una retta parallela all'asse delle x; allo stesso modo, la risposta **B** può essere eliminata perché, se $m = 1/2$, si ottiene un'equazione che rappresenta una retta passante per l'origine:

$$y = \frac{1}{2}x$$

65 L'equazione $x^2 + y^2 = 1$ rappresenta la circonferenza avente centro nell'origine e raggio 1, mentre l'equazione $x + y = 1$ è quella della retta parallela alla bisettrice del secondo e del quarto quadrante, passante per il punto $(0; 1)$.
I punti che appartengono contemporaneamente alle due curve sono dunque solo quelli di coordinate $(0; 1)$ e $(1; 0)$.

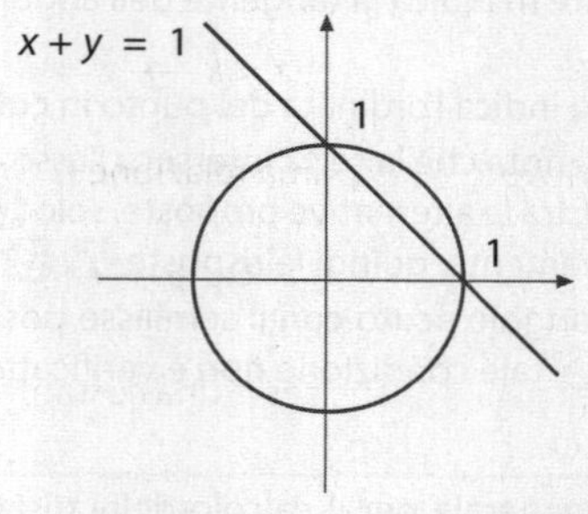

Poiché in entrambi i casi il prodotto delle coordinate è nullo, la condizione $xy > 0$ non è mai soddisfatta: non esiste quindi alcun punto le cui coordinate soddisfino contemporaneamente le tre condizioni date, pertanto la risposta corretta è la **A**.

66 Tutto ciò che si sa di questa parabola è che il suo asse di simmetria è parallelo all'asse y e che la sua concavità è rivolta verso l'alto ($a > 0$). Nella figura sono rappresentate due possibili configurazioni della parabola in esame.

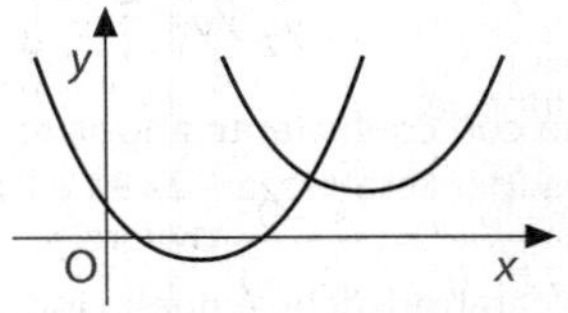

Si conclude che i dati forniti non sono sufficienti per individuare il numero di intersezioni tra la parabola e l'asse delle ascisse (risposta **C**).

67 L'espressione contenuta nella risposta **C** è l'equazione canonica della circonferenza di raggio r e centro nell'origine, per cui la **C** risulta essere la risposta esatta. A questa conclusione si sarebbe potuti giungere anche procedendo per esclusione: l'espressione contenuta nella risposta **A** è un'equazione di primo grado, quindi rappresenta (in coordinate cartesiane) una retta. Le espressioni contenute nelle risposta **D** ed **E**, una volta sviluppati i quadrati a primo membro, contengono il termine in xy per cui non possono rappresentare una circonferenza. Infine, l'alternativa **B** non contiene i termini di secondo grado ed è dunque anch'essa da escludere.

68 Le coordinate del punto di intersezione tra due curve generiche sono la soluzione del sistema tra le equazioni delle curve. In particolare, il punto di intersezione di due rette si trova risolvendo il sistema lineare tra le equazioni delle due rette; nel caso in esame si ha:

$$\begin{cases} x - y = 0 \\ 2x - 1 = 0 \end{cases} \rightarrow \begin{cases} x = y \\ x = 1/2 \end{cases} \rightarrow x = 1/2 \text{ e } y = 1/2$$

La risposta corretta è dunque la **D**.

69 Se la grandezza x è proporzionale al quadrato di una grandezza y allora il loro **quoziente** è costante e dunque si può scrivere:

$$\frac{x}{y^2} = h$$

mentre se y è inversamente proporzionale a una grandezza z allora il loro **prodotto** è costante:

$$yz = k$$

Per rispondere al quesito occorre risolvere il sistema fra queste due equazioni. Ricavando y dalla seconda relazione si ottiene:

$$yz = k \rightarrow y = \frac{k}{z}$$

sostituendo tale valore trovato nella prima relazione si ricava:

$$\frac{x}{y^2} = h \rightarrow x = hy^2 \rightarrow x = h\left(\frac{k}{z}\right)^2 \rightarrow xz^2 = hk^2$$

Poiché il prodotto di due costanti è anch'essa una costante, ponendo $hk^2 = H$ si ricava che il prodotto fra x e z^2 è costante:

$$xz^2 = H$$

che equivale ad affermare che la grandezza x è inversamente proporzionale a z^2.
La risposta corretta è pertanto la **B**.

70 La funzione $2x - 3y = \frac{2}{3}$ equivale (esplicitandola rispetto alla y) alla funzione:

$$y = \frac{2}{3}x - \frac{2}{9}$$

quindi si tratta di una retta con coefficiente angolare positivo, che interseca l'asse delle y in un punto di ordinata negativa (per l'esattezza $-2/9$) e l'asse delle x in un punto di ascissa positiva (per l'esattezza $1/3$).

L'unico grafico con queste caratteristiche è quello individuato dalla lettera **D**.

71 Per risolvere il quesito basta osservare il grafico. In corrispondenza del valore $x = 2$ la funzione f assume valore -1, come si può vedere posizionandosi in corrispondenza del valore 2 sull'asse delle ascisse e scendendo in verticale fino a incontrare il grafico della curva in corrispondenza del valore $y = -1$, quindi vale:

$$f(2) = -1$$

La quantità $\frac{f(f(f(2)))}{f(2)}$ assume quindi valore:

$$\frac{f(f(f(2)))}{f(2)} = \frac{f(f(-1))}{-1} = -f(f(-1))$$

Ripetendo il ragionamento precedente, dal grafico si deduce che in corrispondenza del valore $x = -1$ la funzione assume valore 3, cioè $f(-1) = 3$, quindi si ha:

$$\frac{f(f(f(2)))}{f(2)} = -f(f(-1)) = -f(3)$$

Infine, dato che per il valore $x = 3$ la funzione assume valore 2, cioè $f(3) = 2$, si ottiene:

$$\frac{f(f(f(2)))}{f(2)} = -f(f(-1)) = -f(3) = -2$$

quindi la risposta esatta è la **C**.

72 Si esamini il grafico della funzione $f(x) = x^3$.

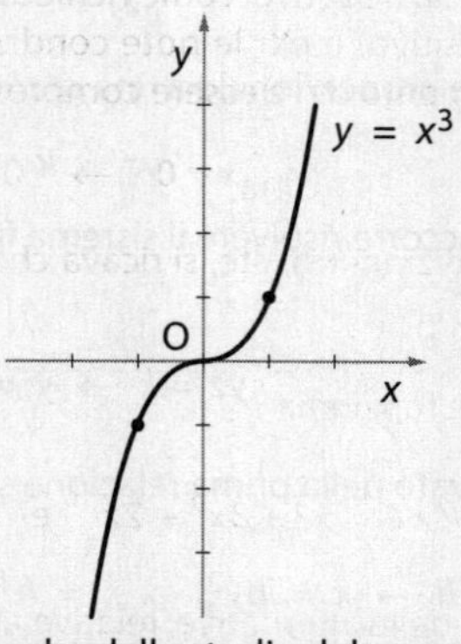

Si vede facilmente, come si ricava anche dallo studio del segno, che la funzione non è sempre positiva, è dispari e ha uno zero nel punto $x = 0$ (alternative **A**, **C**, **D** errate).

Nel punto in cui la funzione interseca l'asse delle x, ovvero nell'origine, la funzione reciproca:

$$\frac{1}{f(x)} = \frac{1}{x^3}$$

non è definita, in quanto si annulla il denominatore (alternativa **B** errata).

Invece la sua inversa, ovvero la funzione che permette di "tornare" dall'elemento $y = f(x)$ all'elemento x, si ottiene esplicitando la variabile x in funzione della variabile y:

$$y = x^3 \rightarrow x = \sqrt[3]{y}$$

ed è sempre definita in quanto è una funzione irrazionale avente indice dispari. La risposta corretta è pertanto la **E**.

---

73 La funzione in esame è frazionaria, quindi il suo denominatore deve essere diverso da zero:

$$x + 1 \neq 0 \rightarrow x \neq -1$$

L'alternativa corretta è pertanto la **B**.

---

74 Si osservi che:

$$1.000.000.000.000 < 2.567.000.000.000 < 10.000.000.000.000$$

quindi il numero 2.567.000.000.000 è compreso tra 10^{12} e 10^{13}:

$$10^{12} < 2.567.000.000.000 < 10^{13}$$

Log rappresenta la funzione logaritmo in base 10 che, avendo la base maggiore di 1, è crescente; applicando tale funzione alla relazione appena scritta, si ottiene quindi:

$$\text{Log}\,10^{12} < \text{Log}\,2.567.000.000.000 < \text{Log}\,10^{13}$$

Utilizzando poi la definizione di logaritmo, si ottiene:

$$12 < \text{Log}\,2.567.000.000.000 < 13$$

quindi la risposta esatta è la **C**.

---

75 In mancanza di indicazione diversa, si può assumere che il logaritmo sia decimale, ossia in base 10. Per l'esistenza del logaritmo, l'argomento deve essere positivo, ossia deve valere la condizione:

$$x > 0$$

Affinché il prodotto $x\log x$ sia negativo, come richiede il testo del quesito, $\log x$ deve essere negativo (x è sicuramente positivo) e per le note condizioni sul segno del logaritmo, se la base è maggiore dell'unità, l'argomento deve essere compreso fra 0 e 1:

$$\log_{10} x < 0 \rightarrow 0 < x < 1$$

Mettendo a sistema le condizioni trovate, si ricava che x deve essere compreso tra i valori 0 e 1, quindi la risposta corretta è la **A**.

---

76 Nel quesito compaiono due funzioni:

$$f(x) = x^3 + 3x^2 + 2x \quad \text{e} \quad g(x) = \frac{x^2 - 3}{x + 1}$$

si chiede di verificare quale delle alternative, relative al numero di intersezioni di tali funzioni con gli assi, sia quella corretta. Per rispondere si devono quindi risolvere i sistemi:

$$\begin{cases} y = x^3 + 3x^2 + 2x \\ x = 0 \end{cases} \quad \text{e} \quad \begin{cases} y = x^3 + 3x^2 + 2x \\ y = 0 \end{cases}$$

per la funzione $f(x)$ (poiché nell'alternativa **A** si parla di intersezioni con l'asse delle ordinate e nella **C** di intersezioni con l'asse delle ascisse).

Similmente per la funzione $g(x)$ (poiché nelle alternative B e D si parla solo di intersezioni con l'asse delle ascisse), si deve risolvere il solo sistema:

$$\begin{cases} y = \dfrac{x^2 - 3}{x + 1} \\ y = 0 \end{cases}$$

I primi due sistemi ammettono rispettivamente una e tre soluzioni, mentre il terzo ammette le due soluzioni di segno opposto $x_1 = \sqrt{3}$ e $x_2 = -\sqrt{3}$. Si deduce che:

- la funzione $f(x)$ ammette una sola intersezione con l'asse delle ordinate e tre con l'asse delle ascisse;
- la funzione $g(x)$ ammette due intersezioni di segno opposto con l'asse delle x.

La risposta esatta è quindi la C.

---

77 Ponendo $t = e^x$, la disequazione esponenziale si riduce alla disequazione di secondo grado $t^2 + 2t - 8 \leq 0$, le cui soluzioni sono $-4 \leq t \leq 2$. Ricordando che $t = e^x$, si ottiene quindi $-4 \leq e^x \leq 2$, che equivale al sistema:

$$\begin{cases} e^x \geq -4 \\ e^x \leq 2 \end{cases}$$

Poiché la funzione esponenziale è sempre positiva, la prima disequazione è soddisfatta per ogni valore reale di x, pertanto la soluzione del sistema, e dunque della disequazione proposta dal quesito, coincide con quella di $e^x \leq 2$, $x \leq \ln 2$ (risposta A).

---

78 Per risolvere il quesito è sufficiente risolvere la disequazione:

$$\frac{e^x \cdot (x^2 - x - 6)}{x^2 + 25} > 0$$

Osservando che il fattore e^x e il denominatore $x^2 + 25$ sono sempre positivi (in quanto, rispettivamente, esponenziale e somma di un termine positivo e di uno non negativo), è possibile risolvere la più semplice disequazione:

$$x^2 - x - 6 > 0$$

L'equazione a essa associata ammette soluzioni $x_1 = -2$ e $x_2 = 3$, quindi la disequazione considerata è soddisfatta per $x < -2 \cup x > 3$ e il grafico della funzione:

$$f(x) = \frac{e^x \cdot (x^2 - x - 6)}{x^2 + 25}$$

giace nel semipiano positivo delle y in tale intervallo. La risposta esatta è pertanto la E.

---

79 La funzione coseno si annulla a 90° e 270° e in tutti gli angoli che si ottengono sommando a questi multipli di 360°. L'unico valore tra quelli proposti a non rispettare tale condizione è 360°, quindi la risposta corretta è la C.

---

80 Le relazioni contenute nelle alternative proposte fanno parte delle relazioni che legano tra loro le funzioni goniometriche degli archi associati. Tra queste, una delle più utilizzate afferma che angoli supplementari hanno lo stesso seno; in simboli: sen (180° – α) = sen α. È dunque evidente che l'espressione contenuta nella risposta D è falsa.

---

81 L'equazione proposta è chiaramente impossibile in quanto la sinusoide assume valori compresi tra –1 e +1. La risposta esatta è dunque la E: l'equazione non ammette soluzioni reali.

82 Il testo del quesito afferma che:

- il cateto AC misura 12 cm
- il cateto BC misura 5 cm
- l'angolo in A misura α
- l'angolo in B misura β

quindi si deduce che α è l'angolo opposto a BC e β è l'angolo opposto ad AC.

Dal momento che in ogni triangolo a lato maggiore è opposto angolo maggiore, essendo $\overline{AC} > \overline{BC}$ risulta $\beta > \alpha$.

α e β sono gli angoli acuti interni di un triangolo rettangolo, quindi sono complementari; di conseguenza, valgono le relazioni:

$$\text{sen}\alpha = \cos\beta \quad \text{e} \quad \cos\alpha = \text{sen}\beta$$

dunque è immediato stabilire che l'alternativa **A** è errata.

Disegnando sulla circonferenza goniometrica due angoli complementari α e β, con $\beta > \alpha$, è facile verificare che $\text{tg}\beta > \text{sen}\alpha$, quindi la risposta corretta è la **B**.

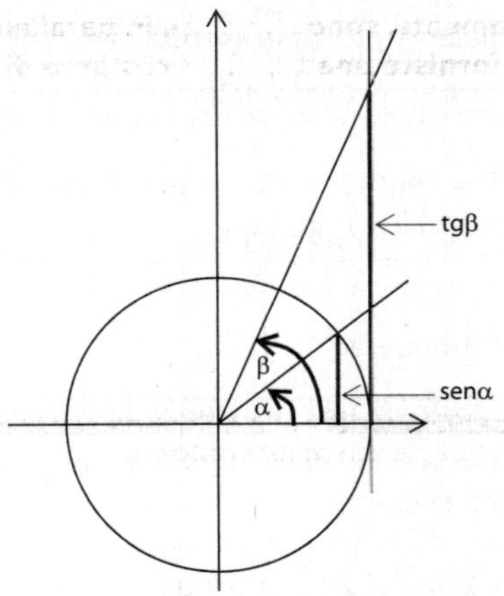

Sempre rappresentando α e β sulla circonferenza goniometrica si vede facilmente che le alternative **C**, **D** ed **E** sono errate, essendo $\cos\beta < \cos\alpha$, $\text{sen}\alpha < \text{sen}\beta$ e $\cos\beta < \text{tg}\beta$.

83 Applicando il teorema di Carnot si deduce immediatamente che la risposta corretta è la **B**. Tale teorema, infatti, afferma che conoscendo la lunghezza di due lati di un triangolo e il valore dell'angolo tra essi compreso, è possibile determinare la lunghezza del terzo lato:

$$a^2 = b^2 + c^2 - 2 \cdot b \cdot c \cdot \cos\alpha$$

dove b e c sono le lunghezze dei lati noti, α l'angolo tra essi compreso e a la lunghezza del lato incognito.

Nel caso in esame si ha $b = 3$, $c = 2$ e $\alpha = 45°$, quindi si ottiene:

$$a^2 = 3^2 + 2^2 - 2 \cdot 3 \cdot 2 \cdot \cos 45° = 13 - 12 \cdot \frac{\sqrt{2}}{2}$$

È possibile approssimare tale valore nel modo seguente:

$$13 - 12 \cdot \frac{\sqrt{2}}{2} \approx 13 - 12 \cdot \frac{1{,}4}{2} = 13 - 12 \cdot 0{,}7 = 13 - 8{,}4 = 4{,}6$$

Calcolando ora la radice quadrata di entrambi i membri, si ricava:

$$a^2 \approx 4{,}6 \rightarrow a \approx \sqrt{4{,}6} \approx \sqrt{4} = 2$$

Tra le alternative proposte quella che approssima meglio tale valore è proprio la **B**.

84 Nella seguente tabella è riportato il segno di ciascuna funzione goniometrica nei quattro quadranti:

Quadrante / Funzione	I	II	III	IV
seno	+	+	–	–
coseno	+	–	–	+
tangente	+	–	+	–

quindi si ricava immediatamente che la risposta corretta è la **C**.

85 Per rispondere al quesito è utile ricorrere alla formula di addizione per il seno. Si ottiene:

$$\text{sen}75° = \text{sen}(45° + 30°) = \text{sen}45° \cos 30° + \cos 45° \text{sen}30° =$$
$$= \left(\frac{\sqrt{2}}{2} \cdot \frac{\sqrt{3}}{2}\right) + \left(\frac{\sqrt{2}}{2} \cdot \frac{1}{2}\right) = \frac{\sqrt{6} + \sqrt{2}}{4}$$

L'alternativa corretta è dunque la **A**.

86 Il metodo più rapido per rispondere alla domanda consiste nel sostituire nell'equazione le alternative indicate, ricordando i valori delle funzioni trigonometriche per gli angoli principali e le formule di addizione e sottrazione:

- $\text{sen}30° - 2\cos 60° + 2 = \frac{1}{2} - \left(2 \cdot \frac{1}{2}\right) + 2 \neq 0$
- $\text{sen}90° - 2\cos 180° + 2 = 1 - 2 \cdot (-1) + 2 \neq 0$
- $\text{sen}150° - 2\cos 300° + 2 = \text{sen}(180° - 30°) - 2\cos(-60°) + 2 = \text{sen}30° - 2\cos 60° + 2 \neq 0$
- $\text{sen}180° - 2\cos 360° + 2 = 0 - 2 \cdot 1 + 2 = 0$
- $\text{sen}270° - 2\cos 540° + 2 = \text{sen}270° - 2\cos 180° + 2 = -1 - 2 \cdot (-1) + 2 \neq 0$

La risposta corretta è dunque la **D**.

87 La relazione non necessariamente vera per $0 < \alpha < \frac{\pi}{2}$ è la **C**: è vero che per i valori considerati dell'angolo α le funzioni seno e coseno assumono valori strettamente compresi tra 0 e 1, ma è vero anche che la somma di due di tali valori può essere maggiore di 1, come si osserva considerando i valori che si ottengono, per esempio, per $\alpha = \frac{\pi}{4}$:

$$\text{sen}\frac{\pi}{4} + \cos\frac{\pi}{4} = \frac{\sqrt{2}}{2} + \frac{\sqrt{2}}{2} = \sqrt{2} > 1$$

Si osservi che la risposta **D** è vera per ogni valore di α, essendo la relazione fondamentale della goniometria.

88 Posizionando nel modo corretto i valori 1, 3, $\frac{\pi}{3}$ e π sull'asse delle ascisse di un piano cartesiano (è sufficiente ricordare che $\pi = 3,1412\ldots$) in cui è riportato il grafico della funzione $y = \text{tg}\,x$, con $0 < x \le \pi$, è possibile visualizzare le relative immagini:

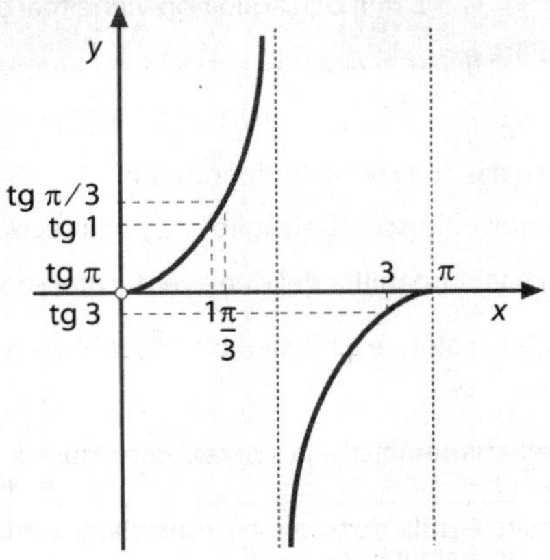

e dedurre immediatamente che $\text{tg}\,3 < \text{tg}\,\pi < \text{tg}\,1 < \text{tg}\,\frac{\pi}{3}$ (risposta **A**).

89 Ricordando che $\cos^2 x = 1 - \text{sen}^2 x$ si ricava:

$$2\cos^2 x + 7\,\text{sen}\,x - 5 < 0 \rightarrow 2 - 2\,\text{sen}^2 x + 7\,\text{sen}\,x - 5 < 0 \rightarrow 2\,\text{sen}^2 x - 7\,\text{sen}\,x + 3 > 0$$

Posto $\text{sen}\,x = t$ si ottiene $2t^2 - 7t + 3 > 0$ che, essendo:

$$t_{1,2} = \frac{7 \pm 5}{4} \rightarrow \begin{cases} t_1 = 1/2 \\ t_2 = 3 \end{cases}$$

è soddisfatta per $t < 1/2$ o $t > 3$, cioè $\text{sen}\,x < 1/2$ o $\text{sen}\,x > 3$.
La seconda disequazione è impossibile, mentre la prima ammette come soluzioni, nell'intervallo $[0, 2\pi]$:

$$0 \le x < \frac{\pi}{6} \quad ; \quad \frac{5\pi}{6} < x \le 2\pi$$

quindi la risposta corretta è la **B**.

90 La situazione può essere schematizzata attraverso il grafo seguente:

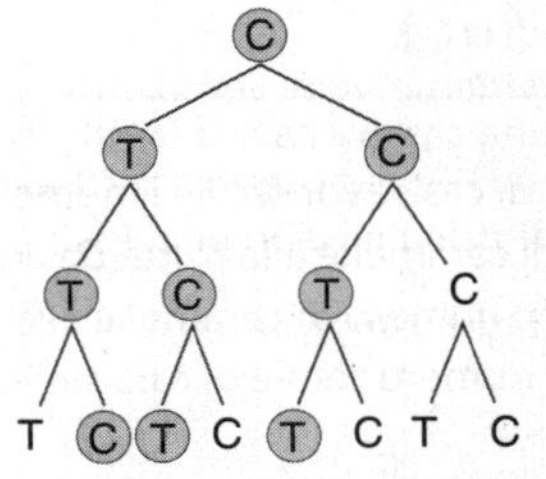

I casi favorevoli sono 3 (evidenziati in figura), quelli possibili sono 8; applicando la definizione di probabilità si ottiene immediatamente che il risultato cercato è $\frac{3}{8}$, quindi la risposta esatta è la **C**.

91 L'evento $\bar{E}$, complementare di E, è: "esce un numero minore o uguale a 2", cioè nel lancio del dado esce l'1 oppure il 2. Ci sono quindi 2 possibilità di "successo" su un totale di 6. La probabilità di $\bar{E}$ è quindi 2/6, ossia 1/3 e la risposta esatta è la **E**.

92 L'evento "il bersaglio viene colpito almeno una volta" è il complementare dell'evento:

E = "il bersaglio non viene mai colpito"

quindi la sua probabilità è:

$$P(\bar{E}) = 1 - P(E)$$

L'evento E è composto dai due eventi indipendenti:

E_1 = "il primo arciere non colpisce il bersaglio" E_2 = "il secondo arciere non colpisce il bersaglio"

Poiché il testo fornisce la probabilità dei due eventi complementari:

$\bar{E}_1$ = "il primo arciere colpisce il bersaglio" $\bar{E}_2$ = "il secondo arciere colpisce il bersaglio"

ossia:

$$P(\bar{E}_1) = 30\% = \frac{30}{100} = \frac{3}{10} \quad P(\bar{E}_2) = 40\% = \frac{40}{100} = \frac{4}{10}$$

si può determinare la probabilità di E_1 ed E_2:

$$P(E_1) = 1 - P(\bar{E}_1) = 1 - \frac{3}{10} = \frac{7}{10} \quad P(E_2) = 1 - P(\bar{E}_2) = 1 - \frac{4}{10} = \frac{6}{10}$$

quindi la probabilità di E, per il teorema delle probabilità composte, è:

$$P(E) = P(E_1) \cdot P(E_2) = \frac{7}{10} \cdot \frac{6}{10} = \frac{42}{100}$$

La probabilità che il bersaglio venga colpito almeno una volta risulta quindi pari a:

$$P(\bar{E}) = 1 - P(E) = 1 - \frac{42}{100} = \frac{58}{100} = 58\%$$

La risposta esatta è la **C**.

93 La probabilità che il ciclista si bagni rimane, domenica dopo domenica, sempre uguale al 20%. Quindi non sarà mai uguale al 100%. La risposta esatta è la **D**.

94 Occorre applicare il teorema delle probabilità totali: se E e F sono due eventi incompatibili, la probabilità che si verifichi E oppure F è uguale alla somma delle probabilità dei singoli eventi. La probabilità di estrarre un numero maggiore di 95 è pari a 5/100 (ossia 5%). Anche la probabilità di estrarre un numero minore di 6 è pari a 5/100 (quindi ancora 5%).
La somma di queste probabilità dà una probabilità totale pari al 10%.
La risposta corretta è quindi la **D**.

95 La probabilità di estrarre una caramella alla frutta, in base alla definizione di probabilità, è data dal rapporto tra il numero di casi favorevoli e il numero di casi possibili.
Pertanto se x è il numero di caramelle alla frutta da aggiungere, allora si ottiene:

- numero casi favorevoli = numero di caramelle alla frutta = $x + 2$
- numero casi possibili = numero totale di caramelle = $10 + x$
- $P = \frac{x+2}{10+x} = \frac{1}{3}$

da cui $3(x+2) = 10 + x$, ossia $x = 2$.
La risposta corretta è quindi la **E**.

96 La probabilità di estrarre dal primo mazzo l'asso di picche o l'asso di cuori è pari a 2 / 40. Allo stesso modo, la probabilità di estrarre dal secondo e dal terzo mazzo l'asso di picche o l'asso di cuori è ancora pari a 2 / 40.

I tre eventi "estraggo un asso di picche o un asso di cuori dal primo mazzo", "estraggo un asso di picche o un asso di cuori dal secondo mazzo" ed "estraggo un asso di picche o un asso di cuori dal terzo mazzo" sono indipendenti. Per il teorema delle probabilità composte, la probabilità che i tre eventi si verifichino contemporaneamente è data da:

$$P_{TOT} = \frac{2}{40} \cdot \frac{2}{40} \cdot \frac{2}{40} = \frac{8}{64000} = \frac{1}{8000} \text{ (risposta D)}$$

97 La probabilità che due eventi indipendenti si verifichino contemporaneamente è data dal prodotto delle probabilità dei singoli eventi. La probabilità che A si verifichi è uguale a 2/5 e la probabilità che B si verifichi è (1 – 5/6) = 1/6. La probabilità richiesta è dunque 2/5 · 1/6 = 1/15 e la risposta corretta è la **A**.

98 Le informazioni fornite dal testo possono essere schematizzate nel grafico a lato. La probabilità che *A* vinca al suo primo lancio è pari a 1/2, essendo quella di ottenere testa lanciando una moneta:

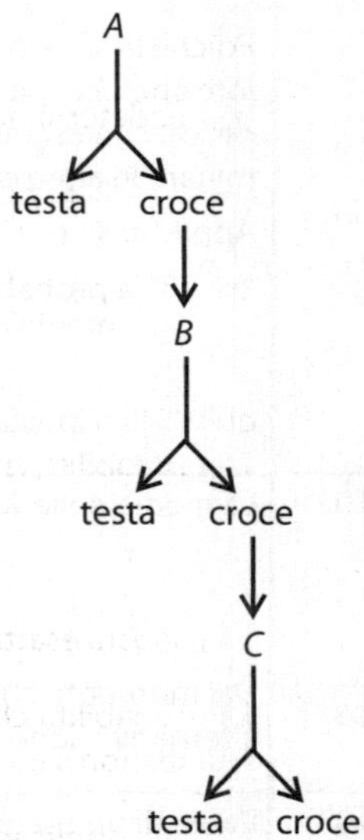

$$P_A = \frac{1}{2}$$

La probabilità che *B* vinca al suo primo lancio è pari a 1/4, essendo l'evento composto dai due eventi indipendenti:

- *A* lancia la moneta e ottiene croce
- *B* lancia la moneta e ottiene testa

ciascuno di probabilità 1/2:

$$P_B = \frac{1}{2} \cdot \frac{1}{2} = \frac{1}{4}$$

La probabilità che *C* vinca al suo primo lancio è pari a 1/8, essendo l'evento composto dai tre eventi indipendenti:

- *A* lancia la moneta e ottiene croce
- *B* lancia la moneta e ottiene croce
- *C* lancia la moneta e ottiene testa

ciascuno di probabilità 1/2:

$$P_C = \frac{1}{2} \cdot \frac{1}{2} \cdot \frac{1}{2} = \frac{1}{8}$$

Vale la relazione $P_A = 2P_B = 4P_C$, quindi la risposta corretta è la **E**.

99 Dal momento che i giocatori sono 5 e a ognuno può andare un numero di maglia qualsiasi è come se si dovessero completare cinque caselle con 5 numeri diversi. La prima casella ha a disposizione tutte le opzioni, quindi ha 5 possibili alternative, la seconda ne avrà una in meno (quella che è stata assegnata alla prima casella) quindi 4 e così via, 3 possibilità per la terza casella, 2 per la quarta e ovviamente l'unica rimasta per l'ultima casella. Le combinazioni complessive si ottengono moltiplicando i valori ottenuti:

$$5 \times 4 \times 3 \times 2 \times 1 = 120$$

La risposta corretta è quindi la **B**.

In alternativa, basta osservare che il numero di modi differenti in cui si possono assegnare i numeri di maglia è pari al numero di permutazioni semplici di 5 oggetti:

$$P_5 = 5! = 5 \times 4 \times 3 \times 2 \times 1 = 120$$

100 Si tratta di disposizioni con ripetizione di 7 oggetti a 4 a 4, quindi il numero di parole che si può formare è

$$D^{rip}_{n,k} = n^k \rightarrow D^{rip}_{7,4} = 7^4$$

come indicato nell'alternativa **C**.

Si noti che tale valore considera già tutti i casi di ripetizione possibili per una lettera: nessuna ripetizione, 2 ripetizioni, 3 o 4.

101 Per calcolare la mediana è necessario disporre i numeri dati in ordine crescente, ripetendo quelli che eventualmente compaiono più volte:

5, 7, 9, 11, 13

Poiché la serie considerata è formata da un numero dispari di dati, la mediana corrisponde al valore che occupa il posto centrale, cioè la posizione $(N+1)/2$, dove N indica il numero dei dati: nel caso in esame la mediana coincide quindi con il terzo valore, pari a 9. Questo permette di eliminare le alternative **A**, **B** ed **E**, che per la mediana presentano valori diversi.

Applicando poi la formula per il calcolo della media aritmetica si ottiene:

$$\text{media aritmetica} = \frac{\text{somma dei valori dati}}{\text{numero degli addendi}} = \frac{5+13+7+9+11}{5} = \frac{45}{5} = 9$$

quindi la risposta corretta è la **D**.

102 La media delle 25 osservazioni si calcola nel modo seguente:

$$\frac{168 \cdot 10 + 172 \cdot 15}{25} = \frac{1680 + 2580}{25} = \frac{4260}{25} = 170{,}4$$

Dal momento che il valore ottenuto è un numero non intero (mentre tutti i numeri proposti dalle alternative sono interi), la risposta corretta è la **E**.

103 L'area di un esagono si trova facendo il prodotto fra il semiperimetro p e l'apotema a.

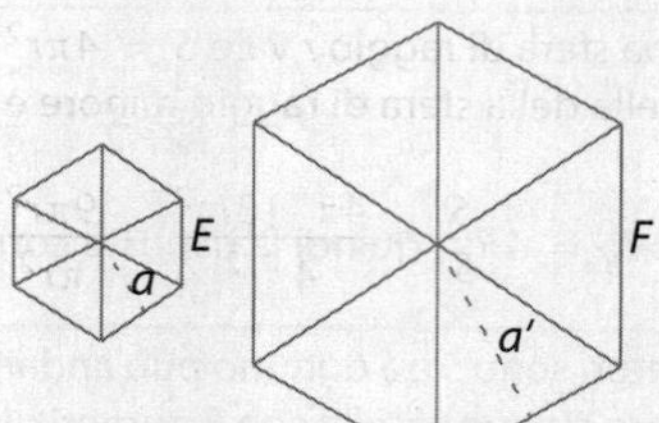

Guardando i due esagoni come l'unione di sei triangoli equilateri e, ricordando che i triangoli equilateri sono tutti simili tra loro, si conclude che il secondo esagono (F), oltre ad avere un'apotema tripla di quella di E, ha anche il semiperimetro tre volte più grande. Ne segue che la sua superficie S_F è:

$$S_F = 3a \cdot 3p = 9ap = 9S_E \rightarrow S_E = \frac{1}{9}S_F \text{ (risposta D)}$$

104 L'esaedro, o cubo, è uno dei cinque poliedri regolari: esso ha 6 facce, 8 vertici e 12 spigoli, quindi l'alternativa corretta è la **A**. Gli altri poliedri regolari sono tetraedro, ottaedro, dodecaedro e icosaedro.

105 Due triangoli sono *simili* se hanno gli angoli ordinatamente congruenti e i lati ordinatamente proporzionali: possono quindi differire nelle dimensioni, quindi la risposta **C** è sbagliata.

Anche le risposte **A**, **B** (due possibili controesempi sono forniti dalla figura a lato) ed **E** si possono scartare. Per esclusione, la risposta corretta è la **D**.

A questa conclusione si sarebbe potuti giungere anche direttamente. Se due triangoli *isosceli* hanno lo stesso angolo al vertice α, allora anche gli angoli rimanenti devono essere congruenti: infatti, la somma dei due angoli alla base di ciascun triangolo isoscele deve essere pari a $180° - \alpha$ e, poiché tali angoli alla base sono uguali fra loro, il loro valore deve essere $(180° - \alpha)/2$ per entrambi i triangoli.

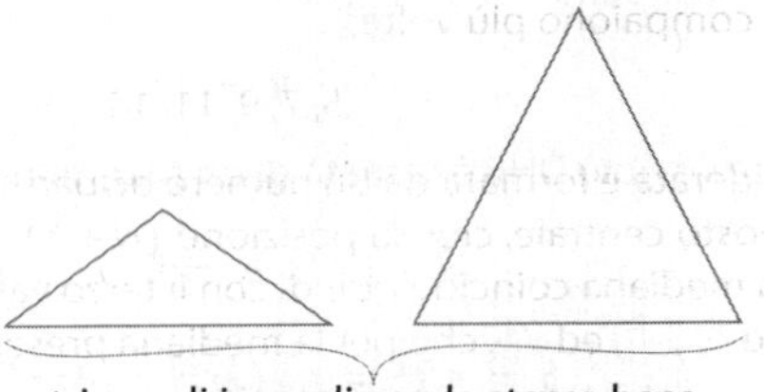

triangoli isosceli con la stessa base

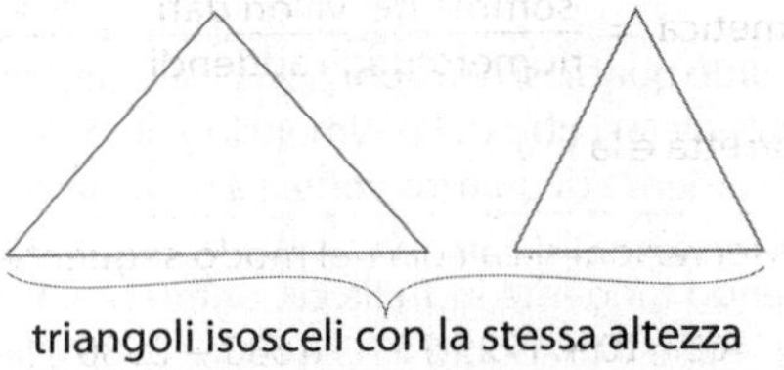

triangoli isosceli con la stessa altezza

Avendo tutti gli angoli ordinatamente congruenti, i due triangoli sono simili: la risposta corretta è la **D**.

106 Essendo un triangolo inscritto in una semicirconferenza, è sicuramente un triangolo rettangolo (risposta **E**).

107 Poiché la superficie di una sfera di raggio *r* vale $S = 4\pi r^2$, il rapporto tra la superficie della sfera di raggio maggiore e quella della sfera di raggio minore è data da:

$$\frac{S}{S'} = \frac{4\pi \cdot (3r)^2}{4\pi r^2} = \frac{9\pi r^2}{\pi r^2} = 9$$

La risposta corretta è la **C**.

108 Per definizione, due rette nello spazio si dicono sghembe se non appartengono allo stesso piano (risposta **E**).

109 La risposta corretta è la **C**. Infatti la superficie del quadrato vale a^2, la superficie del triangolo equilatero vale $\frac{\sqrt{3}}{4} \cdot a^2$, la superficie dell'esagono regolare vale $\frac{3\sqrt{3}}{2}a^2$ e, infine, la superficie del cerchio vale $\pi \cdot a^2$.

110 Ragionando sulla figura seguente e indicando con r e R rispettivamente il raggio della circonferenza inscritta e quello della circonferenza circoscritta:

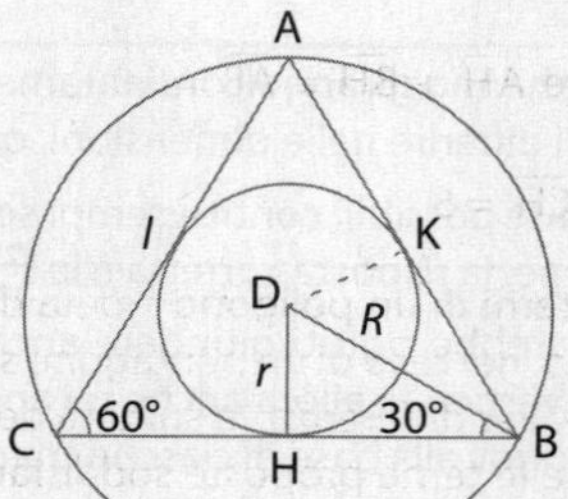

è possibile ricavare la seguente relazione:

$$R = 2r$$

dal momento che il triangolo DHB è la metà di un triangolo equilatero, per cui si ha:

$$s = \pi r^2$$

$$S = \pi R^2 = \pi \cdot (2r)^2 = 4\pi r^2 = 4s$$

quindi la risposta corretta è la **B**.

111 La superficie di un solido qualsiasi è proporzionale al quadrato delle dimensioni lineari (così come il volume è proporzionale al cubo delle dimensioni lineari) per cui, raddoppiando le dimensioni lineari, la superficie aumenta di quattro volte. La risposta corretta è pertanto la **C**.

112 La semiretta PT, essendo tangente in T alla circonferenza, forma con il raggio indicato un angolo retto quindi si deduce che il triangolo PTO è rettangolo e la misura dell'ipotenusa è il doppio di quella del cateto minore (infatti $\overline{PO} = 2r$, $\overline{OT} = r$).

Un triangolo di questo tipo è esattamente la metà di un triangolo equilatero, come illustrato nella figura seguente:

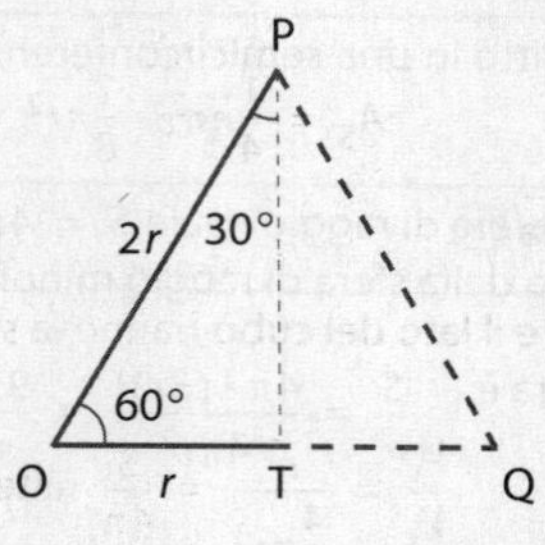

quindi è immediato dedurre che la misura dell'angolo $O\hat{P}T$ è 30° (risposta **E**).

113 Affinché una terna di numeri rappresenti la lunghezza dei lati di un triangolo rettangolo, essa deve essere una *terna pitagorica*, ossia deve soddisfare il teorema di Pitagora: il quadrato costruito sul lato maggiore (ipotenusa) è pari alla somma dei quadrati costruiti sui due lati rimanenti (cateti). L'unica terna che soddisfa il teorema di Pitagora è quella individuata dalla lettera **C**.

114 La risposta corretta è la **E**: le prime quattro affermazioni valgono infatti solo in casi particolari, ma non in generale.

115 La risposta corretta è la **C** in quanto l'altezza (CH in figura) divide il triangolo di partenza ABC in due triangoli ACH e BCH simili al triangolo ABC (quindi ancora isosceli).

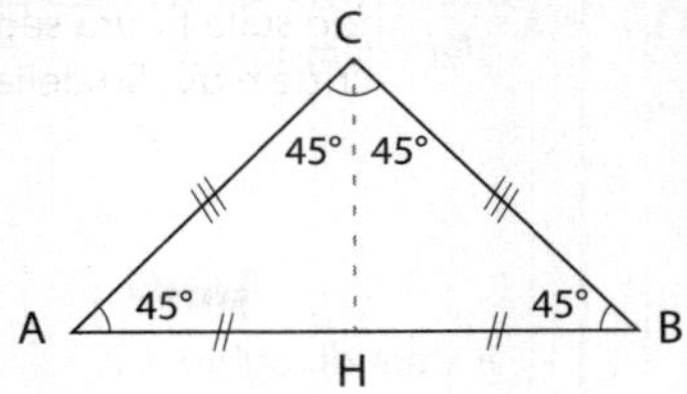

Essendo

$$\overline{AH} \equiv \overline{BH} \equiv \overline{CH} \text{ e } \overline{AH} + \overline{BH} \equiv \overline{AB} = 10$$

si ricava:

$$\overline{CH} = 5$$

116 La somma degli angoli interni di un poligono è data dalla formula $(N - 2) \cdot 180°$, dove N indica il numero di lati del poligono: nel caso di un pentagono si ottiene quindi che la somma degli angoli interni vale $3 \cdot 180° = 540°$. Per differenza, la somma delle ampiezze dei 3 angoli incogniti è 300°. È facile osservare che tutte le terne proposte soddisfano questa condizione e quindi, basandosi solo su questa osservazione, non è possibile escludere nessuna delle alternative. I tre angoli incogniti del pentagono devono anche essere proporzionali ai numeri 5, 7 e 13: le ampiezze degli stessi possono essere quindi espresse come $5x$, $7x$ e $13x$, rispettivamente, e la loro somma deve valere 300° per quanto detto prima. Si ottiene:

$$5x + 7x + 13x = 300° \rightarrow 25x = 300° \rightarrow x = \frac{300°}{25} = 12°$$

da cui si ricava che le ampiezze dei tre angoli incogniti valgono rispettivamente 60°, 84° e 156°: la risposta corretta è quindi la **A**.

117 La porzione di piano S si ottiene per differenza, togliendo al settore circolare la semicirconferenza di figura.
Le aree di entrambe le figure contengono il valore π che, di conseguenza, dovrà comparire anche nella risposta corretta; questo ragionamento permette di eliminare le alternative **D** ed **E**.
Il settore circolare AOB è esattamente un quarto di un cerchio di raggio r, quindi la sua area è $\frac{1}{4}\pi r^2$.

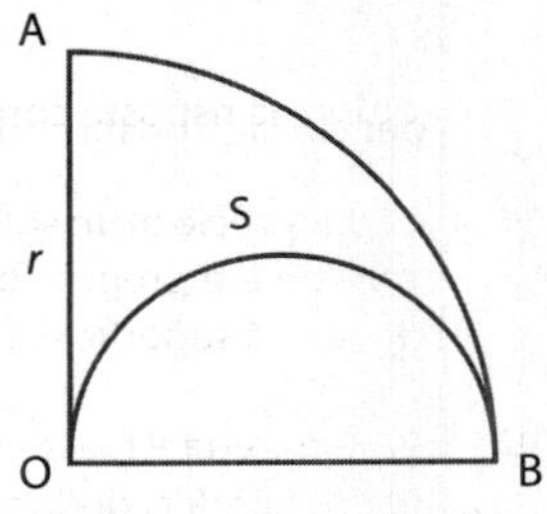

La semicirconferenza ha diametro $\overline{OB} = r$ e, di conseguenza, raggio pari a $r/2$: la sua area è dunque $\frac{1}{2}\pi\left(\frac{r}{2}\right)^2 = \frac{1}{8}\pi r^2$. L'area della porzione di piano S vale dunque:

$$A_S = \frac{1}{4}\pi r^2 - \frac{1}{8}\pi r^2 = \frac{1}{8}\pi r^2$$

quindi la risposta esatta è la **C**.

118 Poiché il raggio della sfera e il lato del cubo hanno la stessa dimensione, il rapporto tra il volume del cubo e quello della sfera è:

$$\frac{V_c}{V_s} = \frac{r^3}{\frac{4}{3}\pi r^3} = \frac{3}{4\pi} \text{ (alternativa C)}$$

119 Se si dimezzano le dimensioni lineari di ciascuna goccia, la sua superficie si riduce a un quarto e il volume a un ottavo. Indicando con S e V rispettivamente la superficie e il volume iniziali, il nuovo rapporto superficie/volume del sistema (ossia delle otto goccioline) diventa:

$$\frac{8 \cdot S/4}{8 \cdot V/8} = \frac{2 \cdot S}{V} = 2 \cdot \frac{S}{V}$$

La risposta corretta è quindi la **A**.

PARTE PRIMA

In alternativa, ma in modo più laborioso, è possibile calcolare superficie e volume dei due sistemi:

- sfera di raggio R:

$$\begin{cases} S = 4\pi R^2 \\ V = \dfrac{4}{3}\pi R^3 \end{cases} \rightarrow \frac{S}{V} = \frac{4\pi R^2}{\frac{4}{3}\pi R^3} = \frac{3}{R}$$

- 8 sfere di raggio $R/2$:

$$\begin{cases} S' = 8 \cdot 4\pi\left(\dfrac{R}{2}\right)^2 = 8\pi R^2 \\ V' = 8 \cdot \dfrac{4}{3}\pi\left(\dfrac{R}{2}\right)^3 = \dfrac{4}{3}\pi R^3 \end{cases} \rightarrow \frac{S'}{V'} = \frac{8\pi R^2}{\frac{4}{3}\pi R^3} = \frac{6}{R}$$

Come si può vedere, il nuovo rapporto $\frac{S'}{V'} = \frac{6}{R}$ è due volte più grande di quello iniziale, $\frac{S}{V} = \frac{3}{R}$.

120 Si tratta in sostanza di approssimare il volume di un uomo con il volume di un parallelepipedo rettangolo. Indicate con a, b e c le misure dei tre spigoli del parallelepipedo, la misura del volume è data dal loro prodotto $a \cdot b \cdot c$. Ponendo:

$$a = 170 \text{ cm} = 1{,}7 \text{ m} \qquad b = 250 \text{ mm} = 0{,}25 \text{ m} \qquad c = 0{,}5 \text{ m}$$

si ottiene il seguente valore per il volume V richiesto:

$$V = 1{,}7 \cdot 0{,}25 \cdot 0{,}5 \text{ m}^3 = 0{,}2125 \text{ m}^3 \approx 0{,}21 \text{ m}^3$$

per cui la risposta corretta è la **D**.

parte seconda

BIOLOGIA

Quesiti

1 **Quale delle seguenti molecole NON contiene azoto?**

A Un peptide
B Un enzima
C Una proteina
D Un trigliceride
E Un nucleoside

2 **Quale di queste sostanze è un monosaccaride?**

A Maltosio
B Amilosio
C Saccarosio
D Galattosio
E Lattosio

3 **Quale delle seguenti macromolecole è un omopolimero?**

A Il glicogeno
B Il DNA
C L'emoglobina
D L'RNA
E Una glicoproteina

4 **Si definiscono amminoacidi essenziali quelli che:**

A contengono solo gruppi laterali apolari
B sono presenti in tutte le proteine
C hanno un elevato contenuto energetico
D non possono essere sintetizzati dall'organismo umano
E sono indispensabili per definire la struttura proteica

5 **Tra le tante funzioni svolte dalle proteine, le più importanti sono:**

A enzimatiche e strutturali
B di accumulare e cedere energia
C scheletriche
D di mantenere costante la temperatura corporea
E di contenere informazioni ereditarie

6 **I trigliceridi sono formati da:**

A una molecola di glicerolo e tre di acidi grassi
B tre molecole di glicerolo e una di acidi grassi
C tre molecole di glicerolo e tre di acidi grassi
D tre monogliceridi
E una molecola di zucchero e tre di acidi grassi

PARTE SECONDA

7 L'ordine di grandezza delle dimensioni delle cellule umane è:

A il millimetro
B il dalton
C il micron
D l'angstrom
E il microlitro

8 Che cos'è il peptidoglicano?

A Una glicoproteina che viene sintetizzata dai batteri
B Il componente fondamentale della parete cellulare batterica
C Il componente fondamentale della parete cellulare delle cellule vegetali
D Il componente fondamentale della parete cellulare dei soli batteri gram-negativi
E Il componente fondamentale della parete cellulare delle cellule animali

9 I ribosomi sono organelli cellulari:

A interessati alla sintesi delle proteine
B interessati alla respirazione cellulare
C presenti solo nelle cellule eucariotiche
D presenti solo nelle cellule procariotiche
E interessati al processo di glicolisi

10 Dove esplica la sua attività l'enzima catalasi?

A Perossisomi
B Mitocondri
C Apparato di Golgi
D Lisosomi
E Cloroplasti

11 Quali delle seguenti correlazioni è errata?

A Virus / RNA
B Batteri / parete cellulare
C Batteri / DNA circolare
D Eucarioti / mitocondri
E Virus / ribosomi

12 Quale delle seguenti affermazioni riguardanti la cellula vegetale è vera?

A Ha centrioli simili a quelli delle cellule animali
B Ha la tipica organizzazione dei procarioti
C Immagazzina acqua e sostanze nutritive di riserva nei vacuoli
D È l'unica a essere circondata da una parete
E Non possiede mitocondri

13 Se un prelievo di sangue, dopo aggiunta di anticoagulante, viene diluito 5 volte in acqua, cosa succede al plasma e alle cellule?

A La soluzione diviene ipertonica e le cellule si raggrinziscono
B Il pH del plasma aumenta
C Il pH del plasma diminuisce
D La soluzione diviene ipotonica e le cellule scoppiano
E Si degradano le proteine del plasma, come l'albumina

14 **Il trasporto di una sostanza attraverso una membrana, che avviene contro gradiente di concentrazione, è detto:**

A endocitosi
B tropismo
C diffusione facilitata
D trasporto passivo
E trasporto attivo

15 **La cellula ricava energia attraverso:**

A riscaldamento
B rottura di legami chimici
C sintesi dei lipidi
D la fermentazione esclusivamente
E sintesi delle proteine

16 **La respirazione cellulare è:**

A un processo che avviene nelle cellule polmonari durante l'inspirazione
B un processo che utilizza O_2 all'interno dei mitocondri
C una catena di enzimi che degradano gli organuli cellulari
D sinonimo di glicolisi
E nessuna delle altre risposte è corretta

17 **La fotosintesi è:**

A un processo per la produzione di radiazione luminosa
B il processo attraverso il quale si trasforma energia luminosa in energia chimica
C propria degli eucarioti
D una funzione di tutti i batteri
E un processo simile alla respirazione (consuma O_2 e produce CO_2), esclusivo delle piante

18 **Quale delle seguenti affermazioni sul metabolismo cellulare è falsa?**

A La quantità di energia utilizzabile prodotta dalla respirazione cellulare è maggiore di quella prodotta dalla glicolisi
B I prodotti della glicolisi possono essere usati sia nella respirazione cellulare che nel processo di fermentazione
C Sia la respirazione cellulare che la fermentazione richiedono ossigeno come accettore di elettroni
D Sia la respirazione cellulare che la fermentazione coinvolgono parecchie reazioni biochimiche
E Gli animali possono ottenere energia dai prodotti della fotosintesi

19 **Uno zucchero in quantità nota, bruciato in una bomba calorimetrica fino a CO_2 e H_2O, produce 999 kJ di energia. La stessa quantità dello stesso zucchero mediante il processo di respirazione cellulare produce 13 moli di ATP. Se per produrre una mole di ATP sono necessari 31 kJ, quale è l'efficienza della respirazione?**

A Circa 50%
B Circa 60%
C Circa 30%
D Circa 40%
E Circa 10%

PARTE SECONDA

20 Una cellula aploide differisce da una diploide perché contiene:

- A una quantità dimezzata di DNA
- B una quantità doppia di DNA
- C una quantità dimezzata di proteine
- D nessuna della altre risposte è corretta
- E una quantità dimezzata di RNA

21 In una cellula animale in metafase mitotica possiamo trovare:

- A una coppia di centrioli in ogni centro di organizzazione dei microtubuli
- B due coppie di centrioli localizzati nella piastra metafasica
- C una coppia di centrioli nel nucleo
- D un centriolo in ogni centro di organizzazione dei microtubuli
- E nessun centriolo

22 I cromosomi sono:

- A organelli citoplasmatici
- B sinonimo di ribosomi
- C granuli di cromatina nella cellula interfasica
- D strutture filamentose contenenti DNA e RNA
- E strutture filamentose contenenti DNA

23 La metafase I e la metafase II fanno parte:

- A della mitosi
- B della meiosi
- C dell'interfase
- D della fase G0
- E della citodieresi

24 La riproduzione sessuata avviene per:

- A frammentazione di un'unica cellula
- B fusione di due cellule diploidi
- C scissione di una cellula diploide
- D rigenerazione di un corredo diploide da un'unica cellula aploide
- E fusione di due cellule aploidi

25 La fase della meiosi in cui si verifica il "crossing-over" è detta:

- A diplotene
- B anafase
- C profase I
- D leptotene
- E metafase

26 La "ricombinazione" tra due geni è minima quando i geni sono localizzati:

- A sullo stesso cromosoma a grande distanza tra loro
- B sullo stesso cromosoma a piccola distanza tra loro
- C su cromosomi diversi
- D uno sul cromosoma X e l'altro sul cromosoma Y
- E uno sul cromosoma X e l'altro su un autosoma

27 **Indicando con C il contenuto in DNA di un gamete, una cellula somatica in metafase ha un contenuto in DNA pari a:**

A C B 2C C 3C D 4C E 0,5 C

28 **I soggetti affetti dalla sindrome di Down sono caratterizzati dalla seguente anomalia cromosomica:**

A hanno 21 cromosomi in ogni cellula
B hanno un cromosoma 21 in più
C hanno un cromosoma 21 in meno
D hanno 21 copie del cromosoma 3
E sono privi di entrambi i cromosomi 21

BIOLOGIA

29 **Una cellula umana con 22 autosomi e un cromosoma Y è:**

A un uovo
B una cellula anomala
C uno spermatozoo
D una cellula somatica di un maschio
E uno zigote

30 **Per fenotipo si intende:**

A la capacità di un organismo di adattarsi all'ambiente
B l'insieme delle informazioni genetiche contenute nei cromosomi
C il numero di cromosomi caratteristico della specie
D una tappa nel processo di formazione di una nuova specie vivente
E l'insieme delle caratteristiche di un organismo, risultanti dall'interazione fra geni e ambiente

31 **Un allele che si esprime sia in forma omozigote che eterozigote, è detto:**

A recessivo
B dominante
C aploide
D diploide
E allelico

32 **Un paziente affetto da malattia autosomica recessiva è:**

A eterozigote
B omozigote dominante
C emizigote
D omozigote recessivo
E eterogeneo

33 **Dall'incrocio di due eterozigoti Bb quale percentuale di omozigoti si ottiene?**

A 25%
B 50%
C 5%
D 75%
E 0%

34 **Nei topi il colore nero della pelliccia è dominante sul bianco. Dall'accoppiamento di un maschio bianco con una femmina nera omozigote:**

- A il 25% dei figli sarà bianco indipendentemente dal sesso
- B il 50% dei figli maschi sarà bianco
- C il 50% delle figlie femmine sarà bianco
- D tutti i figli maschi saranno bianchi
- E è impossibile la nascita di un figlio maschio bianco

35 **Una donna con sei dita in ogni mano e in ogni piede ha già generato 5 figli, tutti senza questa anomalia. Sapendo che la donna è eterozigote, che il carattere che determina la formazione di sei dita è dominante e che il padre dei bambini non ha questa anomalia, qual è la probabilità che un sesto figlio di questi genitori abbia sei dita?**

- A 25%
- B 50%
- C Meno del 25%
- D 10%
- E 5%

36 **I gruppi sanguigni dei figli di genitori con gruppo sanguigno AB (A e B alleli codominanti) saranno:**

- A 25% A, 50% AB, 25% B
- B 50% A e 50% B
- C 100% AB
- D 25% A, 25% AB, 25% B, 25% 0
- E non si può prevedere

37 **La fenilchetonuria (PKU) è una malattia autosomica recessiva. Se due genitori sani hanno un bambino affetto da PKU, quali sono i loro genotipi rispetto a PKU?**

- A Ambedue eterozigoti; cioè portatori di un allele normale e un allele mutato
- B Un genitore omozigote per l'allele mutato e l'altro omozigote per l'allele normale
- C La madre portatrice di un allele normale su un cromosoma X e di un allele mutato sull'altro cromosoma X, e il padre portatore dell'allele mutato sul cromosoma X
- D Non si può dedurre
- E Un genitore omozigote per l'allele normale, l'altro eterozigote

38 **L'acondroplasia è una patologia che causa il nanismo, dovuta a una scarsa o mancata produzione di condrina, una proteina prodotta dalle cellule che formano la cartilagine delle ossa lunghe. Tale patologia è trasmessa dai genitori ai figli in quanto:**

- A la patologia è infettiva per cui la madre infetta il figlio durante la gestazione
- B la patologia deriva da carenza di vitamine e sali minerali nella dieta della madre durante la gestazione
- C la madre non fa sufficiente esercizio fisico durante la gravidanza limitando così la crescita delle ossa lunghe del figlio
- D essendo la condrina una proteina, per la sua produzione è necessaria una corretta informazione genetica data dal DNA
- E l'ambiente di vita dei genitori durante la gravidanza era fortemente inquinato

39 **Una coppia vuole avere due figli dello stesso sesso: quanti figli deve avere per essere sicura che almeno due siano dello stesso sesso?**

A 2
B 10
C 4
D Non si può stabilire
E 3

40 **Perché le mutazioni recessive possono risultare più nocive se sono omozigotiche?**

A Perché esiste un sinergismo tra mutazioni recessive e condizioni di omozigosi
B Perché gli omozigoti sono molto rari
C Perché la condizione di eterozigosi guarisce la mutazione
D Perché nella condizione di omozigosi manca l'allele sano
E È falso che le mutazioni recessive possano essere più nocive in omozigosi

41 **I gemelli biovulari hanno sesso:**

A talvolta uguale, talvolta diverso
B dipende da quale ovulo viene fecondato
C sempre maschile
D sempre uguale
E sempre diverso

42 **Quale tra le seguenti malattie dell'uomo NON è una malattia ereditaria?**

A Anemia falciforme
B Fibrosi cistica
C Distrofia muscolare
D Sindrome di Tay-Sachs
E Sindrome di Turner

43 **"Ogni individuo possiede nelle cellule somatiche due alleli per ciascun carattere autosomico, ma nei suoi gameti se ne riscontra uno solo." Ciò è dovuto:**

A all'epistasi
B alla segregazione
C all'eredità poligenica
D ai caratteri multiallelici
E all'assortimento indipendente

44 **Sia il seguente tratto di DNA:**

ATT GGC AGC CCC ATG

e la corrispondente sequenza che deriva dalla sua duplicazione

TAA CCG TCG GCC TAC

Quale tripletta della sequenza duplicata non è stata scritta in modo CORRETTO?

A GCC
B TAC
C TAA
D CCG
E TCG

BIOLOGIA

45 I nucleotidi che costituiscono il DNA sono formati dalle seguenti molecole:

A acido fosforico, desossiribosio e una base azotata fra adenina, guanina, citosina e uracile
B acido fosforico, ribosio e una base azotata fra adenina, guanina, citosina e timina
C acido fosforico, ribosio e una base azotata fra adenina, guanina, citosina e uracile
D acido fosforico, desossiribosio e una base azotata fra adenina, guanina, citosina e timina
E due molecole di acido fosforico, desossiribosio e una base azotata fra adenina, guanina, citosina e timina

46 Gli istoni sono:

A proteine costituenti la cromatina nucleare
B proteine che delimitano i pori nucleari
C peptidi degradati nei lisosomi
D enzimi coinvolti nella duplicazione del DNA
E i principali costituenti della membrana citoplasmatica

47 La cromatina è:

A il complesso costituito da DNA, proteine acide e basiche e RNA
B il complesso costituito da RNA e DNA
C il complesso costituito da ribosomi e RNA messaggero
D il complesso nucleoproteico costituito da DNA e istoni
E il complesso costituito da RNA, DNA e proteine acide

48 La replicazione del DNA è detta semiconservativa perché:

A di ogni nucleotide viene conservata la parte purinica o pirimidinica
B in ogni molecola figlia solo uno dei due filamenti è di nuova sintesi
C di ogni nucleotide viene conservata la parte glucidica
D una parte variabile del DNA parentale viene conservata nella generazione successiva
E circa la metà della sequenza nucleotidica del DNA di nuova sintesi è uguale a quella parentale

49 In una molecola di RNA due nucleotidi adiacenti sono uniti tra loro da:

A un legame peptidico
B un legame idrogeno
C forze di van der Waals
D un legame fosfodiesterico
E un ponte disolfuro

50 Come viene definita la sintesi di RNA a partire da DNA?

A Trasformazione
B Traduzione
C Replicazione
D Duplicazione
E Trascrizione

51 Il codice genetico è organizzato in:

A triplette di amminoacidi
B triplette di nucleotidi
C coppie di nucleotidi
D coppie di basi azotate
E coppie di amminoacidi

52 **Il prodotto della traduzione dell'RNA messaggero è:**

- A uno zucchero
- B un fosfolipide
- C un altro RNA
- D una molecola di DNA
- E una proteina

53 **Per tRNA si intende:**

- A l'RNA ribosomiale
- B la molecola di RNA che trasporta un mRNA
- C la RNA polimerasi
- D la molecola di RNA deputata al trasferimento degli amminoacidi
- E la molecola di RNA presente nei retrovirus

54 **Il codice genetico nell'uomo prevede i codoni stop?**

- A Sempre
- B In caso di malattie metaboliche
- C Mai
- D Solo durante la vecchiaia
- E Solo durante l'accrescimento

55 **Qual è la lunghezza massima della catena polipeptidica codificata da un frammento di mRNA di 15 nucleotidi?**

- A 10 aminoacidi
- B 5 aminoacidi
- C 13 aminoacidi
- D 3 aminoacidi
- E 15 aminoacidi

56 **In assenza di mutazioni genetiche, le cellule eucariotiche generate per mitosi dalla stessa cellula progenitrice:**

- A hanno un contenuto di DNA dimezzato rispetto alla cellula madre
- B mantengono sia lo stesso genotipo che lo stesso fenotipo della cellula madre
- C mantengono lo stesso fenotipo della cellula madre
- D hanno un contenuto di DNA pari al doppio rispetto alla cellula madre
- E hanno lo stesso genotipo della cellula madre

57 **In quali dei seguenti organismi il materiale genetico è costituito da RNA?**

- A Virus
- B Prioni
- C Procarioti
- D Retrovirus
- E Batteri

PARTE SECONDA

58 **Quando nella porzione codificante di un gene si verifica una mutazione silente:**

- **A** non si producono cambiamenti nella sequenza nucleotidica del gene
- **B** si modifica la sequenza amminoacidica della proteina codificata, ma senza effetti sulla sua funzionalità
- **C** il sequenziamento del DNA non è in grado di evidenziarla
- **D** un codone codificante è stato sostituito con uno di stop
- **E** non si producono cambiamenti nella sequenza amminoacidica della proteina codificata

59 **L'industria farmaceutica deve continuamente produrre nuovi antibiotici perché i batteri a essi sensibili nel giro di qualche anno diventano in grado di resistere a tali farmaci. Ciò avviene perché:**

- **A** con il passare del tempo, tutti i batteri si sono abituati all'antibiotico
- **B** la presenza dell'antibiotico induce mutazioni che conferiscono resistenza all'antibiotico
- **C** la selezione naturale ha eliminato i batteri meno nocivi
- **D** la selezione naturale favorisce i batteri che presentano naturalmente resistenza agli antibiotici
- **E** l'antibiotico ha subito una mutazione e non è più efficace

60 **Per specie si intende:**

- **A** un gruppo di individui capaci di riprodursi per incrocio e generare prole fertile
- **B** un gruppo di individui fenotipicamente simili
- **C** un gruppo di individui genotipicamente identici
- **D** un gruppo di individui fenotipicamente identici
- **E** un gruppo di individui che vivono nello stesso habitat

61 **"La marmotta, mammifero placentato, e il vombato, mammifero marsupiale, hanno raggiunto evolutivamente un aspetto molto simile". Quale delle seguenti affermazioni in merito a questo brano è corretta?**

- **A** Ciò vuol dire che, accoppiandosi tra loro, marmotta e vombato possono dare una specie con caratteri intermedi
- **B** Ciò vuol dire che il vombato rappresenta una sottospecie della marmotta
- **C** Quello descritto è un esempio di evoluzione convergente
- **D** Quello descritto è un esempio di diffusione adattativa
- **E** Quello descritto è un esempio di confluenza adattativa

62 **Quale dei seguenti organismi NON è autotrofo?**

- **A** Cactus
- **B** Cianobatterio
- **C** Pesce
- **D** Palma
- **E** Fitoplancton

63 **Gli organi riproduttori maschili del fiore si chiamano:**

- **A** petali
- **B** stomi
- **C** pistilli
- **D** stili
- **E** stami

64 **Sia l'epidermide superiore che quella inferiore di una foglia presentano uno strato continuo di sostanza cerosa, che forma:**

- A la lenticella
- B la cuticola
- C il picciuolo
- D nessuna delle altre risposte è corretta
- E il sughero

65 **I mammiferi sono:**

- A ovipari
- B ovovivipari
- C vivipari
- D alcuni ovipari, la maggior parte vivipari
- E alcuni vivipari, la maggior parte ovipari

66 **La sanguisuga è:**

- A un mollusco
- B un verme
- C un ventoso
- D un anfibio
- E un cefalopode

67 **Le mandorle sono amare o dolci in base alla presenza e alla quantità di amigdalina, un composto che porta alla liberazione di acido cianidrico (cianuro), tossico anche in piccole quantità. Il sapore amaro probabilmente rappresenta un vantaggio poiché ne scoraggia il consumo. Le mandorle dolci, originatesi in seguito ad una mutazione che inibisce la produzione di amigdalina, furono raccolte dall'uomo, consumate e anche coltivate, dapprima casualmente, poi consapevolmente. Questo è considerato un processo di:**

- A selezione naturale
- B speciazione
- C produzione di organismi geneticamente modificati (OGM)
- D selezione artificiale
- E adattamento

68 **Che cos'è una larva?**

- A Un organismo anfibio
- B Un qualsiasi organismo giovane
- C Un qualsiasi organismo che non ha ancora raggiunto la maturità sessuale
- D Una forma immatura di alcune specie, che subirà forti trasformazioni per raggiungere la forma adulta
- E Lo stadio finale della metamorfosi di un anfibio

69 **I parassiti e i saprofiti:**

- A si nutrono di organismi morti
- B necessitano di materiale organico
- C uccidono la cellula ospite
- D recano vantaggi alla cellula ospite
- E sono importanti per la degradazione della sostanza organica non vivente presente nel suolo

70 **In una pianta:**

- Ⓐ le cellule dei tessuti fotosintetici possiedono cloroplasti, quelle dei tessuti di riserva mitocondri
- Ⓑ le cellule vegetali non hanno mitocondri
- Ⓒ tutte le cellule possiedono cloroplasti ma non mitocondri
- Ⓓ tutte le cellule possiedono sia cloroplasti che mitocondri
- Ⓔ le cellule dei tessuti fotosintetici possiedono sia cloroplasti che mitocondri

71 **L'habitat è rappresentato:**

- Ⓐ dal luogo in cui l'animale vive
- Ⓑ dalla regione geografica in cui l'animale vive
- Ⓒ dalla caratteristiche fisiche di un animale
- Ⓓ dall'insieme delle tane che l'animale ha nella sua vita
- Ⓔ dal luogo dove un animale va in letargo

72 **In Botanica si definisce frutto la struttura originata dall'ingrossamento dell'ovario conseguente alla fecondazione. Quale, tra quelli elencati, è un frutto in senso botanico?**

- Ⓐ Fragola
- Ⓑ Ananas
- Ⓒ Mela
- Ⓓ Pomodoro
- Ⓔ Pera

73 **Per fototropismo si intende:**

- Ⓐ il movimento di reazione agli stimoli sonori
- Ⓑ la proprietà delle piante di orientarsi verso la luce
- Ⓒ lo svolgersi della fotosintesi clorofilliana
- Ⓓ la proprietà di colorarsi di una cellula animale
- Ⓔ la proprietà degli animali di orientarsi verso la luce

74 **Considerando lo schema della figura, quale foglietto embrionale non è rappresentato nelle strutture 3 e 4?**

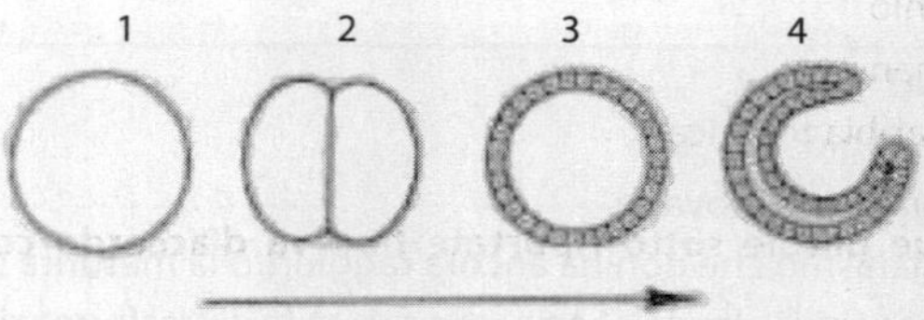

Ⓐ Ectoderma Ⓑ Mesoderma Ⓒ Endoderma Ⓓ Epidermide Ⓔ Blastocele

75 **Il tessuto epiteliale è:**

- Ⓐ un tessuto con funzioni di rivestimento e di secrezione
- Ⓑ un tessuto avente solo funzione di protezione
- Ⓒ un tessuto formato da neuroni e da cellule accessorie con cui sono a contatto
- Ⓓ un tessuto che ha solo funzione di sostegno
- Ⓔ un tessuto avente solo funzione di secrezione

PARTE SECONDA

76 **La cartilagine è:**

A un tipo di tessuto connettivo
B un organo di senso
C un tipo di muscolo
D una ghiandola
E un osso

77 **Quali cellule umane, tra quelle elencate, contengono il maggior numero di mitocondri?**

A Globuli rossi
B Cellule del muscolo cardiaco
C Globuli bianchi
D Cellule della mucosa orale
E Cellule dello strato corneo dell'epidermide

78 **Quale fra i seguenti NON è un osso del corpo umano?**

A Martello
B Staffa
C Incudine
D Timpano
E Capitato

79 **Che cosa sono gli osteoclasti?**

A Cellule tipiche del tessuto osseo secernenti la matrice dell'osso
B Cellule capaci di erodere la matrice dell'osso
C Cellule tipiche dei tessuti embrionali
D Cellule del connettivo che producono le fibre proteiche di questo tessuto
E Cellule del midollo che stimolano la produzione dell'osso

80 **L'etmoide è:**

A un osso dell'arto superiore
B un osso dell'arto inferiore
C un osso del cranio
D un osso della mano
E un osso della gabbia toracica

81 **Quale delle cinque parole sotto riportate non va d'accordo con le altre quattro, affini invece tra loro?**

A Perone B Omero C Tibia D Rotula E Metatarso

82 **In quale regione della colonna vertebrale cinque vertebre sono fuse insieme in un unico blocco?**

A Regione sacrale
B Regione toracica
C Regione cervicale
D Regione lombare
E Coccige

BIOLOGIA

83 **La parte appendicolare del nostro scheletro è formata da:**
- A arti superiori
- B nessuna delle altre risposte è corretta
- C arti superiori e arti inferiori
- D sterno e coste
- E colonna vertebrale e cranio

84 **La striatura in bande chiare e scure della muscolatura scheletrica è dovuta alla:**
- A disposizione spaziale delle molecole di actina all'interno del sarcomero
- B disposizione spaziale delle molecole di miosina all'interno del sarcomero
- C costanza della distanza compresa tra le linee Z del sarcomero
- D variabilità periodica della distanza compresa tra le linee Z del sarcomero
- E disposizione spaziale delle molecole di actina e miosina all'interno del sarcomero

85 **Quale, tra le seguenti affermazioni riferite a un tessuto e all'organo che lo contiene, è corretta?**
- A Entrambi provengono sicuramente dallo stesso foglietto embrionale
- B Le cellule che costituiscono tessuto e organo hanno soppresso gli stessi geni
- C Le cellule che costituiscono entrambi svolgono esattamente le stesse funzioni
- D Entrambi sono costituiti da cellule
- E Entrambi sono costituiti da cellule ugualmente differenziate

86 **Quale delle seguenti affermazioni riguardanti l'arteria polmonare è corretta?**
- A Porta sangue ricco di CO_2 ai polmoni, partendo dal ventricolo destro
- B Porta sangue ricco di O_2 ai polmoni, partendo dal ventricolo destro
- C Porta sangue ricco di O_2 ai polmoni, partendo dal ventricolo sinistro
- D Porta sangue ricco di CO_2 ai polmoni, partendo dal ventricolo sinistro
- E Porta sangue ricco di O_2 al cuore, partendo dai polmoni

87 **Il cuore:**
- A è avvolto dal pericondrio
- B ha un ritmo non controllabile dal sistema nervoso
- C ha un ritmo fisiologico di circa 70 battiti/min
- D ha un ritmo fisiologico di circa 30 battiti/min
- E è avvolto dal peritoneo

88 **La stenosi delle valvole cardiache è causata da rigidità e calcificazione dei loro lembi e conseguente riduzione del flusso sanguigno attraverso di esse. La stenosi mitralica comporta riduzione del flusso sanguigno tra:**
- A atrio destro e ventricolo destro
- B ventricolo sinistro e aorta
- C atrio sinistro e ventricolo sinistro
- D atrio sinistro e atrio destro
- E atrio destro e ventricolo sinistro

89 **Qual è normalmente il volume del sangue circolante in un uomo adulto di corporatura media?**

A 1/2 litro B 5 litri C 1 litro D 10 litri E 12 litri

PARTE SECONDA

90 **Se la temperatura corporea di un individuo supera i 37°C, i sistemi di controllo dell'omeostasi fanno sì che nel suo organismo si verifichi:**

A dilatazione dei vasi sanguigni
B assenza di sudorazione
C costrizione dei vasi sanguigni
D aumento dell'attività respiratoria
E diminuzione del flusso sanguigno verso l'apparato cutaneo

91 **Il termine azotemia indica:**

A la concentrazione di azoto nell'urina
B la concentrazione di azoto nelle feci
C la concentrazione di azoto nel sangue
D la concentrazione di azoto nelle cellule
E la concentrazione di azoto nelle ossa

92 **Ad altitudini elevate, come in montagna, l'aria è rarefatta e la pressione parziale di O_2 è più bassa di quella riscontrabile al livello del mare. Queste condizioni possono causare malesseri come nausea e vertigini. Quale dei seguenti fenomeni si riscontra con l'acclimatazione all'altitudine?**

A Una diminuzione del numero dei globuli rossi
B Una riduzione della pressione sanguigna
C Un aumento del numero dei globuli rossi
D La vasodilatazione dei capillari periferici
E Una diminuzione della frequenza respiratoria

93 **L'amilasi è un enzima secreto da:**

A pancreas
B fegato
C stomaco
D ghiandola lacrimale
E surrene

94 **Che destino hanno, durante la digestione, amido, glicogeno e cellulosa contenuti negli alimenti di cui ci nutriamo?**

A Solo il glicogeno e l'amido vengono idrolizzati con rilascio di glucosio, mentre la cellulosa è eliminata con le feci
B Solo il glicogeno viene idrolizzato; amido e cellulosa sono eliminati come tali nelle feci
C Solo la cellulosa è idrolizzata con rilascio di fruttosio; amido e glicogeno sono eliminati come tali nelle feci
D Amido e cellulosa sono idrolizzati con rilascio di fruttosio, mentre il glicogeno è idrolizzato con rilascio di glucosio
E Sono tutti e tre idrolizzati con rilascio di glucosio

95 **La colecisti ha la funzione:**

A di produrre la bile
B di conservare bile ed enzimi digestivi
C di conservare la bile
D di purificare il sangue
E di produrre bile ed enzimi digestivi

96 Durante la digestione, qual è la funzione dell'enzima pepsina?

- A Nello stomaco, comincia la digestione chimica dei carboidrati
- B Nello stomaco, stimola la secrezione dei succhi gastrici
- C Nell'intestino, idrolizza peptidi proteici in catene più corte
- D Nello stomaco, idrolizza le catene proteiche in peptidi più corti
- E Nell'intestino, stimola la digestione dei grassi insaturi

97 I glomeruli fanno parte del:

- A fegato
- B pancreas
- C sangue
- D polmone
- E rene

98 Le gonadi maschili sono situate:

- A nella cavità addominale
- B nella cavità pelvica
- C nessuna delle altre risposte è corretta
- D all'esterno
- E all'interno dell'epididimo

99 La placenta è:

- A il liquido entro cui si sviluppa l'embrione
- B un ormone
- C l'organo di connessione tra madre e feto
- D una vitamina
- E un enzima salivare

100 I nervi cranici sono:

- A 10 paia
- B 8 paia
- C 6 paia
- D 25
- E 12 paia

101 La mielina è:

- A una fibra nervosa
- B una sostanza vegetale derivante dal miele
- C una sostanza bianca che ricopre la fibra nervosa
- D una vitamina
- E la "sostanza grigia" del sistema nervoso

102 La struttura dell'occhio utile a mettere a fuoco gli oggetti è:

- A il cristallino
- B l'iride
- C la retina
- D i coni e i bastoncelli
- E la cornea

103 Se un neurone riceve due segnali, entrambi al di sotto del livello di soglia ma distanziati da un brevissimo intervallo di tempo, come si comporta?

A Trasmette entrambi i segnali in rapida successione
B Trasmette un unico impulso, corrispondente alla somma dei due segnali ricevuti
C Trasmette solo il primo segnale
D Trasmette solo il secondo segnale
E Non trasmette alcun segnale

104 I canali semicircolari sono condotti situati all'interno dell'osso temporale; la loro funzione è:

A percepire i suoni per altezza e intensità
B equilibrare la pressione atmosferica ai due lati del timpano
C vibrare se sollecitati dalle onde sonore
D convogliare le onde sonore verso il timpano
E rilevare i cambiamenti di posizione del corpo nello spazio

105 L'acetilcolina è un:

A neurotrasmettitore
B ormone steroideo
C enzima del succo enterico
D pigmento della cute
E pigmento biliare

106 Una cellula costituisce il bersaglio di un determinato ormone se:

A possiede i recettori capaci di riconoscere e legare l'ormone
B è situata vicino alla ghiandola endocrina che secerne l'ormone
C ha una forma che è riconosciuta dall'ormone
D possiede i geni per la produzione di quell'ormone
E non è innervata da alcuna terminazione nervosa

107 Quale dei seguenti NON è un ormone steroideo?

A Cortisolo
B Progesterone
C Adrenalina
D Aldosterone
E Testosterone

108 Le contrazioni dell'utero prima del parto provocano il rilascio di un ormone ipotalamico da parte della neuroipofisi, l'ossitocina, che determina un aumento delle contrazioni, che a loro volta accentuano la produzione di ossitocina.

Questo è un esempio di:

A feedback positivo
B feedback negativo
C regolazione nervosa
D omeostasi
E arco riflesso

PARTE SECONDA

109 Il pancreas è:

A un ormone
B una ghiandola a secrezione sia interna che esterna
C una ghiandola solo endocrina
D una ghiandola solo esocrina
E la più voluminosa ghiandola del corpo umano

110 Quale di queste è la ghiandola più voluminosa?

A Ipofisi
B Parotide
C Fegato
D Tiroide
E Surrenale

111 Quali sono le cellule del sistema immunitario deputate a produrre le immunoglobuline (o anticorpi)?

A I linfociti B
B I monociti
C I globuli rossi
D I macrofagi
E I linfociti T

112 Una malformazione che compare in un bambino fin dalla nascita certamente:

A è ereditaria
B è congenita
C deriva da una mutazione cromosomica
D deriva da un'aneuploidia
E è di origine genetica

113 È considerata una reazione immunopatologica:

A la glicemia
B la nefrite
C la sterilità
D l'allergia
E l'acloridria

114 Il lisozima è una sostanza antimicrobica che agisce principalmente:

A sui virus
B sui miceti patogeni
C sui batteri Gram-positivi
D sui protozoi
E sulle spore

115 Per criptorchidismo si intende:

A lo studio dei pipistrelli
B una malformazione dell'uretra
C la mancata discesa del testicolo nella borsa scrotale
D la mancata fusione delle lamine palatine
E la particolare riproduzione di alcuni vegetali

116 **Nel 1965 i due scienziati F. Jacob e J. Monod ricevettero il premio Nobel per la medicina per i loro studi su:**

A gli enzimi di restrizione
B lo splicing nei geni eucariotici
C il virus HIV
D il sequenziamento del DNA
E l'operone lac nei batteri

117 **Un paziente iperteso presenta disfunzioni organiche che interessano principalmente il sistema:**

A muscolare
B scheletrico
C cardiovascolare
D gastroenterico
E escretore

118 **Quale dei seguenti alimenti è più importante come fonte di glucosio per l'uomo?**

A Il pane
B La carne
C La verdura
D Le uova
E La frutta

119 **La condizione per cui gli oggetti lontani sono visti meglio dei vicini è definita:**

A miopia
B cataratta
C astigmatismo
D ipermetropia
E accomodazione

120 **L'infezione fungina di organi o tessuti viene denominata:**

A narcosi
B virosi
C sepsi
D parassitosi
E micosi

BIOLOGIA

Soluzioni e commenti

1 I peptidi e le proteine sono polimeri di amminoacidi, molecole organiche contenenti un gruppo –COOH e un gruppo $-NH_2$, quindi contengono azoto. La **A** e la **C** si possono scartare, come pure la **B**, in quanto gli enzimi hanno natura proteica. I nucleosidi sono molecole formate da uno zucchero a 5 atomi di carbonio che lega una molecola di acido fosforico e una base azotata; anche la **E** si può quindi escludere. La risposta corretta è la **D**: infatti, i trigliceridi contengono solamente carbonio, ossigeno e idrogeno.

2 Il maltosio è un disaccaride, costituito da due molecole di glucosio, che si forma nel corso della digestione dell'amido. L'amilosio, polimero lineare di α-glucosio, è una delle due molecole che formano l'amido (l'altra è l'amilopectina, polimero ramificato di α-glucosio). Il saccarosio (lo zucchero da tavola) è un disaccaride formato da una molecola di glucosio e una di fruttosio. Il galattosio è un monosaccaride che, legandosi al glucosio, forma il disaccaride lattosio. La risposta corretta è quindi la **D**.

3 Un omopolimero è un polimero formato dalla ripetizione di monomeri tutti uguali. Il DNA e l'RNA sono formati dalla ripetizione di 4 diversi nucleotidi, le risposte **B** e **D** possono quindi essere scartate. Anche le alternative **C** ed **E** sono errate, perché l'emoglobina è una proteina e le proteine sono polimeri in cui si alternano 20 diversi amminoacidi. La risposta corretta è la **A**, infatti il glicogeno è formato da un gran numero di molecole di glucosio legate a formare lunghe catene ramificate.

4 Gli amminoacidi che formano le proteine costituiscono una famiglia di 20 composti che contengono i gruppi funzionali amminico e carbossilico. Possiedono inoltre un gruppo R che li differenzia in base alla polarità e alla carica. La metà degli amminoacidi può essere sintetizzata dall'organismo, l'altra metà invece è costituita da amminoacidi che devono essere introdotti nel corpo umano attraverso la dieta: per questo motivo vengono detti essenziali (risposta esatta **D**).

5 Le proteine svolgono numerose e importanti funzioni: sono proteine gli enzimi, gli anticorpi e alcuni ormoni; possono avere funzione strutturale, come costituenti dei tessuti viventi e possono essere recettori cellulari. Questa classe di biomolecole non è invece responsabile dell'informazione ereditaria né dell'accumulo di energia. La risposta corretta è la **A**.

6 I *trigliceridi* sono esteri di glicerolo con acidi grassi, cioè acidi carbossilici a elevato numero di atomi di carbonio. Il glicerolo è un alcol a tre atomi di C e tre gruppi –OH: nella formazione di un trigliceride, ogni gruppo –OH lega un acido grasso. La risposta corretta è quindi la **A**.

7 Le risposte **B** ed **E** sono da scartare perché il dalton e il litro non sono unità di misura della lunghezza. Il millimetro, il micron (o micrometro) e l'angstrom sono invece unità di misura della lunghezza.

Il millimetro si può facilmente scartare: infatti, se l'ordine di grandezza delle cellule umane fosse il millimetro, queste sarebbero visibili a occhio nudo, cosa che non accade. L'ordine di grandezza delle cellule umane è il micron (o micrometro), pari alla millesima parte del millimetro (10^{-3} mm o 10^{-6} m); risposta **C**. L'angstrom, invece, pari a 10^{-10} m, è l'ordine di grandezza delle strutture subcellulari.

8 Il peptidoglicano è il componente che forma la parete cellulare dei batteri. È costituito da lunghe catene polisaccaridiche in cui si alternano unità di amminozuccheri (N-acetilglucosammina e acido N-acetilmuramico) unite da ponti trasversali, di natura peptidica, a formare una struttura complessa che avvolge la superficie batterica come un'unica macromolecola. Presente sia nei batteri gram- negativi sia nei gram-positivi, in questi ultimi forma uno strato più spesso.

La **B** è la risposta corretta.

9 I ribosomi sono organelli cellulari presenti sia nelle cellule procariotiche sia in quelle eucariotiche (le risposte **C** e **D** sono quindi errate), responsabili della sintesi delle proteine; risposta **A**.

10 L'enzima catalasi catalizza la demolizione dei perossidi, composti particolarmente ricchi di ossigeno come il perossido di idrogeno, H_2O_2. I perossidi si formano nel corso di diverse reazioni metaboliche e devono essere demoliti perché, essendo fortemente ossidanti, risultano dannosi per le strutture cellulari. L'enzima catalasi si trova all'interno dei perossisomi, organuli cellulari deputati proprio alla demolizione dei perossidi; risposta **A**.

11 Per rispondere correttamente al quesito è necessario individuare la correlazione errata. I batteri, procarioti, possiedono un'unica molecola di DNA, circolare, ed esternamente al plasmalemma è presente un'ulteriore struttura protettiva: la parete cellulare. Le correlazioni **B** e **C**, corrette, non rappresentano quindi risposta esatta al quesito. Gli eucarioti, a differenza dei procarioti, possiedono un nucleo cellulare delimitato da una membrana e sono dotati di organelli piuttosto complessi, fra cui i mitocondri; anche la risposta **D** può quindi essere esclusa. I virus sono entità biologiche formate semplicemente da un involucro proteico contenente solo una molecola di acido nucleico, che può essere DNA oppure RNA; la correlazione virus/RNA è quindi corretta, mentre la correlazione virus/ribosomi è errata; la risposta esatta è quindi la **E**.

12 La cellula vegetale si differenzia dalla cellula animale per tre aspetti principali:

- è dotata di una parete cellulare composta essenzialmente di cellulosa;
- contiene uno o più vacuoli che possono arrivare a occupare gran parte del citoplasma e fungono da riserva di sostanze oltre che da sostegno;
- contiene i cloroplasti, organuli responsabili della fotosintesi clorofilliana.

Come la cellula animale è delimitata da una membrana cellulare ma, diversamente dai procarioti, contiene un nucleo, mitocondri, reticolo endoplasmatico, ribosomi e apparato di Golgi. Non possiede però centrioli, tipici delle cellule animali. Si conclude che la risposta corretta è la **C**.

13 Il sangue è composto da una parte liquida, detta plasma, e da specifici elementi cellulari (eritrociti, leucociti e piastrine). Se un prelievo di sangue viene diluito 5 volte, il pH del plasma non cambia perché sono presenti sistemi tampone; cambia invece la concentrazione dei soluti e il plasma diventa ipotonico (cioè meno concentrato) rispetto al contenuto cellulare. In queste condizioni l'acqua si sposta dal comparto dove è presente la soluzione più diluita verso la soluzione più concentrata, quindi entra per osmosi nelle cellule che si gonfiano fino a scoppiare. Risposta **D**.

14 La membrana cellulare può essere attraversata da varie sostanze secondo diversi meccanismi. La diffusione è un processo di trasporto passivo, che cioè non richiede energia e sfrutta il gradiente di concentrazione fra i due lati della membrana. Solo poche molecole, piccole e non polari come O_2 e CO_2, possono attraversare liberamente la membrana: per quelle di dimensioni maggiori, e per gli ioni, sono necessarie proteine che fungono da trasportatori. Quando le sostanze si spostano secondo il gradiente di concentrazione (dal comparto a concentrazione maggiore verso quello a concentrazione minore) il processo è spontaneo e non richiede dispendio energetico (ATP), quando invece si spostano contro il gradiente di concentrazione è necessario ATP e si parla di trasporto attivo. La risposta corretta è la **E**.

15 Tutte le cellule ricavano energia attraverso le reazioni del *catabolismo*, reazioni di demolizione, in cui si rompono legami chimici e le sostanze organiche complesse (come gli zuccheri) sono trasformate in molecole più semplici. I processi di sintesi delle molecole complesse invece richiedono energia; le risposte C ed E sono quindi sbagliate, mentre la risposta esatta è la B. Si ricordi che gli organismi che utilizzano ossigeno (aerobi) effettuano la respirazione, mentre quelli che vivono in assenza di ossigeno svolgono processi di fermentazione (la D quindi è sbagliata).

16 La respirazione cellulare è una via biochimica che si svolge nei mitocondri e porta alla demolizione del piruvato, formato nel corso della glicolisi, fino ad anidride carbonica e acqua. Questa via metabolica richiede ossigeno e permette la produzione di un'elevata quantità di ATP. La risposta corretta è la B.

17 La fotosintesi clorofilliana è un processo effettuato da piante, alghe e alcuni batteri (procarioti), fra cui i cianobatteri, che permette di catturare l'energia solare e convertirla in energia chimica; le risposte C e D sono dunque sbagliate. L'energia luminosa viene sfruttata per trasformare anidride carbonica (CO_2) e acqua, composti inorganici, in glucosio (composto organico). Possiamo quindi dire che gli organismi che svolgono la fotosintesi assorbono dall'ambiente anidride carbonica e acqua, producono glucosio e liberano ossigeno nell'atmosfera. Anche la risposta E è sbagliata, mentre l'alternativa corretta è la B.

18 La prima via metabolica interessata alla demolizione del glucosio è la glicolisi: questa scinde lo zucchero in due molecole di acido piruvico e produce due molecole di ATP per ogni molecola di glucosio demolita. L'acido piruvico poi, in assenza di ossigeno, va incontro a processi di fermentazione, mentre in presenza di ossigeno viene demolito ad anidride carbonica e acqua nel corso della respirazione cellulare. Mentre le fermentazioni non producono ATP, oltre a quello già prodotto dalla glicolisi, la respirazione cellulare produce una notevole quantità di ATP. Dato che la glicolisi, a differenza della respirazione cellulare, non richiede ossigeno, si deduce che la risposta corretta è la C.

19 Dato che per produrre una mole di ATP sono necessari 31 kJ di energia, se una certa quantità di zucchero, ossidato dalla respirazione cellulare, produce 13 moli di ATP, questo corrisponde a "immagazzinare" 403 kJ (= 31 kJ/mol × 13 mol). La stessa quantità di zucchero, bruciata completamente in una bomba calorimetrica, produce 999 kJ. L'efficienza della respirazione si ricava calcolando il rapporto fra l'energia utilizzata per produrre ATP e l'energia massima che è possibile produrre:

$$\text{efficienza} = 403\ \text{kJ} : 999\ \text{kJ} = 0{,}40$$

Espressa in percentuale, corrisponde al 40%. Risposta esatta D.

20 Una cellula aploide contiene una sola serie di cromosomi, mentre una cellula diploide contiene due serie di cromosomi omologhi. Una cellula aploide contiene quindi una quantità di DNA dimezzata rispetto a una cellula diploide dello stesso organismo; risposta corretta: A.

21 Le cellule animali possiedono una coppia di centrioli, piccoli organuli di forma cilindrica che prima della divisione cellulare vengono duplicati, in modo che all'inizio della mitosi la cellula possiede due coppie di centrioli. Ognuna di queste coppie si dirige verso uno dei poli cellulari e in tal modo permette l'organizzazione dei microtubuli che formano il fuso mitotico. Le cellule vegetali, invece non possiedono centrioli. La risposta corretta è la A.

22 I cromosomi sono unità del genoma che portano numerosi geni; sono contenuti nel nucleo e sono formati da una molecola di DNA e proteine. La risposta corretta è la E.

23 La metafase è la fase della divisione cellulare in cui le coppie di cromosomi, o i singoli cromosomi, si dispongono sul piano equatoriale della cellula, legati ai microtubuli che formano il fuso mitotico. La mitosi comprende una sola metafase. Nella meiosi, invece, che consiste di due divisioni cellulari successive, si verificano due metafasi: durante la metafase I le coppie di cromosomi omologhi si dispongono sul piano equatoriale; durante la metafase II, quando la cellula possiede ormai un numero di cromosomi dimezzato, sono i singoli cromosomi che si dispongono sul piano equatoriale. La risposta esatta è la B.

24 La riproduzione sessuata è una modalità riproduttiva che richiede l'intervento di cellule specializzate dette gameti, aploidi, cioè contenenti un numero di cromosomi dimezzato rispetto a quello delle cellule somatiche, diploidi. Il nuovo organismo ha origine dalla fecondazione, cioè dalla fusione di due gameti, di tipo diverso, provenienti generalmente da due diversi individui. La risposta corretta è la E.

25 Il crossing-over avviene durante la profase della meiosi I, ed è il processo più lungo e complicato della prima profase meiotica che viene suddivisa in 5 stadi: *leptotene*, *zigotene*, *pachitene* (in cui si verifica il crossing-over), *diplotene* e *diacinesi*. La risposta corretta è quindi la C.

26 La ricombinazione genica è la comparsa nella prole di assortimenti di geni diversi da quelli dei genitori. Tale ricombinazione è permessa dai meccanismi della riproduzione sessuata e dal crossing-over. Durante la meiosi i cromosomi che formano ogni coppia di omologhi vengono distribuiti alle cellule figlie in modo indipendente gli uni dagli altri, quindi i geni presenti su cromosomi diversi si assortiscono casualmente nelle cellule figlie e questo permette il massimo grado di ricombinazione fra geni paterni e materni. Diversamente accade per i geni localizzati sullo stesso cromosoma (detti anche associati), che vengono ereditati insieme, a meno che non siano separati da un crossing-over; in questo caso la frequenza di ricombinazione è tanto più elevata quanto maggiore è la distanza fra i due geni considerati. Da quanto appena visto si deduce che la ricombinazione tra due geni è minima quando questi si trovano sullo stesso cromosoma, a breve distanza uno dall'altro; risposta B.

27 Un gamete possiede un numero aploide di cromosomi monocromatidici (cioè formati da un solo cromatidio). Una cellula somatica possiede un numero di cromosomi doppio rispetto a un gamete della stessa specie, inoltre se questa cellula è in metafase (o comunque dopo la fase S del ciclo cellulare) ogni cromosoma è formato da due cromatidi e la *quantità* di DNA (non il numero di cromosomi!) è pari al quadruplo di quella contenuta in un gamete. La risposta corretta è quindi la D.

28 La sindrome di Down è provocata dalla presenza di tre copie (condizione detta di *trisomia*) del cromosoma numero 21. La risposta esatta è quindi la B.

29 Una cellula umana con 22 autosomi e un cromosoma Y è un gamete: infatti, contiene 23 cromosomi, pari alla metà della normale dotazione diploide presente nelle cellule somatiche. Dato che le cellule uovo contengono sempre un cromosoma X, mentre gli spermatozoi contengono per il 50% un cromosoma X e per il 50% un cromosoma Y, si deduce che è un gamete maschile, cioè uno spermatozoo: risposta C.

30 Si definisce *fenotipo* l'insieme delle caratteristiche manifeste di un organismo, determinate dal suo genotipo e dall'interazione di esso con l'ambiente esterno. La risposta giusta è quindi la E.

31 Quando un allele si manifesta nel fenotipo sia di individui omozigoti (che hanno ereditato cioè due alleli identici di un dato gene) sia di individui eterozigoti (che hanno ereditato due alleli diversi di quel gene) è detto *dominante*. In questo secondo caso, infatti, oscura la presenza dell'allele *recessivo*. Risposta corretta: B.

32 Una malattia autosomica recessiva è causata da un gene localizzato su uno degli autosomi, che si manifesta solo quando l'individuo è omozigote per quell'allele, cioè possiede due copie della forma allelica che provoca la malattia. Un carattere recessivo si esprime a livello fenotipico solo negli individui con genotipo omozigote recessivo, perché negli eterozigoti l'effetto dell'allele recessivo è mascherato da quello dell'allele dominante. Si deduce che un paziente affetto da una malattia autosomica recessiva sarà omozigote recessivo; risposta D.

33 Dati due individui eterozigoti Bb, ognuno di loro produce gameti che contengono per metà l'allele recessivo (b) e per metà l'allele dominante (B). I possibili genotipi che si ottengono dall'incrocio tra i due eterozigoti si ricavano attraverso la seguente tabella di probabilità:

		gameti maschili	
		1/2 B	1/2 b
gameti femminili	1/2 B	1/4 BB	1/4 Bb
	1/2 b	1/4 Bb	1/4 bb

Si ottengono dunque tre classi genotipiche: 1/4 di omozigoti dominanti (BB), 2/4 di eterozigoti (Bb) e 1/4 di omozigoti recessivi (bb). La percentuale di omozigoti è quindi pari al 50%; risposta **B**.

34 Il quesito parla di un carattere recessivo che, in mancanza di indicazioni in senso contrario, dobbiamo considerare autosomico. L'incrocio avviene tra un maschio di genotipo nn (poiché il bianco è recessivo) e una femmina NN (ci viene detto che è nera e omozigote). Il maschio produce gameti che contengono sempre l'allele n, mentre la femmina produce esclusivamente gameti contenenti il gene N: la prole sarà quindi composta al 100% da individui eterozigoti (Nn) di colore nero. L'alternativa corretta è pertanto la **E**: è impossibile che nascano figli bianchi (nn).

35 Il quesito presenta una coppia formata da una femmina affetta da una patologia dominante, eterozigote, e da un maschio sano, omozigote. Ogni volta che un gamete maschile, portatore dell'allele normale, feconda un gamete femminile, c'è il 50% di probabilità che questo contenga l'allele normale e un 50% che contenga l'allele per la malattia: la risposta corretta è quindi la **B**.

36 I gruppi sanguigni sono determinati da un sistema a tre alleli: I^A, I^B e I^0, con I^A e I^B codominanti fra loro e dominanti su I^0. Un individuo di gruppo AB possiede entrambe le forme alleliche codominanti, ha quindi genotipo I^AI^B e produce gameti contenenti per il 50% l'allele I^A e per il 50% l'allele I^B.

Dall'incrocio fra due individui di questo tipo (come indicato nella tabella) si forma una progenie caratterizzata per il 25% da genotipo I^AI^A (appartenente al gruppo A), per il 25% I^BI^B (gruppo B) e per il 50% I^AI^B (gruppo AB); risposta **A**.

		gameti maschili	
		1/2 I^A	1/2 I^B
gameti femminili	1/2 I^A	1/4 I^AI^A	1/4 I^AI^B
	1/2 I^B	1/4 I^AI^B	1/4 I^BI^B

37 Se il bambino è affetto da fenilchetonuria, il suo genotipo è omozigote recessivo. Dato che i due alleli sono uno di provenienza materna e uno di provenienza paterna e che i genitori sono entrambi sani, questi ultimi non possono che essere entrambi eterozigoti per quel carattere. L'alternativa corretta è dunque la **A**.

La **C** si esclude perché la malattia è autosomica, cioè dipende da un gene situato su uno degli autosomi e non sui cromosomi sessuali.

38 L'acondroplasia è una malattia genetica autosomica dominante, quindi si manifesta sia negli omozigoti sia negli eterozigoti. La condrina è una proteina e la sua sintesi dipende dalle informazioni geniche contenute nel DNA: se nei cromosomi dei genitori è presente la mutazione che provoca la mancata sintesi di questa proteina, tale caratteristica può essere trasmessa ai figli che, presentando carenza di condrina, saranno affetti da nanismo. Risposta **D**.

39 Ogni volta che una coppia concepisce un figlio, ci sono il 50% di probabilità che sia maschio e il 50% che sia femmina. In ogni caso, ogni figlio può essere maschio, oppure femmina, quindi ci sono solo due diverse possibilità. Una coppia avrà sicuramente almeno due figli dello stesso sesso se avrà tre figli; risposta E.

40 Una mutazione recessiva si manifesta solo nell'omozigote, mentre un individuo eterozigote per lo stesso carattere risulta normale. Questo accade perché ogni carattere è controllato da due geni: se quello mutato porta un'informazione scorretta, il suo effetto è contrastato dalle informazioni "corrette" presente sul cromosoma che non ha subito la mutazione. Le mutazioni recessive, quindi, risultano più nocive in omozigosi perché in questa condizione manca l'allele sano; risposta D.

41 La nascita di due gemelli biovulari (o dizigotici) si verifica quando durante un ciclo mestruale, eccezionalmente, sono rilasciati due ovociti, che poi sono fecondati da due diversi spermatozoi, formando due zigoti distinti. I gemelli biovulari non sono dunque geneticamente identici, bensì hanno lo stesso grado di somiglianza genetica di due fratelli e possono quindi essere sia dello stesso sesso, sia di sesso diverso. La risposta esatta è la A.

42 L'anemia falciforme è una malattia genetica ereditaria dovuta a una mutazione puntiforme nel gene che codifica per la catena β dell'emoglobina; in seguito a tale alterazione le molecole di emoglobina tendono ad aggregarsi, conferendo ai globuli rossi una forma a falce (A errata). Anche le distrofie muscolari, caratterizzate da degenerazione progressiva del sistema muscolare, sono malattie ereditarie (C errata). La fibrosi cistica, o mucoviscidosi, è una malattia genetica autosomica recessiva (B errata), causata da una mutazione di un gene che codifica per una proteina coinvolta nel trasporto di cloro e sodio – e conseguentemente di acqua – attraverso le membrane cellulari. Questa anomalia porta, nelle ghiandole esocrine, alla secrezione di muco denso e vischioso, causando ostruzione dei dotti ghiandolari. Fra le manifestazioni cliniche tipiche della malattia, causate da questa alterazione delle ghiandole esocrine, si ricordano infezioni polmonari ricorrenti, insufficienza pancreatica e cirrosi epatica. La malattia di Tay-Sachs è una malattia genetica ereditaria rara (D errata), dovuta alla mancanza dell'enzima che demolisce il ganglioside GM2 (un particolare lipide tipico dei tessuti nervosi), che così si accumula nel cervello. La malattia di Tay-Sachs insorge tra il terzo e il sesto mese di vita e si manifesta con progressivo ritardo dello sviluppo, deterioramento delle facoltà intellettive, paralisi, sordità, cecità; è possibile la diagnosi prenatale tramite l'esame del liquido amniotico. Non si conosce alcun trattamento. La sindrome di Turner è una malattia genetica dovuta a un'anomalia numerica dei cromosomi sessuali: gli individui colpiti da tale sindrome sono dotati di un solo cromosoma X (genotipo X0), hanno sesso femminile ma sono sterili e presentano in alcuni casi ritardo mentale. Tutte le malattie proposte dal quesito sono quindi ereditarie, tranne la sindrome di Turner, che è dovuta a una mutazione genomica causata da una meiosi irregolare; la risposta corretta è quindi la E. Inoltre, la malattia non è trasmissibile alla prole poiché le femmine con sindrome di Turner non possono avere figli.

43 L'affermazione del quesito è possibile per il fatto che gli alleli segregano, ovvero si separano, durante la meiosi (risposta esatta B). Le altre alternative si riferiscono rispettivamente a: un fenomeno di interazione tra geni diversi per cui l'azione di un gene interferisce con l'espressione di altri geni (epistasi, A); caratteri controllati da più di un gene (eredità poligenica, C); caratteri rappresentati da più di una coppia di alleli, per esempio il gene responsabile del gruppo sanguigno che ha tre alleli (caratteri multi allelici, D); la terza legge di Mendel (assortimento indipendente, E).

44 Quando un tratto di DNA si duplica, la doppia elica si apre, i due filamenti polinucleotidici si separano e fanno da guida per la sintesi dei filamenti di DNA complementari. Nel caso proposto dal quesito, dato che la base azotata adenina (A) si appaia con la timina (T) e la citosina (C) con la guanina (G), il filamento complementare alla sequenza ATT GGC AGC CCC ATG sarà TAA CCG TCG GGG TAC. La tripletta scritta in modo errato è la penultima della sequenza: GCC; risposta A.

45 L'acido desossiribonucleico (DNA) è un polimero di nucleotidi ciascuno formato da una molecola di desossiribosio, una molecola di acido fosforico (detto anche gruppo fosfato) e una base azotata fra adenina, guanina, citosina e timina. La risposta corretta è quindi la **D**.

46 Il DNA degli eucarioti è legato a specifiche proteine a formare un complesso detto cromatina; le principali proteine della cromatina sono gli istoni, piccole proteine a carattere basico.

La risposta corretta è quindi la **A**.

47 La cromatina è un complesso formato da DNA e proteine che nelle cellule non in divisione forma un ammasso di filamenti visibile al microscopio ottico come una masserella colorata ma indifferenziata, mentre al momento della divisione si condensa a formare i cromosomi. Le proteine specifiche della cromatina sono proteine basiche dette istoni.

L'alternativa corretta è quindi la **D**.

48 Quando il DNA si replica, la doppia elica si apre (come una cerniera lampo) e ognuno dei due filamenti polinucleotidici, detti "parentali", viene utilizzato come stampo per un nuovo filamento, che si lega a quello parentale. Ognuna delle due molecole di DNA che si formano in seguito alla replicazione è formata quindi da un filamento polinucleotidico parentale e da uno di nuova sintesi. Per questo si dice che la replicazione è semiconservativa; risposta esatta: **B**.

49 L'RNA (acido ribonucleico) è un polimero di nucleotidi che differisce dal DNA per alcune caratteristiche: lo zucchero non è desossiribosio bensì ribosio; al posto della base azotata timina si trova l'uracile; infine non è a doppia elica, ma a elica singola. Come nel DNA, invece, i nucleotidi che formano un filamento sono uniti fra loro da legami fosfodiesterici; risposta esatta **D**.

Un legame di questo tipo si forma quando il gruppo fosfato legato al carbonio 5' di un nucleotide reagisce con l'ossidrile legato al carbonio 3' del nucleotide adiacente, come illustrato sotto.

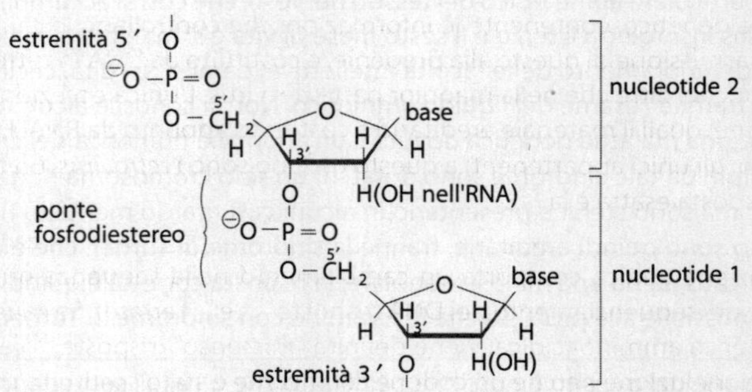

50 Il processo mediante il quale l'informazione contenuta in un gene viene copiata in una molecola di mRNA è la trascrizione; risposta corretta **E**. La sintesi dell'mRNA si basa sull'accoppiamento delle basi complementari: quando un gene deve essere trascritto, i due filamenti del tratto di DNA corrispondente si aprono e uno di essi funziona da stampo per la sintesi di una molecola di mRNA a esso complementare, grazie all'azione dell'enzima RNA polimerasi.

51 Il codice genetico, scritto sul DNA, è costituito da *triplette di nucleotidi*; ogni tripletta corrisponde a uno specifico amminoacido e si può considerare una parola di codice per quell'amminoacido.

La risposta esatta è pertanto la **B**.

52 La *traduzione* è il processo tramite il quale il messaggio contenuto in una specifica sequenza di codoni (nucleotidi) sull'mRNA viene tradotto sotto forma di sequenza specifica di amminoacidi legati tra loro in una catena polipeptidica (ovvero una proteina). La risposta esatta è dunque la E.

53 Sono noti tre tipi principali di RNA: RNA messaggero (mRNA), RNA di trasporto (tRNA) e RNA ribosomale (rRNA). Il tRNA è una piccola molecola di RNA che ha il compito di trasportare gli amminoacidi durante la sintesi proteica; la D è la risposta esatta.

54 Il codice genetico è il sistema di corrispondenze fra triplette di nucleotidi del DNA (o meglio dell'mRNA), e amminoacidi. Questo sistema di corrispondenze permette la traduzione di una sequenza di nucleotidi in una sequenza di amminoacidi, cioè una proteina. I codoni di stop sono triplette di nucleotidi cui non corrisponde nessun amminoacido: quando sull'mRNA c'è un codone di questo tipo la sintesi proteica si arresta. I codoni di stop garantiscono una corretta sintesi proteica e sono necessari in ogni fase della vita dell'uomo e di tutti i viventi; risposta corretta A.

55 Dato che il codice genetico è organizzato in triplette di nucleotidi, una tripletta codifica per un amminoacido, e 15 nucleotidi, corrispondenti a 5 triplette, codificano una sequenza formata da 5 amminoacidi. La B è la risposta esatta.

56 La mitosi è una modalità di divisione cellulare che, a partire da una cellula, ne produce due con lo stesso patrimonio genetico. Nelle cellule appena formate, al termine della mitosi, la quantità di DNA è dimezzata rispetto alla cellula che è andata incontro a tale divisione, perché i cromosomi sono formati da un unico cromatidio; se però facciamo riferimento alla stessa cellula, prima della fase S (in cui il DNA si è replicato), vediamo che cellula madre e le cellule figlie hanno lo stesso contenuto di DNA e lo stesso assortimento di geni. Il fenotipo, invece, può essere diverso, perché non dipende solo dal genotipo ma anche della condizioni ambientali in cui le cellule si trovano.

La risposta corretta è la E.

57 Il materiale genetico, contenente le informazioni che controllano le caratteristiche di un organismo e la trasmissione di queste alla progenie, è costituito da DNA in tutte le cellule, procariotiche ed eucariotiche, oltre che nella maggior parte dei virus. L'unica eccezione è rappresentata dai virus a RNA, nei quali il materiale ereditario è costituito appunto da RNA. Fra gli organismi proposti dal quesito, gli unici appartenenti a questo gruppo sono i *retrovirus*, un tipo particolare di virus a RNA. La risposta esatta è la D.

58 Una mutazione genica comporta un cambiamento nella sequenza nucleotidica, evidenziabile per mezzo del sequenziamento del DNA (risposte A e C errate). Se causa il cambiamento anche della sequenza amminoacidica, viene definita "missenso" (risposta B errata); se causa l'interruzione della traduzione perché un codone codificante è stato sostituito con uno di stop, viene definita "non senso" (risposta D errata); mentre se non avvengono cambiamenti nella sequenza amminoacidica, grazie alla degenerazione del codice genetico, viene definita "silente". Quindi la risposta corretta è la E.

59 Il fenomeno che spiega per quale motivo, ogni volta che un nuovo antibiotico entra in uso, nel giro di alcuni anni compaiono ceppi batterici resistenti, è la *selezione naturale*. I batteri si riproducono molto rapidamente e a ogni generazione è possibile la comparsa di qualche mutazione casuale; se fra queste mutazioni compare la resistenza a un antibiotico, il ceppo dotato di questa caratteristica è favorito rispetto agli altri, perché può vivere anche in presenza dell'antibiotico. I batteri resistenti quindi si riproducono nelle condizioni in cui gli altri muoiono, diffondendo con grande rapidità le caratteristiche di resistenza. È importante ricordare che non è l'antibiotico che induce la comparsa di mutazioni: la B è quindi sbagliata, mentre l'alternativa corretta è la D.

60 Una specie è costituita da un gruppo di popolazioni i cui membri possono effettivamente o potenzialmente incrociarsi tra loro, generando prole fertile; risposta **A**.

61 Placentati e marsupiali appartengono a due diverse sottoclassi della classe dei mammiferi: i placentati sono dotati di placenta e lo sviluppo embrionale si svolge completamente all'interno del corpo della madre; nei marsupiali invece la femmina partorisce un feto che deve terminare lo sviluppo all'interno di un'apposita tasca chiamata marsupio. Vombato (marsupiale) e marmotta (placentato) sono animali molto distanti dal punto di vista evolutivo, ma l'aspetto fisico è simile perché hanno abitudini simili: entrambi si nutrono di vegetali quindi hanno incisivi potenti; entrambi scavano gallerie e hanno corpo e zampe adatti a questo tipo di attività. La loro somiglianza è un esempio di convergenza evolutiva; risposta **C**.

PARTE SECONDA

62 Gli autotrofi sono gli organismi in grado di sintetizzare autonomamente molecole organiche complesse (zuccheri) a partire da molecole inorganiche semplici (anidride carbonica e acqua) assunte dall'ambiente. A differenza degli organismi eterotrofi, i quali devono procurarsi le molecole organiche cibandosi direttamente o indirettamente di organismi autotrofi, questi ultimi non dipendono da altri organismi per la propria alimentazione.

Gli organismi autotrofi sono le piante, le alghe e diversi gruppi di batteri (procarioti) e di organismi unicellulari eucarioti. Fra gli organismi proposti dal quesito, il cactus e la palma sono piante, quindi sono fotosintetici; il fitoplancton è composto di organismi unicellulari fotosintetici e i cianobatteri sono procarioti che svolgono la fotosintesi. Si deduce che l'unico organismo non fotosintetico è il pesce, risposta **C**.

63 Gli organi riproduttori maschili del fiore sono gli stami; risposta **E**. Sono formati da sottili filamenti che reggono le antere, contenenti le sacche polliniche, dove avviene la meiosi e si formano i granuli pollinici, aploidi.

64 Le foglie sono rivestite, sia superiormente che inferiormente, di uno strato di sostanza cerosa che riduce la perdita d'acqua; questo strato protettivo si chiama cuticola; risposta corretta **B**.

65 Per definizione gli organismi *ovipari* depongono le uova, gli *ovovivipari* trattengono le uova nell'ovidotto fino alla schiusa, ma lo sviluppo dell'embrione avviene senza che questo riceva nutrimento dal corpo materno; infine i *vivipari* partoriscono piccoli vivi.

I mammiferi sono generalmente vivipari, solo gli appartenenti all'ordine dei monotremi (sottoclasse prototeri) depongono le uova (per esempio, l'echidna e l'ornitorinco). Ne consegue che la risposta corretta è la **D**.

66 Il termine sanguisuga è il nome comune utilizzato per un gruppo di anellidi (vermi) cui appartengono diverse specie, fra cui la più nota è *Hirudo medicinalis*. La risposta esatta è quindi la **B**.

67 Le mandorle dolci commestibili sono state "selezionate" in epoca molto antica dall'uomo che le ha raccolte e coltivate. Si tratta quindi di selezione artificiale, risposta esatta **D**.

68 Quando il nuovo individuo, al termine dello sviluppo embrionale, assomiglia strettamente all'individuo adulto lo *sviluppo* è definito *diretto*. Quando invece l'aspetto del giovane è notevolmente diverso da quello del genitore, lo *sviluppo* è definito *indiretto* e i giovani sono chiamati larve. Dopo un periodo di tempo variabile nelle diverse specie, la larva va incontro al processo della *metamorfosi* che comporta un radicale cambiamento dell'organizzazione corporea e al termine della quale l'organismo assume infine le sembianze dell'individuo adulto. La risposta esatta è dunque la **D**.

69 I parassiti sono organismi che si nutrono a spese di un altro essere vivente (la **A** e la **D** sono errate), senza ucciderlo (la **C** è errata). I saprofiti invece sono esseri viventi che si nutrono di sostanza organica che ricavano da organismi morti e sono molto importanti per la degradazione e la mineralizzazione della sostanza organica non vivente presente nel terreno.

Fra le alternative proposte, l'unica che si adatta a entrambi i gruppi di viventi è la **B**: parassiti e saprofiti necessitano di materiale organico, perché sono eterotrofi.

70 La risposta esatta è la **E**. Tutte le cellule di una pianta possiedono mitocondri, mentre i cloroplasti si trovano solo nelle cellule dei tessuti fotosintetici.

71 Il termine *habitat* indica l'ambiente fisico occupato da una specie in un ecosistema; l'area specifica in cui una specie è presente invece è definita *areale* di distribuzione. La risposta corretta è la **A**.

72 I frutti veri derivano dall'ingrossamento dell'ovario, mentre i falsi frutti si originano dalla trasformazione non solo dell'ovario ma anche di altre parti del fiore.

La fragola è un falso frutto: la polpa rossa deriva dall'ingrossamento del ricettacolo, mentre i frutti veri e propri sono gli acheni, cioè i semini che si vedono sulla superficie della fragola. L'ananas è un falso frutto (sorosio): è formato da molti frutti saldati in un corpo unico dalla concrescenza con le brattee poste fra essi. Anche mela e pera sono falsi frutti, in cui la parte carnosa deriva dall'ingrossamento di ovario e ricettacolo. L'unico frutto vero fra quelli proposti, è il pomodoro (una bacca), risposta esatta **D**.

73 Il fototropismo è la proprietà delle piante di orientarsi verso la luce; se teniamo una pianta in casa, in posizione laterale rispetto a una finestra, il fusto della pianta tenderà a curvarsi verso la finestra e a crescere in quella direzione per utilizzare al meglio luce, necessaria per la fotosintesi. La risposta corretta è quindi la **B**.

74 I tre foglietti embrionali sono detti endoderma, mesoderma ed ectoderma, ed è piuttosto chiaro capire la loro localizzazione in base al significato del prefisso: endo- significa interno, meso- significa intermedio, ecto- significa esterno. Tutti e tre sono presenti nella fase terminale della gastrulazione. I disegni 3 e 4 infatti fanno riferimento alle fasi precedenti la fine della gastrulazione, in cui lo strato intermedio (il mesoderma) non si è ancora formato: la risposta esatta è quindi la **B**.

75 Il tessuto epiteliale può avere diverse specializzazioni e localizzazioni nel corpo umano: può rivestire parti esterne (cute) o interne (membrane mucose o sierose); può essere composto da un singolo strato di cellule o da più strati; può avere funzioni di protezione (epitelio di rivestimento), di secrezione (epitelio ghiandolare) o di ricezione di stimoli (epitelio sensoriale). La risposta corretta è quindi la **A**.

76 La cartilagine è un tessuto connettivo consistente e flessibile, formato da una matrice elastica prodotta da cellule specializzate dette *condrociti*; risposta **A**.

77 Le cellule che contengono il maggior numero di mitocondri sono quelle con le necessità energetiche più elevate, come quelle muscolari. Fra le alternative proposte, l'unico tessuto muscolare è quello cardiaco; risposta esatta **B**.

78 Il martello, l'incudine e la staffa sono gli ossicini dell'orecchio medio; il capitato è un osso della mano. Il timpano invece non è un osso, bensì la membrana dell'orecchio che viene fatta vibrare dalle onde sonore; risposta **D**.

79 Il tessuto osseo è costituito da una matrice mineralizzata in cui sono presenti canali in cui decorrono fibre nervose e vasi sanguigni e lacune che ospitano le cellule mature, dette osteociti. Durante la vita di un individuo, il tessuto osseo viene continuamente demolito, a opera di cellule dette osteoclasti, e riformato, a opera di elementi detti osteoblasti. Gli osteoclasti sono quindi cellule che demoliscono la matrice del tessuto osseo; risposta **B**.

80 L'etmoide è un osso del cranio, in particolare partecipa alla costituzione della base del cranio; risposta **C**.

PARTE SECONDA

81 La parola che non va d'accordo con le altre è omero; risposta **B**. L'omero infatti è un osso dell'arto superiore, mentre le altre strutture ossee citate appartengono all'arto inferiore: il perone e la tibia formano lo scheletro della gamba, la rotula si trova in corrispondenza dell'articolazione del ginocchio e il metatarso è la parte centrale dello scheletro del piede, compresa fra il tarso e le falangi.

82 La colonna vertebrale è formata da 32-35 vertebre: 7 cervicali,12 dorsali, 5 lombari, 5 fuse a formare l'osso sacro, 3-6 fuse a formare il coccige.

La risposta esatta è dunque la **A**.

83 Lo scheletro comprende una parte assile che costituisce l'asse di sostegno del corpo, formata da cranio, cassa toracica e colonna vertebrale, e una parte appendicolare, formata dalle appendici, cioè gli arti superiori e gli arti inferiori. La **C** è la risposta corretta.

84 Il tessuto muscolare contiene particolari filamenti proteici, composti da *actina* e *miosina*, in grado di scorrere reciprocamente permettendo l'accorciamento del tessuto di cui fanno parte. La bandeggiatura del tessuto muscolare striato deriva dall'alternanza di fasci di filamenti di actina (più sottili) e di miosina (più spessi) disposti, paralleli tra loro, in modo ordinato a formare unità strutturali caratteristiche dette *sarcomeri*. La risposta corretta è la **E**.

85 Un organo è una struttura, più o meno complessa, ben definita e individuabile sia dal punto di vista anatomico che funzionale. Un tessuto è un insieme di cellule con la stessa morfologia e la stessa funzione, che esprimono gli stessi geni. Un organo è di solito costituito da diversi tessuti, che possono anche avere diversa origine embrionale. Possiamo quindi stabilire che l'unica affermazione corretta è la **D**.

86 L'arteria polmonare ha origine dal ventricolo destro e porta ai polmoni sangue povero di ossigeno e ricco di anidride carbonica; risposta **A**.

87 Il cuore è un organo di forma conica, alloggiato nella cavità toracica in uno spazio tra i polmoni detto mediastino; è rivestito internamente da una membrana detta endocardio, esternamente da una detta pericardio. È dotato di contrazione involontaria e autoritmica, ma sebbene la contrazione cardiaca si generi autonomamente, la frequenza delle contrazioni è modulata da diversi fattori nervosi ed endocrini. Tale frequenza, in condizioni fisiologiche, è pari a 70 battiti al minuto circa. In base a queste informazioni possiamo concludere che la risposta esatta è la **C**.

88 La valvola mitralica, o valvola bicuspide, è posta fra atrio sinistro e ventricolo sinistro. Una stenosi (cioè un restringimento) di questa valvola causerà quindi una riduzione del flusso fra queste due camere del cuore; risposta **C**.

89 In un uomo adulto di corporatura media sono contenuti mediamente da 4 a 6 litri di sangue; la risposta corretta è quindi la **B**.

90 Con "omeostasi" si intende la capacità dell'organismo di mantenere costanti le caratteristiche dell'ambiente interno. Quando la temperatura corporea supera i 37 °C vengono messi in atto processi che permettono la dispersione di calore. Questi processi interessano due aspetti principali:

- la dilatazione dei vasi sanguigni che irrorano la cute fa sì che il sangue scorra più lentamente nella regione cutanea, permettendo la dispersione verso l'esterno di una maggior quantità calore;
- l'aumento della sudorazione, perché l'evaporazione del liquido secreto dalle ghiandole sudoripare sottrae calore al corpo.

Si deduce che la risposta corretta è la **A**. L'alternativa **D** è da scartare perché un aumento dell'attività respiratoria è collegato a un aumento del catabolismo e quindi all'aumento della temperatura corporea.

91 Le parole che terminano in *-emia*, indicano la concentrazione nel sangue di una certa sostanza. Così la glicemia è la concentrazione di glucosio nel sangue, è l'azotemia è la concentrazione di azoto nel sangue; risposta corretta **C**.

92 La prima reazione alla rarefazione dell'atmosfera, che si incontra ad altitudini elevate, è l'aumento della frequenza respiratoria. Se la permanenza a tali altitudini si prolunga nel tempo l'organismo si adatta producendo un maggior numero di globuli rossi. Risposta esatta **C**.

93 L'amilasi è un enzima secreto dal pancreas e riversato nel duodeno, dove permette la digestione dei carboidrati. Questo processo inizia in bocca, per opera della ptialina presente nella saliva, viene sospeso durante il transito nello stomaco, e riprende appunto nell'intestino. La risposta corretta è la **A**.

94 Amido, glicogeno e cellulosa sono polisaccaridi presenti comunemente negli alimenti. Tutti e tre questi composti sono polimeri di glucosio, però solo l'amido e il glicogeno possono essere demoliti dagli enzimi digestivi umani, mentre la cellulosa viene eliminata con le feci (la cosiddetta "fibra alimentare" che regolarizza l'intestino). La risposta corretta è quindi la **A**.

95 La colecisti, detta anche cistifellea, è un sacchettino, collegato al fegato, che ha il compito di immagazzinare la bile, prodotta dal fegato, e rilasciarla al momento della digestione. La bile viene immessa nel duodeno e ha la funzione di emulsionare i lipidi, facilitandone l'attacco da parte degli enzimi digestivi specifici, le lipasi. La risposta corretta è la **C**.

96 La pepsina è un enzima proteolitico prodotto dalle ghiandole gastriche sotto forma del precursore inattivo pepsinogeno; il pH acido presente nello stomaco trasforma il pepsinogeno in pepsina, enzima che demolisce le catene proteiche in peptidi più corti; risposta **D**.

97 Il glomerulo è un'intricata rete di capillari arteriosi presente nel *nefrone*, l'unità funzionale del rene. Il glomerulo è avvolto dalla capsula di Bowman, e in questa sede ha luogo la filtrazione del sangue. La risposta corretta è quindi la **E**.

98 La gonadi maschili, i testicoli, sono situate all'esterno del corpo, all'interno di una tasca detta scroto. Questo è necessario perché la corretta maturazione degli spermatozoi richiede una temperatura di 2-3 gradi inferiore alla temperatura corporea. Risposta esatta **D**.

99 La placenta è l'organo che consente gli scambi di gas, sostanze nutritive e di rifiuto fra madre e feto; risposta **C**. Si forma con la partecipazione di strutture fetali e materne: nel *corion* (uno degli annessi embrionali) sono presenti numerose estroflessioni riccamente vascolarizzate che aderiscono a una specifica regione della mucosa uterina, mettendosi in contatto con il sangue materno.

100 I nervi cranici sono 12 paia di nervi che hanno origine dal tronco cerebrale e innervano principalmente la testa e il collo; risposta **E**. Alcuni sono costituiti da sole fibre sensitive, alcuni da sole fibre motorie, altri da entrambi i tipi.

101 La mielina è una sostanza lipidica che riveste gli assoni di una parte dei neuroni che formano il sistema nervoso. Questo rivestimento deriva da cellule gliali che si avvolgono attorno alle fibre nervose (gli assoni) che sono in questo caso dette *mieliniche*, mentre le fibre nervose prive di mielina sono dette *amieliniche*. La mielina aumenta la velocità di trasmissione del segnale nervoso; essendo biancastra, la mielina è tipica della "sostanza bianca" cioè quella parte del sistema nervoso che appara più chiara della "sostanza grigia" che invece è formata da nuclei di neuroni e da fibre amieliniche. Nel cervello la sostanza grigia forma uno strato esterno, mentre internamente si trova sostanza bianca. Viceversa, nel midollo spinale, la sostanza grigia forma una sorta di "H" in posizione centrale, circondata da sostanza bianca. La risposta corretta è la **C**.

102 L'occhio è l'organo di senso che permette la visione, grazie alla presenza, nella *retina*, di specifici fotorecettori: i *coni* e i *bastoncelli*.

La struttura che permette di focalizzare sulla retina oggetti posti a diversa distanza dall'osservatore è il *cristallino*, una struttura trasparente biconvessa, posta dietro l'iride, il cui grado di convessità può essere modificato dall'azione delle fibre muscolari che formano il *corpo ciliare*, cui il cristallino è collegato: aumentando la convessità vengono messi a fuoco gli oggetti vicini, diminuendola, quelli lontani. La risposta corretta è quindi la A.

103 I segnali sotto il livello di soglia (–50 mV), indipendentemente dalla loro distanza più o meno ravvicinata nel tempo, non innescano alcuna risposta da parte del neurone che quindi non trasmetterà alcun segnale. La risposta esatta è la E.

104 I canali semicircolari, ripieni di una sostanza gelatinosa detta endolinfa, fanno parte dell'apparato vestibolare nell'orecchio interno, insieme all'utricolo e al sacculo. Questi ultimi sono vescicole che contengono gli otoliti, particelle calcaree (simili a sassolini) deposte su un tappeto di cellule ciliate: muovendoci nello spazio con il corpo o solo con il capo, gli otoliti si spostano sulle ciglia che quindi inviano messaggi al sistema nervoso centrale, relativi ai cambiamenti di posizione. Anche alla base di canali semicircolari ci sono cellule ciliate che funzionano in modo analogo, ma qui non sono presenti otoliti: sono gli spostamenti dell'endolinfa a informare il sistema nervoso centrale della nostra posizione nello spazio. Risposta esatta E.

105 L'acetilcolina è un neurotrasmettitore, cioè una sostanza liberata dalle vescicole sinaptiche di un neurone che, legandosi ai recettori presenti sulla membrana del neurone adiacente, determina l'insorgere di un impulso nervoso in questo secondo neurone. L'acetilcolina è un neurotrasmettitore caratteristico del sistema simpatico e delle giunzioni neuromuscolari. La risposta corretta è la A.

106 Un ormone è una sostanza che per definizione agisce su organi distanti dalla ghiandola in cui viene prodotto; si può quindi escludere la risposta B.

Gli ormoni agiscono sugli organi bersaglio legandosi a specifici recettori cioè molecole, presenti sulla superficie della cellula o al suo interno, che legano la molecola dell'ormone in modo specifico. La risposta corretta è la A.

107 Il cortisolo, il progesterone, il testosterone e l'aldosterone sono ormoni steroidei, mentre l'adrenalina, sostanza attiva sia nel sistema nervoso sia in quello endocrino, dal punto di vista chimico è un'ammina, quindi un ormone non steroideo; risposta C.

108 Nel processo descritto, un primo rilascio dell'ormone ossitocina è provocato dalle contrazioni dell'utero che, a loro volta, vengono stimolate e potenziate dallo stesso ormone. Si innesca così una via di regolazione circolare, indicata come *feedback positivo* (la A è la risposta corretta), nella quale il prodotto di una data fase influisce positivamente sul processo che ha portato alla sua formazione. In tal modo l'intero fenomeno si sostiene e si potenzia da sé. La risposta B, invece, si riferisce al *feedback negativo*, una via di regolazione diversa, nella quale l'aumento del prodotto di un dato processo inibisce o rallenta il processo stesso. Anche le risposte C ed E devono essere scartate, perché fanno riferimento a fenomeni di tipo nervoso, mentre l'esempio riguarda un caso di regolazione endocrina. Infine anche la risposta D non è appropriata in quanto l'omeostasi rappresenta la capacità di un organismo di mantenere costanti le condizioni chimico-fisiche del suo ambiente interno anche al variare delle condizioni ambientali esterne.

109 Il pancreas è un organo a funzione ghiandolare, sia esocrina che endocrina. Produce e secerne infatti numerose sostanze tra cui l'*insulina* (un ormone che regola il metabolismo glucidico) e svariati *enzimi digestivi* (come l'amilasi e la lipasi); risposta B.

110 La ghiandola più voluminosa del corpo umano è il fegato; risposta esatta C.

111 Le cellule del sistema immunitario responsabili dell'immunità acquisita sono i linfociti; in particolare, le immunoglobuline sono prodotte dai linfociti B che, una volta attivati, si trasformano in plasmacellule. Risposta **A**.

112 Una malformazione è detta congenita quando è presente sin dalla nascita; questo termine non è sinonimo di "ereditaria", perché una malformazione congenita può essere dovuta anche a fattori diversi da quelli genetici, per esempio a farmaci assunti dalla madre durante la gravidanza; risposta **B**.

113 Viene detta *reazione immunopatologica* una reazione dovuta a un malfunzionamento del sistema immunitario. Fra le alternative proposte dal quesito, la glicemia (**A**) è semplicemente la concentrazione di glucosio nel sangue; la nefrite (**B**) è un'infiammazione che colpisce le strutture renali; la sterilità (**C**) può essere dovuta ad alterazioni dell'apparato riproduttivo o di quello endocrino, ma non dipende da patologie del sistema immunitario; infine neppure l'acloridria (**E**), cioè l'assenza di acido cloridrico dal succo gastrico, è dovuta ad alterazioni del sistema immunitario.
La risposta corretta è la **D**, un'allergia infatti è una reazione immunitaria anomala, scatenata da sostanze normalmente innocue, come la polvere, i pollini o alcuni cibi.

114 Il lisozima è un enzima animale presente, per esempio, nelle lacrime e nella saliva. Essendo in grado di demolire il peptidoglicano, costituente principale della parete batterica, il lisozima possiede attività battericida; in particolare, sono sensibili a questa sostanza i batteri Gram-positivi ma non i Gram-negativi, la cui parete è formata solo in minima parte da peptidoglicano e per la maggior parte da altri composti. La risposta corretta è quindi la **C**.

115 Con criptorchidismo si intende la mancata discesa del testicolo, che rimane bloccato nell'inguine, anziché disporsi all'interno dello scroto; risposta **C**.

116 I nomi degli scienziati Jacques Monod e Francois Jacob sono legati alla definizione del meccanismo di regolazione dell'espressione genica nei procarioti, che descrissero, nella metà del secolo scorso, come "modello dell'operone". Pochi anni dopo, la definizione dell'operone lattosio (*lactose* in inglese, da cui *lac*), un classico esempio di operone inducibile, li portò a vincere il premio Nobel, che condivisero con un terzo ricercatore, André Lwoff, anch'egli francese. La risposta esatta è pertanto la **E**.

117 Un paziente iperteso ha la "pressione alta", cioè la pressione arteriosa che raggiunge valori più elevati della norma. Si tratta di una disfunzione del sistema cardiovascolare, e rappresenta un fattore di rischio per l'insorgenza di infarto o ictus. Risposta esatta **C**.

118 Il glucosio è la molecola dalla quale l'uomo ricava la maggior quantità dell'energia necessaria per la vita. La principale fonte di glucosio è rappresentata dagli alimenti ricchi di amido; fra quelli proposti dal quesito il più importante è certamente il pane; risposta **A**.

119 La condizione in cui gli oggetti lontani sono visti meglio dei vicini è detta ipermetropia; risposta **D**. La persona miope, al contrario, vede bene gli oggetti vicini, ma fatica a vedere quelli lontani.

120 Un'infezione fungina è denominata micosi; risposta **E**. La radice della parola micosi deriva dal greco *mykes*, che significa fungo: la disciplina che studia i funghi si chiama infatti *micologia*.

parte terza

FISICA

2 Due forze agiscono in direzioni perpendicolari l'una rispetto all'altra. I moduli [illegible] due forze sono rispettivamente 3 N e 4 N. Quanto vale il modulo della forza risultante?

[illegible] 5 N
[illegible] 1 N
[illegible]

3 Due forze hanno lo stesso modulo F, formano tra loro un angolo di 30° e sono applicate allo stesso punto. Il modulo della risultante è:

[illegible]

4 Determinare la sequenza crescente delle seguenti unità di misura delle lunghezze:

nm, cm, Gm, m, km

[illegible]

5 Individuare le alternative in cui le grandezze fisiche si succedono secondo [illegible]

[illegible]
[illegible] forza peso
[illegible], volume, spostamento
[illegible] temperatura, massa

Quesiti

1 **Un terzo di un chilometro e mezzo a quanti metri equivale?**

A 500 km
B 50 m
C 500 m
D 5000 m
E 50.000 m

2 **Due forze agiscono in direzioni perpendicolari l'una rispetto all'altra. I moduli delle due forze sono rispettivamente 3 N e 4 N. Quanto vale il modulo della forza risultante?**

A 7 N
B 5 N
C 1 N
D 12 N
E 4/3 N

3 **Due forze hanno lo stesso modulo *F*, formano tra loro un angolo $\alpha < 90°$ e sono applicate allo stesso punto. Il modulo della risultante è:**

A $F^2 \cos\alpha$
B $2F \text{sen}\alpha$
C $F^2 \text{sen}\alpha$
D $2F \text{sen}(\alpha/2)$
E $2F \cos(\alpha/2)$

4 **Determinare la sequenza crescente delle seguenti unità di misura delle lunghezze:**

nm, cm, Gm, m, km

A nm, Gm, cm, m, km
B Gm, nm, cm, m, km
C km, m, cm, Gm, nm
D nm, cm, m, km, Gm
E nm, Gm, m, cm, km

5 **Individuare le alternative in cui le grandezze fisiche si susseguono secondo la serie: scalare, vettore, scalare.**

A Forza peso, massa, volume
B Massa, forza peso, volume
C Massa, volume, forza peso
D Temperatura, volume, spostamento
E Spostamento, temperatura, massa

FISICA

6 La costante di gravitazione universale G ha dimensioni definite dall'espressione:

$$G = F \cdot L^2 / M^2$$

dove F = forza, L = lunghezza, M = massa. Si indichi qual è l'unità di misura di G nel sistema di unità di misura MKS.

A $kg^3 \cdot m^3 \cdot s^{-1}$
B $dyn \cdot m^2 \cdot kg^{-2}$
C $kg^{-1} \cdot m^3 \cdot s^{-2}$
D $kg^{-1} \cdot cm^3 \cdot s^{-2}$
E $kg^{-1} \cdot m^2$

7 Quanto vale il prodotto scalare di due vettori antiparalleli e aventi lo stesso modulo, pari a 5?

A 25
B −25
C 5
D − 5
E Il prodotto scalare di due vettori antiparalleli vale sempre zero

8 Un'auto percorre 15 km in 10 minuti e, successivamente, 5 km in 5 minuti. La sua velocità media è:

A 50 km/h
B 60 km/h
C 70 km/h
D 80 km/h
E 90 km/h

9 Un'automobile parte da ferma con accelerazione costante uguale a 0,1 m/s^2. Dopo un minuto ha percorso:

A 0,05 m
B 1 m
C 180 m
D 524 m
E 981 m

10 Un corpo costretto a percorrere un'orbita circolare di raggio 10 metri, alla velocità di 10 metri al secondo, percorrerà in 1 secondo un arco di circonferenza corrispondente a un angolo pari a:

A 1 radiante
B 10 radianti
C 0,1 radianti
D tutto l'angolo giro
E metà angolo giro

11 Indicare la maggiore tra le seguenti velocità:

A 18 km/h
B $7 \cdot 10^7$ cm/giorno
C 1 m/s
D c/100 (dove c è la velocità della luce nel vuoto)
E 7*g* (dove *g* è l'accelerazione di gravità)

12 **Un'automobile percorre un rettilineo infinitamente lungo. Esprimo lo spazio percorso in chilometri (km) e il tempo in ore (h). La velocità dell'auto sia costante e uguale a 100 km/h. A partire da un certo istante in poi l'auto subisce un'accelerazione negativa costante, uguale a -200 km/h^2. Dopo quanti minuti si inverte il senso di marcia?**

A 1 B 5 C 30 D 60 E Mai

13 **Che cosa significa che un moto è uniformemente accelerato?**

A Che la velocità è una funzione lineare del tempo
B Che l'accelerazione è nulla
C Che l'accelerazione è una funzione lineare del tempo
D Che il corpo che si muove ha densità uniforme
E Che il corpo si muove di moto uniforme

14 **Il grafico mostra come varia nel tempo la velocità di un corpo che si muove di moto rettilineo.**

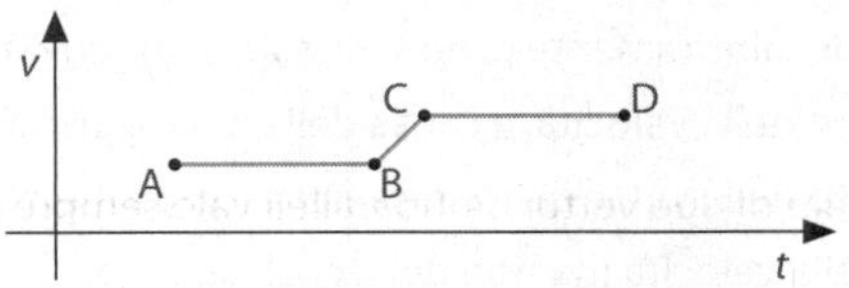

Nel tratto BC si ha:

A accelerazione nulla
B accelerazione uniforme
C accelerazione variabile
D non si può dire nulla sull'accelerazione perché nel grafico compare solo la velocità
E velocità costante

15 **Un grave, inizialmente in quiete, cade verticalmente dall'altezza di 5 m. Il tempo di caduta, trascurando la resistenza dell'aria, vale circa:**

A 1/5 di secondo
B 0,5 secondi
C 1 secondo
D 2 secondi
E 5 secondi

16 **Se il periodo *T* di un oscillatore è 2 s, la sua frequenza vale:**

A 2 Hz
B 0,5 s
C 0,5 Hz
D 2 s
E non è possibile determinare la frequenza dalla conoscenza del solo periodo

17 **Un'automobile percorre una curva di raggio pari a 20 m con una velocità di modulo costante pari a 40 km/h. L'accelerazione dell'automobile è:**

A tangente alla curva
B nulla
C diretta come il raggio e rivolta verso l'interno della curva
D diretta come il raggio e rivolta verso l'esterno della curva
E pari a 9 m/s^2

FISICA

18 **Un sasso ruota attorno a un centro fisso trattenuto da un filo lungo 1 m con velocità angolare $\omega = \sqrt{10}$ rad/s.**

Se *g* è l'accelerazione di gravità, qual è (entro il 2%) la giusta proposizione?

A È sottoposto ad accelerazione pari a 1 *g*

B È sottoposto ad accelerazione pari a 10 *g*

C La velocità periferica è 10π m/s

D La velocità periferica è π^2 m/s

E La frequenza del moto è 2 Hz

19 **A un corpo di massa *m*, in moto su un piano orizzontale con velocità costante, si applica per un tempo Δt una forza nella stessa direzione e nello stesso verso della velocità. Si ha come risultato:**

A un continuo aumento della velocità e dell'accelerazione

B un'accelerazione, direttamente proporzionale al modulo della forza applicata

C nessun aumento della velocità, a causa della massa gravitazionale

D nessun aumento della velocità, a causa della massa inerziale

E un aumento della velocità ma non dell'accelerazione

20 **Un carrello di massa *M* = 10 kg si sta muovendo orizzontalmente alla velocità v = 5 m/s; a un certo punto si stacca dal carrello un pezzo di massa *m* = 2 kg. Cosa succede al carrello?**

A Prosegue a 4 m / s

B Prosegue a 6,75 m / s

C Prosegue a 5 m / s

D Prosegue a 8,25 m / s

E Si ferma

21 **Un uomo pesa 72 kg nel bagno di casa propria su una comune bilancia pesapersone; porta poi la bilancia sull'ascensore, si pesa, e osserva che la bilancia segna sempre 72 kg. Da questa osservazione si deduce che:**

A l'ascensore è fermo

B l'ascensore è fermo oppure sale o scende di moto rettilineo uniforme

C l'ascensore è fermo oppure scende di moto rettilineo uniforme

D l'uomo non può dedurre nulla sul moto dell'ascensore dal momento che la bilancia misura comunque il suo peso

E l'uomo non può dedurre nulla sul moto dell'ascensore dal momento che la bilancia misura comunque la sua massa

22 **La leva è una macchina semplice che:**

A può equilibrare due forze diverse

B consente di compiere maggior lavoro

C consente di sviluppare maggior potenza

D è in equilibrio solo se i "bracci" sono uguali

E è in equilibrio solo se i "bracci" sono sulla stessa retta

23 **Un astronauta, che sulla Terra ha una massa di 66 kg, sulla Luna ha una massa di:**
A circa 10 kg B 66 kg C circa 66 kg D circa 400 kg E 10 kg

24 **Un'asse del peso di 20 kg_p e lunga 8 m è appoggiata alle sponde di una stretta insenatura. Un uomo di 100 kg_p cammina sull'asse passando da una sponda all'altra. Durante il percorso la somma delle forze di reazione vincolare esercitate sugli estremi dell'asse per mantenere in equilibrio l'intero sistema:**
A varia con la posizione dell'uomo sull'asse
B dipende dalla natura del materiale utilizzato per costruire l'asse
C è nulla
D è sempre uguale a 120 kg_p
E è sempre uguale a 100 kg_p

25 **Il baricentro di un solido di massa *m* è:**
A un punto materiale di massa *m*
B un punto geometrico necessariamente appartenente al solido
C un punto geometrico anche non appartenente al solido
D un punto geometrico necessariamente non appartenente al solido
E nessuna delle precedenti risposte è corretta

26 **Se la Terra avesse una massa doppia e un raggio pari alla metà dei valori reali, la forza peso sulla Terra risulterebbe:**
A quattro volte maggiore
B otto volte maggiore
C uguale
D la metà
E il doppio

27 **Il momento di una forza rispetto a un punto:**
A si misura in N · s
B misura l'istante in cui la forza è applicata
C non è una grandezza scalare
D non è mai nullo
E è in funzione della massa nel punto

28 **Sia data una forza costante e di modulo $F_1 \neq 0$. Sia inoltre dato un punto A_1 giacente sulla retta di azione di F_1. Il punto A_1 disti L_1 (con $L_1 \neq 0$) dal punto di applicazione di F_1. Analogamente, sia data una seconda forza costante, di modulo $F_2 \neq 0$, e un punto A_2 giacente sulla retta di azione di F_2. Sia $L_2 \neq 0$ la distanza di A_2 dal punto di applicazione di F_2. Che relazione c'è tra il momento M_1 di F_1 rispetto ad A_1 e il momento M_2 di F_2 rispetto ad A_2?**
A Non si può rispondere se non si conoscono i valori di F_1, F_2, L_1 e L_2
B $M_1 > M_2$ se $L_2 > L_1$
C $M_1 > M_2$ se $F_1 > F_2$ e contemporaneamente $L_1 > L_2$
D $M_1 = M_2 = 0$
E $M_1 > M_2$ se $L_2 < L_1$

FISICA

29 **Un pendolo semplice viene lasciato libero da fermo a una quota iniziale *h* rispetto alla posizione di equilibrio. Nel caso in cui si trascuri la resistenza dell'aria, l'altezza massima raggiunta dal pendolo nelle successive oscillazioni è:**

- **A** uguale a *h*
- **B** maggiore di *h*
- **C** minore di *h*
- **D** maggiore o minore di *h* a seconda della massa del pendolo
- **E** maggiore o minore di *h* a seconda della lunghezza del pendolo

30 **Due mattoni identici sono collegati tra loro con uno spago sottilissimo, di massa trascurabile e inestensibile.**

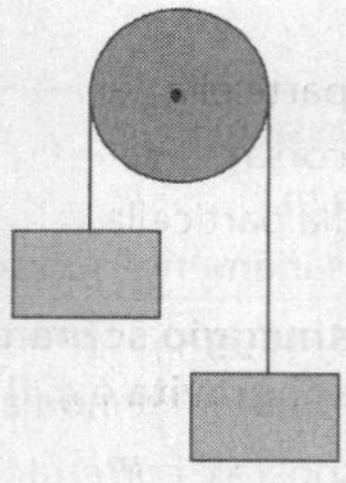

Lo spago viene appoggiato delicatamente su una carrucola ben lubrificata nella posizione indicata in figura. Il sistema è inizialmente fermo. Determinare se, una volta lasciati liberi di muoversi, i mattoni:

- **A** si muoveranno fino a raggiungere la stessa altezza
- **B** resteranno fermi nella posizione in cui sono stati lasciati
- **C** si muoveranno finché il più basso arriva al suolo o il più alto tocca la carrucola
- **D** si muoveranno e continueranno a oscillare intorno alla posizione in cui si trovano alla stessa altezza
- **E** si muoveranno fino a raggiungere una posizione simmetrica rispetto a quella di partenza

31 **Un blocchetto di alluminio di volume 100 cm^3 ha una massa di 0,27 kg. La densità assoluta dell'alluminio espressa con le unità di misura del sistema MKS vale:**

- **A** 0,37
- **B** $2,7 \cdot 10^{-3}$
- **C** 2700
- **D** 2,7
- **E** $3,7 \cdot 10^{-4}$

32 **Si ricavi il peso specifico del benzene sapendo che la sua densità vale:**

$$\rho_{benzene} = 879\ kg/m^3$$

- **A** 8614 N / m^3
- **B** 879 N / m^3
- **C** 8614 kg / m^3
- **D** 879 kg / m^3
- **E** Non è possibile ricavare il peso specifico conoscendo solo la densità

PARTE TERZA

33 **Una leva di terza specie ha un vantaggio statico pari a 0,2.**
Se la forza resistente sulla leva è di 2000 N, quanto dovrà essere la forza motrice da applicare per garantire l'equilibrio della leva?

A 400 N
B 4000 N
C 1000 N
D 10000 N
E Non è possibile rispondere senza conoscere la lunghezza dei bracci delle forze

34 **Se una forza agente su una particella è conservativa, il lavoro che essa compie per uno spostamento della particella dalla posizione A alla posizione B:**

A è nullo
B dipende solo da A e B
C dipende dalla velocità della particella
D dipende dalla traiettoria percorsa
E dipende solo dalla massa della particella

35 **Un ragazzo di massa *m* fa pattinaggio sopra un lago ghiacciato percorrendo un tratto di lunghezza *l*. Se l'accelerazione di gravità è *g*, il lavoro fatto dalla gravità vale:**

A zero B mgl C ml D $mg\text{sen}(90°)$ E $mg\cos(90°)$

36 **Una centrale idroelettrica si avvale dell'acqua di un laghetto che si trova sopraelevato di *h*. Nell'ultimo trimestre ha consumato la massa *m* di acqua e g è l'accelerazione di gravità. Allora:**

A la pressione presente sulla turbina era mgh
B la potenza prodotta è stata mgh
C la potenza prodotta è stata mg/h
D l'energia prodotta è stata mgh
E l'energia prodotta è stata mg/h

37 **Una pallina di gomma viene lasciata cadere, da ferma, da una altezza di 1 m, e rimbalza sul pavimento. Si osserva che l'energia cinetica della pallina, tra l'istante subito prima e l'istante subito dopo ogni rimbalzo, diminuisce del 20%. Dopo il terzo rimbalzo, trascurando l'attrito con l'aria, a quale altezza massima ci aspettiamo che possa arrivare la pallina?**

A Meno di 10 cm
B Circa 20 cm
C Circa 33 cm
D Circa 40 cm
E Circa 51 cm

38 **Un montacarichi dispone di una potenza di 0,5 kW per sollevare di 5 m, a velocità costante, una cassa di 100 kg. Quanto tempo impiega a portare a termine l'operazione di sollevamento?**

A Circa 100 s
B Circa 20 s
C Circa 5 s
D Circa 1 min
E Circa 10 s

FISICA

39 **Una forza F di modulo $F = 32$ N sposta il suo punto di applicazione nella direzione e nel verso indicati in figura da uno spostamento $S = 450$ cm. Il lavoro compiuto dalla forza F è:**

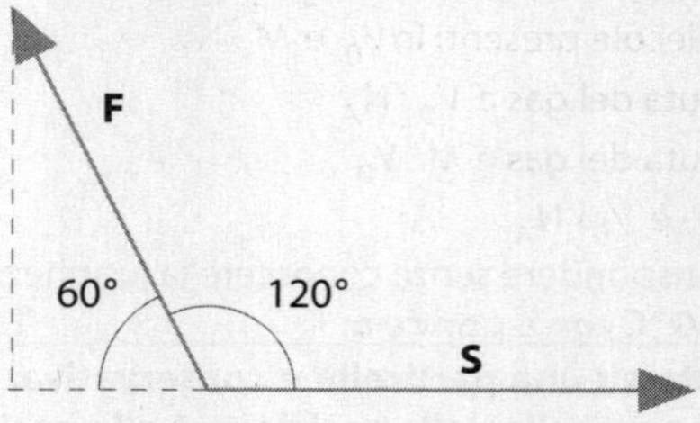

A) $32\ \text{N} \cdot 450 \times 10^{-2}\ \text{m} \cdot \cos 120° = -72\ \text{J}$
B) $-32\ \text{N} \cdot 450 \times 10^{-2}\ \text{m} \cdot \cos 120° = 72\ \text{J}$
C) $-32\ \text{N} \cdot 450\ \text{cm} \cdot \cos 60° = -7200\ \text{J}$
D) $-32\ \text{N} \cdot 450 \times 10^{-2}\ \text{m} \cdot \text{sen} 60° = -72\sqrt{3}\ \text{J}$
E) $32\ \text{N} \cdot 450 \times 10^{-2}\ \text{m} \cdot \text{sen} 120° = 72\sqrt{3}\ \text{J}$

40 **L'energia cinetica di un punto materiale può essere negativa?**

A) La domanda non ha senso fisico
B) Sì, se il moto è uniformemente ritardato
C) Sì, se la massa è negativa
D) Sì, se la velocità è negativa
E) No, per come è definita

41 **La potenza meccanica di una coppia di 5 N · m associata a un moto rotatorio di 200 rad/s, vale:**

A) 1000 W
B) 1000 N
C) 40 W
D) 40 N
E) 0,025 W

42 **Il candidato immagini di dividere una pressione (al numeratore) per una forza (al denominatore). Cosa ottiene come risultato?**

A) Una superficie
B) Il reciproco di una superficie
C) Una lunghezza
D) Una potenza
E) Un'energia

43 **Le molecole che evaporano da una tazza d'acqua a 80 gradi sono quelle che:**

A) hanno maggiore velocità
B) hanno minore velocità
C) risultano più leggere
D) pesano di più
E) si sono ionizzate per riscaldamento

44 **Se indichiamo con *M* la massa di un gas perfetto, con V_0 il volume occupato in condizioni standard da una mole e con N_A il numero di Avogadro, qual è la giusta proposizione?**

A Il numero di molecole presenti in 1 m^3 è N_A
B Il numero di molecole presenti in V_0 è $M \cdot N_A$
C La densità assoluta del gas è V_0/N_A
D La densità assoluta del gas è M/V_0
E Il volume molare è V_0/N_A

45 **La temperatura di 0 °C corrisponde a:**

A 273,16 kelvin
B 373,16 kelvin
C – 373,16 kelvin
D – 273,16 kelvin
E 0 kelvin

46 **Un corpo subisce una dilatazione termica. Cosa succede alla sua densità?**

A Aumenta con l'aumentare della temperatura
B Diminuisce all'aumentare della temperatura
C Resta costante, qualunque sia l'aumento di temperatura
D Aumenta all'aumentare del volume
E Aumenta al diminuire della massa

47 **Durante la liquefazione di un corpo, la sua temperatura:**

A diminuisce regolarmente nel tempo
B diminuisce a mano a mano che il corpo liquefa
C aumenta a mano a mano che il corpo liquefa
D cresce regolarmente nel tempo
E resta costante

48 **In un cilindro di volume pari a 1 dm^3 chiuso da uno stantuffo e mantenuto a 20 °C è contenuto un gas perfetto. Si abbassa lo stantuffo isotermicamente fino a ridurre il volume del cilindro a 0,5 dm^3. Si chiede la pressione interna del cilindro a stantuffo abbassato.**

A Nulla
B Uguale a quella iniziale
C Doppia di quella iniziale
D La metà di quella iniziale
E Il testo non contiene tutti i dati necessari per formulare una risposta

49 **Sia dato un parallelepipedo rettangolo omogeneo e pieno avente lati *a*, *b*, *c*, che galleggia su di un liquido di densità 1,2 g/cm^3, con il lato *a* perpendicolare alla superficie libera del liquido. La metà di *a* emerge, l'altra metà è sommersa. Quanto vale la densità del materiale con cui è fatto il parallelepipedo?**

A 0,2 g/cm^3
B 0,4 g/cm^3
C 0,6 g/cm^3
D 2,4 g/cm^3
E Non si può rispondere senza sapere i valori dei dati

50 **Il teorema di Torricelli asserisce che:**

A la pressione atmosferica a livello del mare ammonta a 760 torr

B la velocità di deflusso di un liquido varia inversamente alla sezione del condotto

C la velocità di deflusso di un liquido attraverso un foro in un recipiente dipende dal dislivello tra il foro e il pelo libero del liquido

D ogni corpo immerso in un liquido riceve una spinta dal basso verso l'alto pari al peso della massa di liquido spostata

E la velocità di deflusso di un liquido attraverso un foro in un recipiente dipende dal dislivello tra il foro e il fondo del recipiente

51 **Le giraffe hanno un collo lungo circa 5 m. Assumendo per il sangue una densità pari a quella dell'acqua, che differenza di pressione ci aspettiamo alla base del collo tra quando la giraffa ha il collo disteso in verticale e quando ha il collo disteso in orizzontale?**

A Circa 50 cm Hg

B Circa 0,05 atm

C Circa 0,5 atm

D Circa 5 atm

E Circa 50 atm

52 **Un recipiente cilindrico alto 0,5 m è completamente riempito con un liquido. Quale delle seguenti grandezze è necessario conoscere per calcolare la pressione sul fondo del recipiente?**

A La viscosità del liquido

B La massa del liquido

C Il volume del recipiente

D La densità del liquido

E L'area di base del recipiente

53 **Dimezzando il volume di un corpo immerso nell'acqua, il rapporto tra il peso del corpo e la spinta di Archimede:**

A rimane invariato

B diventa 2 volte più grande

C quadruplica

D diventa 4 volte più piccolo

E dimezza

54 **La pressione aortica media di un adulto è di 120-80 mmHg. Nel Sistema internazionale essa vale:**

A 120-80 N/m^2

B 9-6 kPa

C 16-11 kPa

D 1,2-0,8 atm

E 0,12-0,08 atm

PARTE TERZA

55 **La pressione assoluta è:**

A una pressione relativa
B la somma della pressione relativa e atmosferica
C la differenza tra la pressione atmosferica e quella relativa
D la pressione atmosferica
E la pressione misurata in Pa (unità di misura nel SI)

56 **La pressione in acqua di mare:**

A è direttamente proporzionale alla profondità
B cresce linearmente con la profondità
C cresce con il quadrato della profondità
D non cresce con la profondità
E decresce linearmente con la profondità

57 **La pressione in un punto a trenta metri di profondità nel mare è circa:**

A 3 atmosfere
B $30 \cdot 10^5$ newton/m^2
C 30 pascal
D 30 mmHg
E 300 cmHg

58 **Si consideri il condotto orizzontale rappresentato in figura entro il quale si muove di moto stazionario un fluido perfetto.**

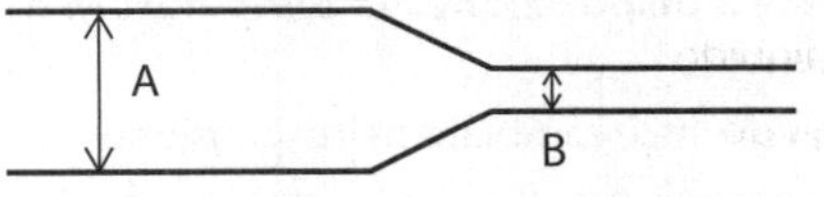

Quale delle seguenti affermazioni è corretta?

A La pressione del fluido in B è maggiore di quella in A
B La velocità del fluido in A è maggiore di quella in B
C La pressione del fluido non dipende dalla posizione
D La velocità del fluido non dipende dalla posizione
E La velocità del fluido in B è maggiore di quella in A

59 **Un bambino, dopo una corsa, presenta 120 battiti cardiaci al minuto e a ognuno di essi l'arteria aortica riceve 40 millilitri di sangue, per cui:**

A la portata media dell'aorta è 40 cm^3/s
B la portata media dell'aorta è 80 cm^3/s
C il cuore batte 20 volte al secondo
D il cuore batte $120 \cdot 3600$ volte all'ora
E l'aorta riceve 800 millilitri di sangue al secondo

60 **La propagazione del calore per conduzione è legata:**

A alla circolazione di un liquido
B a una differenza di calore
C a una differenza di temperatura
D a una differenza di concentrazione
E a una differenza di pressione

FISICA

61 **Mescolando 1 kg massa di acqua avente temperatura di 80 °C con una massa uguale di acqua a 20 °C, quale temperatura assumerà la miscela (supponendo che il calore specifico non dipenda dalla temperatura stessa)?**

A Per rispondere bisogna conoscere il valore del calore specifico dell'acqua

B $(80 \cdot 20)/(80 - 20)$ °C = 26,67 °C

C $(80 - 20)$ °C = 60 °C

D $(80 + 20)/2$ °C = 50 °C

E $(80 \cdot 20)$ °C = 40 °C

62 **In un esperimento immaginario, un blocco di 1 kg di ghiaccio a 0 °C è lasciato cadere da un'altezza *h* tale che il calore prodotto dall'impatto con il suolo lo fa fondere completamente. Da quale altezza dovrebbe cadere un blocco di ghiaccio di 25 kg per fondere completamente? (Si supponga che, in entrambi i casi, tutto il calore prodotto nell'urto venga utilizzato per fondere il ghiaccio).**

A Da un'altezza 25 volte più piccola di *h*

B Da un'altezza 625 volte più grande di *h*

C Dalla stessa altezza *h*

D Da un'altezza 5 volte più grande di *h*

E Da un'altezza 25 volte più grande di *h*

63 **Un pallone da calcio è racchiuso in un cilindro vuoto e termicamente isolato. Da un foro accidentale l'aria, inizialmente racchiusa nel pallone, fuoriesce e si espande fino a occupare l'intero volume a disposizione. La temperatura dell'aria è cambiata durante il processo di sgonfiamento?**

A Sì, perché il suo volume è cambiato nell'espansione

B Sì, perché la sua pressione è diminuita nell'espansione

C No, perché non c'è stato scambio di calore con l'esterno

D No, perché non c'è stato scambio di lavoro con l'esterno

E No, perché la sua energia interna non è stata modificata da processi esterni

64 **Qual è la definizione di calore specifico di una sostanza?**

A È il calore contenuto nell'unità di volume di tale sostanza

B È il calore necessario a far passare l'unità di massa della sostanza allo stato liquido

C È la temperatura di fusione della sostanza

D È la quantità di calore che deve essere somministrata all'unità di massa della sostanza per aumentarne la temperatura di 1 °C

E È la sua energia interna in condizioni standard

65 **Quante calorie sono necessarie per riscaldare 10 litri di acqua da 10 °C a 15 °C?**

A 0,005 kcal

B 50 kcal

C 1500 cal

D 500 kcal

E 10 cal

66 **La variazione di energia interna di un gas è:**

A uguale all'energia ceduta al gas in condizioni di pressione costante

B uguale al prodotto tra il numero di moli, il calore specifico molare del gas a volume costante e la variazione di temperatura

C uguale al prodotto tra il numero di moli, il calore specifico molare del gas a pressione costante e la variazione di temperatura

D la quantità di calore ceduta al gas

E la quantità di lavoro acquistata dal gas

67 **Si può affermare che il calore specifico di un gas perfetto:**

A è indipendente dalle trasformazioni a cui il gas è sottoposto, in quanto dipende solo dalla natura della sostanza considerata

B diminuisce da 0 °C a 4 °C mentre poi aumenta per temperature maggiori di 4 °C

C a pressione costante è maggiore del calore specifico a volume costante

D è una quantità costante solo per i gas reali

E è espresso da un numero puro, nel senso che si tratta di una grandezza priva di dimensioni

68 **Il colore di un corpo colpito da luce bianca ha qualche nesso con le radiazioni riflesse o assorbite dal corpo?**

A Dipende dalle condizioni atmosferiche

B È indipendente dalle radiazioni riflesse e assorbite

C Dipende dalle radiazioni riflesse e assorbite

D Non dipende dalle modalità di illuminazione

E Nessuna delle precedenti risposte è corretta

69 **Nella diffrazione della luce:**

A l'angolo di incidenza è uguale all'angolo di diffrazione

B il rapporto fra angolo di incidenza e angolo di diffrazione è l'indice di diffrazione

C si evidenzia la natura corpuscolare della luce

D si manifesta la capacità della luce di aggirare gli ostacoli

E l'angolo di incidenza è uguale all'angolo di rifrazione

70 **Aumentando la frequenza, l'energia di un fotone:**

A aumenta

B diminuisce

C rimane costante

D l'energia non dipende dalla frequenza

E può aumentare o diminuire a seconda del mezzo in cui si propaga

71 **Considerando una radiazione infrarossa e una ultravioletta, la prima rispetto alla seconda possiede:**

A lunghezza d'onda maggiore; frequenza maggiore

B lunghezza d'onda minore; frequenza minore

C lunghezza d'onda minore; frequenza maggiore

D lunghezza d'onda maggiore; frequenza minore

E lunghezza d'onda maggiore; frequenza uguale

72 **In quale dei seguenti mezzi il suono si propaga più velocemente?**

- A Ferro
- B Acqua
- C Grafite
- D Aria
- E Vuoto

73 **Si hanno a disposizione tre lampade con cui illuminare il foglio che si sta leggendo. La lampada A, da 40 W, dista 1 m dal foglio. La lampada B, da 80 W, dista 2 m dal foglio. La lampada C, da 640 W, dista 4 m dal foglio. Supponendo che tutta l'energia elettrica venga convertita in energia luminosa, emessa simmetricamente in tutte le direzioni, come risulta l'illuminazione prodotta sul foglio?**

- A Le lampade A e C sono equivalenti e ciascuna illumina più della lampada B
- B La lampada A illumina più di ciascuna delle altre
- C La lampada C illumina più di ciascuna delle altre
- D Le lampade A e B sono equivalenti e ciascuna illumina più della lampada C
- E La lampada B illumina più di ciascuna delle altre

74 **Individuare, fra quelle proposte, l'affermazione corretta.**

- A Le onde luminose sono longitudinali
- B Le onde elastiche si propagano nel vuoto
- C Le onde elettromagnetiche sono trasversali
- D La luce emessa dalle comuni lampadine è polarizzata
- E Le onde sonore nei fluidi sono trasversali

75 **Si ha effetto Doppler quando:**

- A Il ricevitore si muove rispetto a una sorgente sonora fissa
- B Si propaga un suono
- C L'osservatore è fermo rispetto a una sorgente fissa
- D Vi è risonanza acustica
- E Vi è interferenza acustica

76 **Un corpo carico negativamente posto vicino a una sorgente di raggi X si scarica rapidamente perché i raggi X:**

- A hanno una lunghezza d'onda molto piccola
- B hanno potere ionizzante
- C penetrano nei corpi
- D hanno grande lunghezza d'onda
- E assorbono carica elettrica

77 **Se le intensità di due cariche vengono raddoppiate e contemporaneamente si raddoppia anche la loro distanza, la forza di interazione tra le cariche:**

- A si raddoppia
- B si dimezza
- C si quadruplica
- D diventa otto volte maggiore
- E rimane inalterata

PARTE TERZA

78 **Il potenziale elettrico in un generico punto, non lontano da una carica positiva:**

A non esiste, non si può parlare di potenziale di un punto
B è uno scalare
C è un vettore
D si misura in volt / cm
E è una grandezza adimensionale

79 **Quale delle seguenti NON è una grandezza fondamentale nel Sistema Internazionale delle unità di misura?**

A La temperatura
B L'intensità luminosa
C La carica elettrica
D La massa
E Il tempo

80 **Sia S una superficie equipotenziale di un campo elettrico qualsiasi. In un punto P di S il vettore campo elettrico E:**

A è nullo
B è tangente a S
C è perpendicolare a S
D forma con la normale a S un angolo acuto
E ha una direzione che dipende dalla distribuzione di cariche che genera il campo

81 **Una particella PRIVA DI CARICA, in moto rettilineo e uniforme, entra in un campo elettrico, diretto perpendicolarmente alla direzione della velocità della particella, e descrive una traiettoria:**

A parabolica
B circolare
C iperbolica
D ellissoidale
E rettilinea

82 **Un condensatore piano viene realizzato con due armature piane infinite e parallele separate dal vuoto. All'interno del condensatore, a eguale distanza dalle due armature, viene posto un elettrone fermo. Indicare se l'elettrone:**

A si muove verso l'armatura negativa fino a raggiungere gli altri elettroni
B si muove verso l'armatura positiva fino a raggiungerla
C resta fermo al centro del condensatore
D si muove con moto oscillatorio fra le due armature
E nessuna delle precedenti

83 **Quanto vale l'energia *E* dissipata in una resistenza *R* in un tempo *t* quando alla resistenza è applicata una tensione *V* (con $V = 0{,}2$ volt, $R = 0{,}10\ \Omega$ e $t = 10^{-2}$ secondi)?**

A $E = 4000$ joule
B $E = 4$ joule
C $E = 4 \cdot 10^{-6}$ joule
D $E = 4 \cdot 10^{-3}$ joule
E $E = 0$

FISICA

84 **A una resistenza $R = 4$ ohm viene applicata una tensione $V_1 = 16$ V.**

Se si dimezza il valore della resistenza, per mantenere costante la corrente che circola nel componente è necessario applicare una nuova tensione V_2 pari a:

A 8 V
B 2 V
C 4 V
D 32 V
E 16 V

85 **Attacco gli estremi di un lunghissimo filo di rame (tanto lungo da avere un'elevata resistenza ohmica) ai poli di una pila (generatore di differenza di potenziale, d.d.p.).**

Fino a quando la pila non si è esaurita, nel filo passa una corrente elettrica che:

A non dipende dalla d.d.p., ma solo dalla lunghezza e dalla sezione del filo
B è maggiore all'estremo del filo a potenziale maggiore (quello collegato al polo +)
C è minore all'estremo del filo a potenziale maggiore (quello collegato al polo +)
D dipende dalla capacità della pila
E non dipende dalla lunghezza e dalla sezione del filo, ma solo dalla d.d.p.

86 **Tre lampade da 50 watt, 50 watt e 100 watt rispettivamente, sono connesse in parallelo e alimentate in corrente continua da una batteria che fornisce una tensione costante di 25 volt. Quanto vale la corrente erogata dalla batteria?**

A 8 coulomb
B 4 ampere
C Dipende dalle dimensioni della batteria
D 8 ampere
E 5 coulomb al secondo

87 **Calcolare il lavoro prodotto da una resistenza che dissipa 50 watt ed è attraversata da una corrente di 100 A e da una carica di 20 coulomb.**

A 1 J
B 10 J
C 1000 J
D 0 J
E 100 J

88 **Un muscolo con una resistenza di 40 Ω deve essere attraversato da una corrente di 100 mA; possedendo un generatore da 20 V è necessario:**

A mettere in serie al muscolo una resistenza di 160 Ω
B mettere in parallelo al muscolo una resistenza di 10 Ω
C mettere in serie al muscolo una resistenza di 40 Ω
D mettere in parallelo al muscolo una resistenza di 40 Ω
E collegare un'estremità del muscolo con una presa di terra

89 **L'energia elettrostatica immagazzinata in un condensatore di capacità 1 μF a cui è applicata la differenza di potenziale di $3 \cdot 10^3$ V vale:**

A $3 \cdot 10^{-3}$ J
B 4,5 J
C 9 J
D $3 \cdot 10^3$ J
E $4,5 \cdot 10^3$ J

90 **La capacità equivalente di più condensatori collegati in parallelo è:**

- A uguale alla somma delle capacità dei singoli condensatori
- B uguale alla capacità del condensatore a valore più elevato
- C il reciproco della capacità equivalente è uguale alla somma dei reciproci delle singole capacità
- D uguale al prodotto delle capacità dei singoli condensatori
- E nessuna delle precedenti risposte

91 **Come si definisce la resistività elettrica di un materiale?**

- A Come la resistenza termica alle alte temperature di un filo di tale materiale
- B Come la resistenza elettrica di un filo di tale materiale avente sezione (costante) unitaria, di lunghezza qualsiasi
- C Come la resistenza elettrica di un filo di tale materiale avente lunghezza unitaria, con sezione qualsiasi
- D Come la resistenza elettrica di un filo di tale materiale avente lunghezza unitaria e sezione (costante) unitaria
- E Come la resistenza meccanica alla deformazione di un filo di tale materiale

92 **Ai capi di una resistenza di 10 ohm viene stabilita una differenza di potenziale di 20 V. La corrente che attraversa la resistenza è:**

- A 20 W
- B 200 J
- C $0{,}5\ \text{m} \cdot \text{s}^{-2}$
- D 2 A
- E $0{,}2\ \text{A}^{-1}$

93 **Conoscendo la corrente elettrica i e la differenza di potenziale ΔV ai capi di una resistenza, è possibile calcolare il calore in essa dissipato in un intervallo di tempo prefissato?**

- A Sì
- B No, occorre conoscere la temperatura iniziale della resistenza
- C No, occorre conoscere il valore della resistenza
- D No, occorre conoscere il materiale di cui è fatta la resistenza
- E Nessuna delle altre alternative è corretta

94 **Indicando con i_e l'intensità di corrente che entra in una lampada a incandescenza accesa e i_u l'intensità di corrente di uscita, qual è la relazione tra i_e e i_u?**

- A $i_u = i_e$
- B $i_u = i_e/4{,}18$
- C $i_u = i_e/2$
- D $i_u = i_e \cdot 4{,}18$
- E Nessuna delle altre alternative è corretta

95 **Di due lampadine a incandescenza la resistenza di A è inferiore a quella di B. A parità di tensione applicata, quale delle due emette più luce?**

- A La B
- B Emettono la stessa quantità di luce
- C Dipende dal valore della tensione applicata
- D La A
- E Dipende dal materiale di cui sono fatte A e B

96 Un filo percorso da una corrente elettrica genera nello spazio un campo:

A magnetico
B elettrico
C scalare
D conservativo
E gravitazionale

97 L'intensità di un campo magnetico generato da un filo rettilineo percorso da una corrente *i*, indicando con *r* la distanza dal filo, è:

A direttamente proporzionale a *i*
B direttamente proporzionale a *r*
C direttamente proporzionale a *i* e a *r*
D inversamente proporzionale a *i* e a *r*
E direttamente proporzionale a *r*, inversamente proporzionale a *i*

98 Una stufetta elettrica da 770 watt è collegata alla rete elettrica domestica che eroga 220 volt. Qual è il valore efficace della corrente elettrica circolante?

A 12,25 mA
B 1,75 mA
C 0,28 A
D 3,5 A
E 62,8 A

99 La forza di Lorentz risulta perpendicolare alla velocità della carica e al vettore induzione del campo magnetico. Il lavoro di tale forza sulla carica è:

A sempre positivo
B per rispondere occorre conoscere i versi della velocità e del vettore induzione
C nullo
D sempre negativo
E nessuna delle precedenti

100 Le linee di forza di un qualunque campo di induzione magnetica sono sempre:

A circolari
B ellittiche
C elicoidali
D rettilinee
E chiuse

Soluzioni e commenti

1 Occorre trasformare i chilometri in metri: 1,5 km = 1500 m. Un terzo di 1500 metri equivale a 500 metri (risposta C).

2 Le forze sono grandezze vettoriali. Per rispondere al quesito conviene dunque rappresentare le due forze e la loro risultante (somma delle forze) utilizzando la regola del parallelogramma.

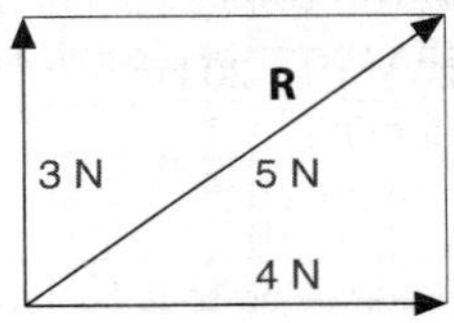

Il modulo della risultante **R** si ottiene applicando il teorema di Pitagora al triangolo rettangolo che ha per cateti le due forze di moduli 3 N e 4 N e per ipotenusa la loro risultante. Si ha:

$$R = \sqrt{9\ \text{N}^2 + 16\ \text{N}^2} = 5\text{N}$$

La risposta corretta è dunque la B.

3 Si tratta di usare la regola grafica del parallelogramma facendo attenzione alle caratteristiche geometriche del problema.
Senza perdere in generalità, si può rappresentare una delle due forze lungo la direzione orizzontale in un riferimento cartesiano, e l'altra lungo la direzione che forma con essa un angolo $\alpha < 90°$.
A questo punto è facile riconoscere che la risultante delle due forze, ovvero la diagonale del parallelogramma di lati uguali e pari a *F*, è un vettore lungo quanto il doppio dell'altezza del triangolo isoscele di lati *F*. Tale altezza vale $h = F\cos(\alpha/2)$ perciò la risposta cercata è la E.

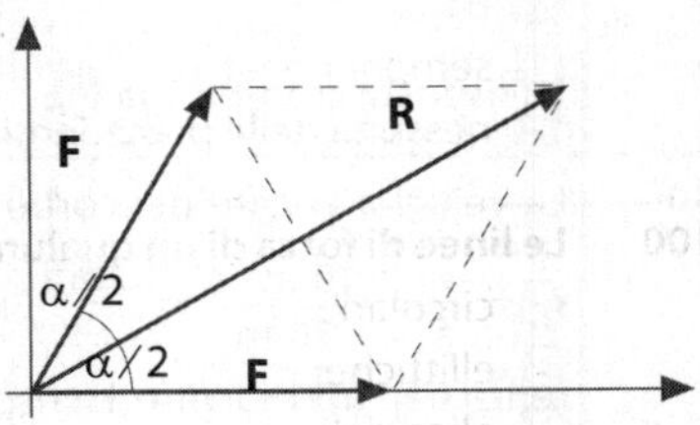

4 Per mettere in ordine crescente le cinque unità di misura, è sufficiente ricordare le potenze di dieci che le legano all'unità di misura fondamentale della lunghezza: il metro.

$$\text{nm} = 10^{-9}\ \text{m}; \quad \text{cm} = 10^{-2}\ \text{m}; \quad \text{Gm} = 10^{9}\ \text{m}; \quad \text{km} = 10^{3}\ \text{m}$$

Da queste equivalenze si deduce che la risposta esatta è la D.

5 Gli scalari sono grandezze fisiche individuate da un numero che ne esprime l'intensità rispetto a un'unità di misura prefissata, mentre le grandezze vettoriali sono individuate, oltre che da un numero (*modulo*) che ne esprime l'intensità rispetto a un'unità prefissata, anche da una *direzione* e un *verso*. Tra le grandezze proposte massa, temperatura e volume sono grandezze scalari, mentre spostamento e forza peso sono grandezze vettoriali. La risposta esatta è dunque la B.

6 È sufficiente sostituire a ogni grandezza contenuta nella relazione data la sua unità di misura. Si ottiene:

$$G \rightarrow N \cdot m^2 \cdot kg^{-2} = kg \cdot m \cdot s^{-2} \cdot m^2 \cdot kg^{-2} = kg^{-1} \cdot m^3 \cdot s^{-2}$$

La risposta esatta è la C.

7 Il prodotto scalare tra due vettori **a** e **b** è lo scalare definito da:

$$\mathbf{a} \cdot \mathbf{b} = |\mathbf{a}| \cdot |\mathbf{b}| \cdot \cos\theta$$, dove θ è l'angolo tra **a** e **b**

Poiché l'angolo compreso tra due vettori antiparalleli è 180°, il loro prodotto scalare sarà dato dall'opposto del prodotto dei moduli (il $\cos 180°$ vale –1). Il prodotto scalare di due vettori antiparalleli aventi modulo 5 vale dunque:

$$\mathbf{a} \cdot \mathbf{b} = -|\mathbf{a}| \cdot |\mathbf{b}| = -(5 \cdot 5) = -25$$ (alternativa B)

8 Per calcolare la velocità media dell'auto secondo la corretta definizione è necessario conoscere la strada totale percorsa e il tempo impiegato. In totale l'auto percorre (15 + 5) km = 20 km in (10 + 5) min = 15 min e la sua velocità media è quindi:

$$v_{media} = \frac{20 \text{ km}}{15 \text{ min}} = \frac{20 \text{ km}}{\frac{1}{4} \text{ h}} = 80 \frac{\text{km}}{\text{h}}$$ (risposta D)

9 Si tratta di un moto uniformemente accelerato la cui legge oraria è:

$$s = s_0 + v_0 \cdot t + \frac{1}{2} \cdot a \cdot t^2$$

Il calcolo è semplificato dal fatto che dal testo si evince che $s_0 = 0$ e $v_0 = 0$.

Ricordando che un minuto è pari a 60 secondi, si ricava che lo spazio percorso è pari a:

$$s = \frac{1}{2} \cdot 0{,}1 \cdot 60^2 = 180 \text{ m}$$

La risposta corretta è la C.

10 La velocità lineare del corpo ha modulo $v = 10 \text{ m/s}$, mentre la velocità angolare media vale $\omega = \frac{v}{r} = \frac{10 \text{ m/s}}{10 \text{ m}} = 1 \frac{\text{rad}}{\text{s}}$, il che implica che il corpo percorre in 1 secondo un arco di circonferenza pari a 1 radiante. La risposta corretta è la A.

11 Questo quesito consente di fare pratica con le equivalenze tra unità di misura della velocità. Si noti anzitutto che *g*, come indica il testo dell'alternativa E, non è una velocità bensì un'accelerazione, pertanto non ha senso confrontarla in modulo con le altre grandezze: questa risposta si può escludere a priori.

Per le restanti, portiamo tutto in metri al secondo, l'unità del Sistema internazionale, e troviamo:

$$v_A = 18 \frac{\text{km}}{\text{h}} = 18 \cdot \frac{1000 \text{ m}}{3600 \text{ s}} = \frac{18}{3{,}6} \frac{\text{m}}{\text{s}} = 5 \frac{\text{m}}{\text{s}}$$

$$v_B = 7 \times 10^7 \frac{\text{cm}}{\text{giorno}} = 7 \times 10^7 \cdot \frac{10^{-2} \text{ m}}{24 \cdot 3600 \text{ s}} = \frac{7000}{864} \frac{\text{m}}{\text{s}} \cong 8 \frac{\text{m}}{\text{s}}$$

$$v_D = \frac{3 \times 10^8}{10^2} \frac{\text{m}}{\text{s}} = 3 \times 10^6 \frac{\text{m}}{\text{s}}$$

Si conclude che la maggiore tra le velocità indicate è quella nell'alternativa D.

PARTE TERZA

12 Nella situazione descritta dal problema, si passa da una velocità iniziale diversa da zero a una finale pari a zero, a causa di una decelerazione. Per definizione, questa accelerazione negativa a è data dal rapporto tra la variazione di velocità Δv e il tempo trascorso, Δt. Invertendo questa relazione si trova:

$$\Delta t = \frac{\Delta v}{a} = \frac{v_f - v_i}{a} = -100\ \frac{\text{km}}{\text{h}} \cdot \frac{1}{-200}\ \frac{\text{h}^2}{\text{km}} = \frac{1}{2}\ \text{h} = 30\ \text{min}$$

Nello svolgere i calcoli, sopra, si faccia attenzione a invertire l'unità di misura dell'accelerazione che si trova a numeratore. La risposta esatta è la **C**.

13 Un moto si dice uniformemente accelerato quando l'accelerazione si mantiene costante e la traiettoria è rettilinea: la velocità in questo moto è una funzione lineare del tempo e il grafico che ne individua l'andamento è una retta (alternativa **A**).

14 Nel tratto BC il modulo della velocità aumenta con il passare del tempo: si ha quindi un'accelerazione diversa da zero. La relazione che lega la velocità con il tempo deve essere lineare (il tratto BC è rettilineo), cioè deve essere del tipo $v = v_0 + a \cdot t$. Tale relazione è caratteristica del moto rettilineo uniformemente accelerato: la risposta esatta è la **B**.

15 Un grave in caduta libera si muove di moto rettilineo uniformemente accelerato e percorre uno spazio h in un tempo t dato da:

$$t = \sqrt{2h/g}$$

Sostituendo i valori si ottiene:

$$t = \sqrt{\frac{2 \cdot 5\ \text{m}}{9{,}8\ \text{m/s}^2}} \approx 1\ \text{s}$$

La risposta esatta è quindi la **C**.

16 La frequenza è uguale al reciproco del periodo:

$$\nu = \frac{1}{T} = \frac{1}{2\ \text{s}} = \frac{1}{2} \cdot \frac{1}{\text{s}} = \frac{1}{2}\ \text{Hz} = 0{,}5\ \text{Hz}$$

La risposta corretta è dunque la **C**.

17 L'automobile descrive una traiettoria circolare con velocità di modulo costante pari a 40 km/h: poiché la direzione della velocità varia, l'automobile è sottoposta a un'accelerazione centripeta diversa da zero, diretta come il raggio e rivolta verso il centro della circonferenza (alternativa **C**). In particolare, detta v la velocità dell'automobile e r il raggio della curva, tale accelerazione ha modulo:

$$a_c = v^2/r = \frac{\left(\frac{40}{3{,}6}\ \text{m/s}\right)^2}{20\ \text{m}} \approx 6{,}27\ \text{m/s}^2$$

18 Dai dati del problema si deduce che il moto descritto dal sasso è circolare uniforme, con raggio pari a 1 m. Questo è sufficiente a scrivere che l'accelerazione a cui è sottoposto (l'accelerazione centripeta) vale:

$$a = \omega^2 \cdot r = (\sqrt{10}\ \text{rad/s})^2 \cdot 1\ \text{m} = 10\ \text{m/s}^2$$

Se si prende come valore per l'accelerazione di gravità 9,8 m/s^2 si vede che lo scarto dal valore trovato è:

$$\frac{a - g}{a} = \frac{(10 - 9{,}8)\ \text{m/s}^2}{10\ \text{m/s}^2} = 0{,}02 = 2\%$$

Si può quindi concludere che la risposta corretta è la **A**.

FISICA

19 Dalla seconda legge della dinamica $F = ma$, segue che $a = F/m$, quindi il corpo è sottoposto a un'accelerazione direttamente proporzionale alla forza applicata nel tempo Δt. La risposta corretta è la **B**.

20 Il quesito richiede di studiare la velocità orizzontale di un carrello dal quale si stacca un pezzo di massa m: il suo peso, essendo una forza diretta verticalmente, non deve essere considerato in tale studio. Se si trascurano gli attriti, il sistema "carrello-pezzo" può essere considerato isolato, per cui la sua quantità di moto totale si conserva. Per capire cosa succederà ai due pezzi è importante sapere se al momento del distacco ci sono state forze repulsive tra le due parti. Il quesito però non accenna a un distacco con repulsione tra le parti ed è perciò lecito supporre che le due parti proseguano ciascuna il moto che avevano in precedenza per il principio di inerzia. La risposta corretta è dunque la **C**.

Osserviamo che il problema si risolve senza alcun ricorso a formule di calcolo e non tutti i dati forniti vengono utilizzati.

21 Una comune bilancia pesapersone non misura la massa, bensì la forza peso che la Terra esercita sul nostro corpo attirandolo verso il proprio centro. Se il peso segnato dalla bilancia non varia, il sistema di riferimento costituito dall'ascensore deve essere inerziale e non possono essere presenti forze fittizie: l'ascensore dunque potrà essere fermo o muoversi di moto rettilineo uniforme. L'alternativa corretta è perciò la **B**.

22 La leva è una macchina semplice in grado di equilibrare due forze diverse mediante una scelta opportuna dei due bracci. In base a questa caratteristica le leve vengono spesso utilizzate per contrastare forze di elevato valore con forze più piccole. La risposta corretta è pertanto la **A**.

Le risposte **D** ed **E** sono errate in quanto una leva è in equilibrio se i due momenti (motore e resistente) sono uguali:

$$F_m \cdot b_m = F_r \cdot b_r$$

Il lavoro e la potenza impiegata dalle due forze in gioco sono identici in quanto altrimenti si violerebbe il principio di conservazione dell'energia: sono così errate anche le risposte **B** e **C**.

23 La massa è, a differenza del peso, una caratteristica dei corpi: la massa di un corpo è sempre la stessa ovunque si trovi il corpo (risposta **B**).

24 La situazione delle forze in gioco è riportata in figura. Per definizione, le due reazioni vincolari $\mathbf{F}_1$ e $\mathbf{F}_2$, esercitate sull'asse dalle pareti dell'insenatura, sono perpendicolari alle pareti. Le due forze peso (il peso **P** dell'uomo – il cui punto di applicazione, per semplicità giacente sull'asse anziché nel baricentro dell'uomo, si sposta lungo l'asse – e il peso **p** dell'asse, applicato nel baricentro dell'asse) sono dirette lungo la verticale (le forze rappresentate nella figura non sono in scala).

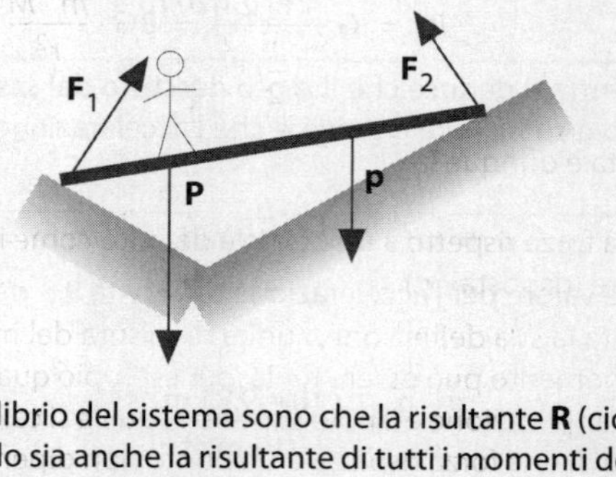

Le due condizioni per l'equilibrio del sistema sono che la risultante **R** (cioè la somma vettoriale) di tutte le forze sia nulla e che lo sia anche la risultante di tutti i momenti delle forze (l'asse potrebbe infatti ruotare scivolando lungo le pareti).

I punti di applicazione di **P** e **p** entrano in gioco nella seconda condizione di equilibrio, quella sui momenti (peraltro non sappiamo se l'asse è omogenea e dunque non possiamo stabilirne il baricentro). Al contrario, per stabilire la somma vettoriale **R** di tutte le forze non serve il loro punto di applicazione.

Se il vettore risultante **R** è zero, devono essere nulle anche le sue componenti. Facendo riferimento alla figura, si può dunque ragionare separatamente lungo le due direzioni orizzontale e verticale, come segue.

- *Orizzontale*: solo $\mathbf{F}_1$ e $\mathbf{F}_2$ hanno componenti orizzontali e la loro somma deve annullarsi, cioè: $\mathbf{F}_{1x} + \mathbf{F}_{2x} = \mathbf{0}$
- *Verticale*: la somma delle componenti verticali di $\mathbf{F}_1$ e $\mathbf{F}_2$ e delle due forze peso deve annullarsi, cioè: $\mathbf{F}_{1y} + \mathbf{F}_{2y} + \mathbf{P} + \mathbf{p} = \mathbf{0} \rightarrow \mathbf{F}_{1y} + \mathbf{F}_{2y} = -(\mathbf{P} + \mathbf{p})$

A questo punto si può rispondere al problema: la somma **F** delle forze di reazione vale, passando alle componenti:

$$\mathbf{F} = \mathbf{F}_1 + \mathbf{F}_2 = \mathbf{F}_{1x} + \mathbf{F}_{2x} + \mathbf{F}_{1y} + \mathbf{F}_{2y} = \mathbf{0} + [-(\mathbf{P} + \mathbf{p})] = -(\mathbf{P} + \mathbf{p})$$

Si ricava quindi che il modulo della somma delle forze di reazione per mantenere il sistema in equilibrio è pari alla somma delle due forze peso, ovvero 120 kg_p (risposta **D**).

25 Diversamente da quello che si potrebbe pensare, il baricentro di un corpo non deve necessariamente appartenere al corpo: la risposta esatta è la **C**.

Si pensi per esempio a un salvagente (schematizzato in figura): il suo baricentro B è evidentemente un punto che non appartiene al corpo.

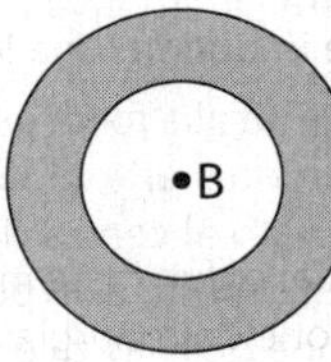

26 La forza peso che agisce su un corpo sulla superficie terrestre è dovuta alla attrazione gravitazionale tra la Terra e il corpo. Indicando con P il peso di un corpo di massa m, con M e r rispettivamente la massa e il raggio della Terra, si ha:

$$P = G \cdot \frac{m \cdot M}{r^2}$$

Se la Terra avesse massa $2M$ e raggio $r/2$, il nuovo peso P' del corpo sarebbe:

$$P' = G \cdot \frac{m \cdot 2M}{\left(\frac{1}{2}r\right)^2} = 8G \cdot \frac{m \cdot M}{r^2} = 8P$$

La risposta corretta è dunque la **B**.

27 Il momento di una forza rispetto a un punto è definito come il prodotto vettoriale tra due vettori; è quindi un vettore (risposta **C**).

Si osserva che, data la sua definizione, l'unità di misura del momento nel SI è $N \cdot m$ (risposta **B** errata); inoltre il momento può essere nullo, per esempio quando la forza è parallela alla distanza tra il suo punto di applicazione e il polo rispetto al quale si calcola il momento (risposta **D** errata); infine, il momento di una forza rispetto a un punto non dipende dalla massa eventualmente presente in quel punto (risposta **E** errata).

FISICA

28 Si consideri la seguente rappresentazione degli oggetti descritti nel problema. Nella figura di destra sono stati riportati in grigio anche i vettori che rispettivamente congiungono il punto A dato con il punto di applicazione B della forza **F**, necessari per calcolare il momento **M** di **F** rispetto ad A.

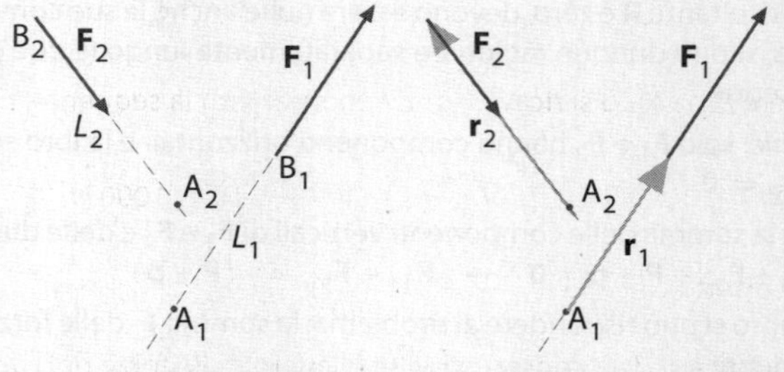

Per definizione, il momento di una forza rispetto a un punto A è il prodotto vettoriale della forza **F** per il vettore **r** che congiunge A al punto di applicazione della forza. In formule:

$$\mathbf{M} = \mathbf{F} \times \mathbf{r} \quad \rightarrow \quad M = F \cdot r \cdot \text{sen}\alpha$$

dove α è l'angolo compreso tra i due vettori **F** e **r**. Ora, come si vede nella figura, in entrambi i casi i due vettori sono paralleli tra loro, dunque il momento **M** è in entrambi i casi nullo. La risposta esatta è la **D**.

29 Se si trascura l'effetto dissipativo della resistenza dell'aria e ricordando il principio di conservazione dell'energia meccanica, si può affermare che un pendolo lanciato da un'altezza *h* raggiungerà un'altezza massima pari ad *h* stessa (alternativa **A**).

30 Ciascuno dei due mattoni è soggetto alla forza peso diretta verso il basso. Le due forze tendono a far ruotare la carrucola l'una in senso orario e l'altra in senso antiorario; la carrucola gira se il momento di una delle due forze rispetto al centro della carrucola è maggiore di quello dell'altra. Il modulo del momento di una forza rispetto a un polo è dato dal prodotto tra il modulo della forza e il braccio (distanza tra la direzione della forza e il polo). Nel caso in esame, il braccio è il raggio della carrucola per entrambe le forze, le forze peso sono di uguale intensità dato che i due mattoni sono identici, e quindi i momenti delle due forze peso hanno la stessa intensità, la stessa direzione ma verso opposto: dunque si annullano a vicenda e non si ha alcuna rotazione della carrucola. La risposta esatta è la **B**.

31 La densità di un corpo è definita come rapporto tra la massa del corpo e il suo volume. Poiché il quesito chiede di esprimerla tramite le unità di misura del sistema MKS (metro, chilogrammo, secondo), è necessario trasformare i centimetri cubi in metri cubi:

$$V = 100 \text{ cm}^3 = 100 \cdot 10^{-6} \text{ m}^3 = 10^{-4} \text{ m}^3$$

La densità ρ dell'alluminio è quindi:

$$\rho = \frac{0{,}27 \text{ kg}}{10^{-4} \text{ m}^3} = 2700 \frac{\text{kg}}{\text{m}^3} \text{ (risposta C)}$$

32 Dalla relazione $p_{specifico} = \frac{m \cdot g}{V} = \rho \cdot g$ si ricava:

$$p_{specifico} = \rho_{benzene} \cdot g = 879 \text{ kg/m}^3 \cdot 9{,}8 \text{ m/s}^2 \approx 8614 \text{ N/m}^3$$

La risposta corretta è pertanto la **A**.

33 La leva descritta nel quesito, come tutte le leve di terza specie, è svantaggiosa: il vantaggio statico V, definito come rapporto tra forza resistente F_r e forza motrice F_m, è infatti inferiore a 1:

$$V = \frac{F_r}{F_m} = 0{,}2 < 1$$

Per rispondere al quesito si ricava la forza motrice con la seguente formula inversa:

$$F_m = \frac{F_r}{V} = \frac{2000}{0{,}2}\ \text{N} = 1000\ \text{N}$$

La risposta corretta è la D.

34 Un campo di forze si dice conservativo se il lavoro delle forze del campo è una funzione di stato, cioè non dipende dal cammino seguito dal punto di applicazione della forza ma solo dalle sue posizioni iniziale e finale. In un campo conservativo il lavoro delle forze del campo lungo una traiettoria chiusa è sempre nullo. La risposta corretta è quindi la B.

35 La forza peso (quello che si intende con "gravità" nell'esercizio) è perpendicolare alla superficie del lago, e dunque al moto del pattinatore. Poiché il lavoro è definito come prodotto scalare di forza e spostamento, $L = \mathbf{F} \cdot \mathbf{s} = F \cdot s \cdot \cos\alpha$, quando $\alpha = 90°$ si ha che $\cos\alpha = 0$ e dunque il lavoro si azzera (risposta A).

36 Dimensionalmente, l'unica espressione corretta è la D: mgh è infatti l'energia potenziale di un corpo di massa m elevato di un'altezza h rispetto allo zero. Tale energia potenziale si trasforma in altre forme di energia fino a diventare energia elettrica. In realtà durante le trasformazioni parte dell'energia potenziale iniziale si trasforma in calore negli attriti e nei moti turbolenti e non può essere convertita in energia elettrica.

La grandezza mgh non è quindi né una pressione né una potenza (risposte A e B errate): la potenza prodotta è definita come il rapporto tra lavoro e tempo, e vale in questo caso:

$$P = \frac{mgh}{3\ \text{mesi}}$$

37 Quando la pallina viene lasciata la sua energia potenziale si trasforma integralmente in energia cinetica fino a quando tocca terra. Nell'urto la pallina rimbalza e l'energia cinetica ancora posseduta (80% di quella iniziale) si riconverte in energia potenziale durante la risalita. Dato che l'energia potenziale è proporzionale all'altezza della pallina, dopo il primo rimbalzo la pallina raggiungerà un'altezza più bassa del 20% rispetto all'altezza da cui è stata lasciata, quindi 80 cm. Il tutto si ripete al secondo ciclo con la differenza che la pallina parte ora da un'altezza di 80 cm e non più di 1 m. Dopo il secondo rimbalzo perderemo un altro 20% di energia e quindi l'altezza massima alla fine del secondo ciclo sarà pari all'80% di 80 cm, cioè circa 64 cm. Alla fine del terzo ciclo avremo così un'altezza massima pari all'80% di 64 cm, ossia circa 51 cm.

La risposta corretta è pertanto la E.

38 Il lavoro svolto dal montacarichi si traduce in un aumento dell'energia potenziale della cassa, che viene sollevata di una determinata quota. La potenza P a disposizione del montacarichi non influenza l'entità del lavoro svolto, bensì il tempo impiegato per svolgerlo. Secondo la definizione di potenza:

$$P = \frac{L}{\Delta t} = \frac{mgh}{\Delta t}$$

Applicando la formula inversa per ricavare la durata dell'operazione di sollevamento si ottiene:

$$\Delta t = \frac{mgh}{P} \approx \frac{100 \cdot 10 \cdot 5}{0{,}5 \cdot 10^3}\ \text{s} = 10\ \text{s}$$

La risposta corretta è la **E**.
Si osservi che è stato necessario convertire i kW in W per ottenere il risultato in secondi e che è consigliabile approssimare l'accelerazione di gravità a 10 m/s^2 per velocizzare i calcoli.

---

39 In questo problema è sufficiente applicare attentamente la definizione di lavoro, ovvero il prodotto scalare della forza per lo spostamento del suo punto di applicazione, ricordando che nel prodotto scalare serve il *coseno* dell'angolo compreso tra i due vettori. Sostituendo i dati del problema:

$$L = \mathbf{F} \cdot \mathbf{s} = F \cdot s \cdot \cos\alpha = 32\ \text{N} \cdot (450 \times 10^{-2}\ \text{m}) \cdot \cos 120° = -72\ \text{J}$$

La risposta corretta è la **A**.

---

40 L'energia cinetica è definita dalla relazione: $E_k = 1/2 \cdot m \cdot v^2$. I tre fattori $1/2$, m e v^2 sono sempre positivi: E_k è sempre positiva per come è definita (risposta **E**).

---

41 La potenza rotazionale posseduta dal momento meccanico è equivalente al prodotto tra il momento della coppia di forze (5 N · m) e la velocità di rotazione (200 rad/s):

$$P = 5\ \text{N} \cdot \text{m} \cdot 200\ \text{rad/s} = 1000\ \text{W}$$

La risposta corretta è la **A**.

---

42 Per rispondere al quesito è sufficiente ricordare la relazione che lega la pressione P alla forza F che agisce su una superficie A:

$$P = \frac{F}{A} \rightarrow \frac{P}{F} = \frac{1}{A} \quad \text{(risposta B)}$$

---

43 Le molecole d'acqua sono in costante movimento e possiedono un'energia cinetica media legata macroscopicamente alla temperatura *T*. A causa dell'agitazione termica, anche a temperature inferiori a quella di ebollizione (quando si forma vapore in tutta la massa liquida), è possibile che alcune molecole d'acqua vicine alla superficie acquistino una energia cinetica (e dunque una velocità) superiore alla media, riuscendo a rompere i legami che le tengono unite al liquido e a passare così allo stato gassoso. La risposta esatta è la **A**.

---

44 La densità del gas è data dal rapporto tra massa e volume: la risposta cercata è la **D**.
La soluzione **A** è errata: sarebbe corretta dicendo "Il numero di molecole presenti in 22,4 litri è N_A", in quanto, per definizione, il numero di molecole presenti in una mole è N_A.
Anche la soluzione **B** è errata: sarebbe corretta dicendo "Il numero di molecole presenti in V_0 è N_A".
La soluzione **C** è evidentemente sbagliata, perché in contraddizione con la **D**, e anche la **E** è errata: sarebbe corretta dicendo "Il volume molare è V_0".

---

45 Le alternative **C** ed **E** si possono scartare perché non esistono temperature kelvin negative; la **A** è la risposta corretta e si ricava ricordando che la scala kelvin e la scala centigrada sono traslate l'una rispetto all'altra di 273,16 gradi.

---

46 Dire che un corpo si dilata equivale a dire che il suo volume aumenta. Se il volume aumenta, la densità $\rho = m/V$ diminuisce. Dato che, in una dilatazione termica, al crescere della temperatura il volume cresce, la risposta esatta è la **B**.

---

47 La liquefazione è il passaggio di stato da gassoso a liquido: durante il cambiamento, come avviene negli altri casi, si rompono o si creano dei legami chimici ma la temperatura resta costante. La risposta esatta è dunque la **E**.

48 L'equazione dei gas perfetti afferma:

$$P \cdot V = n \cdot R \cdot T$$

Nel caso in esame la temperatura T è costante, e quindi pressione e volume sono inversamente proporzionali: a un dimezzamento del volume corrisponde un raddoppiamento della pressione (risposta **C**).

49 Quando un corpo ha una densità inferiore a quella del liquido in cui è immerso, si verifica il fenomeno del galleggiamento. L'equazione fondamentale che permette di determinare il volume immerso di un corpo che galleggia si basa sull'equilibrio tra la forza peso e la spinta di Archimede:

$$P = S_A \rightarrow \rho_c \cdot V_c \cdot g = \rho_{fl} \cdot V_i \cdot g$$

da cui:

$$\frac{\rho_c}{\rho_{fl}} = \frac{V_i}{V_c}$$

Dai dati del problema si ricava che il volume immerso è la metà del volume del parallelepipedo, per cui la densità ρ_c del parallelepipedo è:

$$\rho_c = \rho_{fl} \cdot \frac{V_i}{V_c} = 1{,}2 \text{ g/cm}^3 \cdot \frac{1}{2} = 0{,}6 \text{ g/cm}^3 \text{ (risposta C)}$$

50 Il teorema di Torricelli afferma che, dato un recipiente contenente un liquido (non viscoso) in cui è stato praticato un foro a una profondità h rispetto al pelo libero del liquido, la velocità di efflusso del liquido dal foro è pari a:

$$v = \sqrt{2gh}$$

quindi dipende dal dislivello h tra il foro e il pelo libero del liquido. La risposta corretta è la **C**.

51 Per la legge di Stevino alla base di un dislivello pari a Δh la differenza di pressione ΔP è data da:

$$\Delta P = \rho \cdot g \cdot \Delta h = 1 \frac{\text{kg}}{\text{dm}^3} \cdot 9{,}8 \frac{\text{m}}{\text{s}^2} \cdot 5 \text{ m} = 5 \cdot 10^4 \text{ Pa} \approx 0{,}5 \text{ atm}$$

La risposta corretta è quindi la **C**.

52 La pressione idrostatica P è data dal prodotto:

$$P = \rho \cdot g \cdot h$$

dove ρ è la densità del liquido e g l'accelerazione di gravità.
Nota l'altezza e considerando costante l'accelerazione gravitazionale nei pressi della superficie terrestre, è necessario conoscere la densità del liquido per poter ricavare la pressione sul fondo del recipiente. La risposta corretta è perciò la **D**.

53 La spinta di Archimede è una forza di modulo pari al peso dell'acqua spostata. Questo a sua volta vale $P = Mg = \rho V g$, dove M è la massa di acqua spostata, V è il volume dell'acqua spostata (ovvero il volume del corpo), ρ è la densità dell'acqua e g è l'accelerazione di gravità.
Il peso del corpo vale invece $p = mg = \rho_{corpo} V g$, dove m e ρ_{corpo} sono la massa e la densità del corpo. Il rapporto tra il peso del corpo e la spinta di Archimede è:

$$\frac{p}{P} = \frac{\rho_{corpo} V g}{\rho V g} = \frac{\rho_{corpo}}{\rho}$$

Dimezzando V, dunque, il rapporto tra il peso del corpo e la spinta di Archimede rimane invariato (risposta **A**).

FISICA

54 L'unità di misura della pressione nel Sistema internazionale è il pascal. Poiché 760 millimetri di mercurio corrispondono a circa 10^5 pascal, si hanno le seguenti conversioni:

$$120 \text{ mmHg} \approx \frac{120 \text{ mmHg} \cdot 10^5 \text{ Pa}}{760 \text{ mmHg}} \approx 0{,}157 \cdot 10^5 \text{ Pa} \approx 16 \cdot 10^3 \text{ Pa} = 16 \text{ kPa}$$

$$80 \text{ mmHg} \approx \frac{80 \text{ mmHg} \cdot 10^5 \text{ Pa}}{760 \text{ mmHg}} \approx 0{,}105 \cdot 10^5 \text{ Pa} \approx 11 \cdot 10^3 \text{ Pa} = 11 \text{ kPa}$$

La risposta esatta è pertanto la **C**.

55 La pressione assoluta è la pressione misurata assumendo come riferimento il vuoto, mentre la pressione atmosferica è la pressione presente in qualsiasi punto dell'atmosfera terrestre.
Poiché la pressione relativa è la differenza tra la pressione assoluta e la pressione atmosferica:

$$p_r = p_a - p_{atm}$$

si deduce che la pressione assoluta è pari alla somma della pressione relativa e della pressione atmosferica:

$$p_a = p_r + p_{atm}$$

quindi la risposta corretta è la **B**.

56 La relazione che regola l'andamento della pressione con la profondità (legge di Stevino):

$$P = P_0 + \rho g h$$

è una relazione lineare ma non di diretta proporzionalità.
Questo a causa della pressione atmosferica P_0 già presente a livello superficiale, che si somma alla pressione dovuta alla colonna d'acqua che sovrasta un oggetto immerso. La risposta esatta è la **B**.

57 Nell'acqua di mare la pressione idrostatica aumenta di una atmosfera (~ 10^5 Pa) ogni 10 m di profondità: a 30 m di profondità la pressione è di 4 atm (di cui 1 atm è dovuta alla pressione atmosferica). Vale l'equivalenza 1 atm = 760 mmHg = 76 cmHg; da cui:

$$4 \text{ atm} \approx 300 \text{ cmHg} \quad (\text{risposta } \mathbf{E})$$

58 Secondo l'equazione di continuità, il prodotto tra la sezione di un condotto e la velocità del fluido che lo attraversa sono inversamente proporzionali. In altre parole, il prodotto delle due grandezze è una costante.
Poiché il condotto si stringe nel passare dal tratto A al tratto B, la velocità del fluido deve aumentare in maniera proporzionale (risposta **E**). Come conseguenza del teorema di Bernoulli, inoltre, la pressione dipende dalla pozione nel condotto (a parità di altezza dipende dalla velocità del fluido), e nel tratto B è inferiore rispetto a quella nel tratto A.

59 La portata Q di un condotto è data dal prodotto della velocità del liquido che scorre nel condotto per la sua sezione, e ha le dimensioni di un volume fratto un tempo, o di un volume per una frequenza. Si può dunque scrivere:

$$Q = V \cdot f = 40 \text{ ml} \cdot \frac{120}{1 \text{ min}} = 40 \cdot 10^{-3} \text{ l} \cdot \frac{120}{60 \text{ s}} = 80 \cdot 10^{-3} \frac{\text{l}}{\text{s}} = 80 \cdot \frac{10^{-3} \text{ l}}{\text{s}} = 80 \frac{\text{cm}^3}{\text{s}}$$

La risposta cercata è la **B**.

60 La propagazione del calore per conduzione è caratteristica dei corpi solidi e non è accompagnata da spostamento di materia. Se si mettono a contatto due corpi A e B aventi temperature differenti (rispettivamente T_A e T_B, con $T_A > T_B$), si ha passaggio di calore per conduzione dal corpo A al corpo B. La risposta esatta è la **C**.

61 La temperatura di equilibrio raggiunta da due masse m_1 e m_2 dello stesso materiale, alle temperature iniziali T_1 e T_2, è data da:

$$T_f = \frac{T_1 \cdot m_1 + T_2 \cdot m_2}{m_1 + m_2} = \frac{80\ °C \cdot 1\ kg + 20\ °C \cdot 1\ kg}{(1 + 1)\ kg} = \frac{100\ °C \cdot kg}{2\ kg} = 50\ °C$$

La risposta esatta è la **D**.

Osserviamo che nel problema proposto le due masse sono identiche. In tal caso il risultato non è altro che la media aritmetica dei valori delle due temperature.

62 Il passaggio di stato da solido a liquido del blocco di ghiaccio avviene grazie alla trasformazione della sua energia potenziale (*mgh*) in energia interna dell'acqua. Per fondere il blocco di ghiaccio da 25 kg occorre un'energia venticinque volte superiore a quella richiesta dal blocco da 1 kg. Affinché l'energia potenziale del blocco da 25 kg sia venticinque volte quella del blocco da 1 kg è necessario che i due vengano lasciati cadere dalla stessa altezza (l'energia potenziale è infatti direttamente proporzionale alla massa). La risposta cercata è la **C**.

63 Considerando il sistema cilindro più pallone, e l'aria un gas perfetto, sappiamo che essendo il sistema termicamente isolato esso non scambia calore *né* lavoro con l'ambiente esterno, dunque nella trasformazione non varia l'energia interna. Poiché l'energia interna è unicamente funzione della temperatura, anche la temperatura non varia (risposta **E**).

64 Il calore specifico di una sostanza è la quantità di calore (energia termica) necessaria per elevare di 1 °C la temperatura dell'unità di massa di quella sostanza. La risposta esatta è la **D**.

65 Dalla definizione di calore specifico *c* di una data sostanza si ricava la formula inversa:

$$\Delta Q = c \cdot m \cdot \Delta T$$

dove ΔQ è la quantità di calore da fornire al corpo avente massa *m* per innalzarne la temperatura di un valore ΔT.

Ora ricordando che:

$$c_{H_2O} = \frac{1\ cal}{1\ g \cdot 1\ °C}$$

$$1\ litro = 1\ kg = 1000\ g$$

si deduce che:

$$\Delta Q = c \cdot m \cdot \Delta T = \frac{1\ cal}{1\ g \cdot 1\ °C} \cdot (10 \cdot 1000\ g) \cdot (15 - 10\ °C) = 50.000\ cal = 50\ kcal$$

La risposta esatta è pertanto la **B**.

66 Quando la temperatura di un gas ideale varia di una quantità ΔT, la variazione di energia interna del gas è pari a:

$$\Delta U = n \cdot c_V \cdot \Delta T$$

dove *n* è il numero di moli e c_V è il calore specifico molare del gas a volume costante. Tra le risposte indicate, quella corretta è la **B**.

67 Un gas perfetto di volume *V* sia contenuto in un recipiente chiuso da un pistone. Se si fornisce calore al gas, tale energia viene utilizzata in maniera diversa dal gas a seconda che esso sia libero di espandersi mantenendo costante la sua pressione (pistone non fissato, trasformazione isobara) oppure no (pistone fissato, trasformazione isocora). Nel primo caso, parte dell'energia fornita al gas viene utilizzata per compiere un lavoro meccanico sul pistone spingendolo verso l'alto. Se la trasformazione avviene a volume costante, invece, tutta l'energia termica diventa energia interna del gas.

Si consideri una trasformazione isobara di un gas perfetto. Sia ΔQ la quantità di calore scambiata nel corso della trasformazione. Dalla definizione di calore specifico molare a pressione costante c_p, si ha:

$$\Delta Q = n \cdot c_P \cdot \Delta T$$

dove ΔT è la differenza fra le temperature iniziale e finale del gas.

Secondo il primo principio della termodinamica, nel corso della trasformazione si ha: $\Delta Q = \Delta U + \Delta L$.

Poiché per un gas perfetto valgono le relazioni:

$$\Delta U = n \cdot c_V \cdot \Delta T \quad \text{e} \quad \Delta L = P \cdot \Delta V = n \cdot \mathrm{R} \cdot \Delta T$$

sostituendo nell'espressione del primo principio si ottiene:

$$n \cdot c_P \cdot \Delta T = n \cdot c_V \cdot \Delta T + n \cdot \mathrm{R} \cdot \Delta T$$

da cui:

$$c_P = c_V + \mathrm{R}$$

detta *relazione di Mayer.*

Quindi il calore specifico del gas nel caso di trasformazione isobara è maggiore del calore specifico a volume costante, perché deve tenere conto dell'energia aggiuntiva necessaria per vincere le forze esterne: la risposta esatta è quindi la **C**.

PARTE TERZA

68 La luce bianca è formata da onde elettromagnetiche aventi frequenze comprese tra $3{,}75 \cdot 10^{14}$ Hz e $7{,}5 \cdot 10^{14}$ Hz. A questo spettro di frequenze corrisponde uno spettro di colori che va gradatamente dal rosso al violetto.

Quando un corpo viene colpito dalla luce, ne assorbe una parte (alcune sue frequenze) e riflette l'altra. Il colore del corpo all'occhio di un osservatore è dato dalla somma delle frequenze riflesse (quelle non assorbite). Il colore di un corpo dipende quindi dalle radiazioni riflesse e assorbite (risposta **C**).

69 Si noti che le risposte **A** e **B** richiamano le leggi della riflessione e della rifrazione adattate al fenomeno della diffrazione. In entrambi i casi si tratta di affermazioni prive di senso in quanto non è definibile un angolo di diffrazione. Anche la **C** è sbagliata: la diffrazione è infatti una prova della natura ondulatoria della luce. La diffrazione è quel fenomeno per cui la propagazione della luce non segue necessariamente le leggi dell'ottica geometrica: quando la luce incontra fessure o ostacoli di dimensioni confrontabili con quelle della sua lunghezza d'onda, essa è in grado di superarli e di invadere la zona d'ombra dopo l'ostacolo o la fessura. La risposta esatta è quindi la **D**.

70 L'energia di un fotone è direttamente proporzionale alla frequenza ν dell'onda elettromagnetica secondo la relazione $E = \mathrm{h} \cdot \nu$ nella quale h è la costante di Planck. La risposta esatta è la **A**.

71 La risposta corretta è la **D**: una radiazione infrarossa ha lunghezza d'onda pari a circa 10^4 nm e frequenza compresa fra 10^{12} e 10^{14} Hz, mentre una radiazione ultravioletta ha lunghezza d'onda pari a circa 100 nm e frequenza compresa fra 10^{14} e 10^{16} Hz.

72 Più è denso il mezzo nel quale il suono si propaga, maggiore è la velocità di propagazione. Disponendo i mezzi indicati nelle risposte in ordine crescente di densità, si ottiene anche l'ordine relativo delle velocità di propagazione del suono (e infatti nel vuoto il suono non si propaga):

vuoto < aria < acqua < grafite < ferro

La risposta esatta è dunque la **A**.

73 È conveniente rappresentare graficamente il problema:

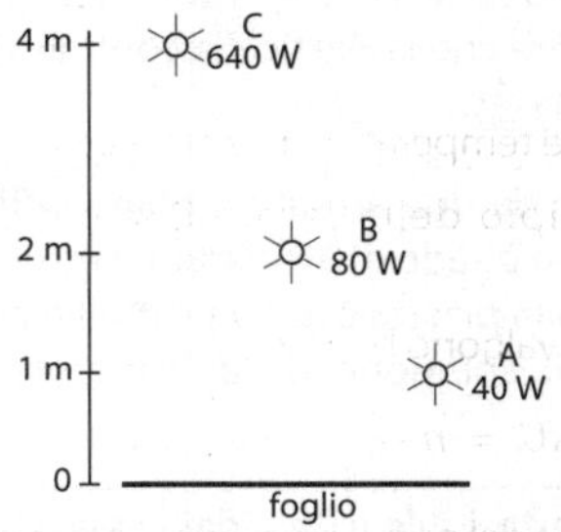

L'intensità di illuminazione è inversamente proporzionale al quadrato della distanza dalla sorgente: la lampada che illumina di meno è la B, mentre la A e la C producono la stessa illuminazione sul foglio di carta. La risposta esatta è la **A**.

74 Le onde elettromagnetiche, e dunque anche la luce, sono onde trasversali, come indicato dall'alternativa **C**. Il suono è invece un'onda longitudinale che, come tutte le onde meccaniche, e in particolare quelle elastiche, necessita di un mezzo nel quale propagarsi.

75 Il fenomeno dell'effetto Doppler consiste nella variazione della frequenza di un'onda dovuta al moto relativo tra sorgente e osservatore lungo la linea che li congiunge. La risposta esatta è dunque la **A**.

76 Quando i raggi X incidono sul corpo cedono a esso (o meglio ai suoi ioni negativi) parte della loro energia. Il risultato è la ionizzazione degli atomi del corpo, che perdono la loro carica negativa e si neutralizzano (risposta **B**).

77 Come noto, due cariche poste a distanza *r* si attraggono o si respingono (a seconda dei segni delle cariche) con una forza data dalla legge di Coulomb, il cui modulo vale:

$$|\mathbf{F}| = K_0 \cdot \frac{|Q_1 \cdot Q_2|}{r^2}$$

Nella situazione proposta abbiamo cariche raddoppiate e distanza raddoppiata:

$$|\mathbf{F}| = K_0 \cdot \frac{|2 \cdot Q_1 \cdot 2 \cdot Q_2|}{(2 \cdot r)^2} = K_0 \cdot \frac{4 \cdot |Q_1 \cdot Q_2|}{4 \cdot r^2} = K_0 \cdot \frac{|Q_1 \cdot Q_2|}{r^2}$$

La forza risulta quindi invariata: la risposta corretta è pertanto la **E**.

78 Una carica q posta in un campo elettrico acquista una certa energia potenziale elettrica E_p. Il rapporto $V_p = E_p / q$ è la definizione di potenziale elettrico. Si tratta perciò di una grandezza scalare (risposta **B**). Il potenziale ha le dimensioni di una energia diviso le dimensioni di una carica elettrica (risposta **E** errata). Svolgendo i calcoli si ottiene: $[V_p] = [ML^2]/[i\,T^3]$.
La sua unità di misura è il volt (risposta **D** errata).

79 La risposta corretta è la **C**. Solo la carica elettrica è una grandezza derivata nel SI: si misura in coulomb e ha le dimensioni di un'intensità di corrente elettrica per un tempo:

$$1\,\text{coulomb} = 1\ \text{ampere} \cdot 1\ \text{secondo}$$

80 Le superfici equipotenziali del campo elettrico sono formate da quei punti dello spazio che si trovano tutti allo stesso potenziale. Tali superfici sono sempre ortogonali alle linee di forza del campo elettrico, pertanto il vettore campo elettrico è sempre ortogonale a ogni superficie equipotenziale (risposta **C**).

FISICA

81 Una particella *carica* immersa in un campo elettrico è sottoposta a una forza $F = E/q$. Tuttavia, una particella *neutra* non subisce alcuna influenza da parte di un campo elettrico: per il principio di inerzia si deve concludere che la particella continua indisturbata il suo moto rettilineo uniforme. La risposta corretta è la **E**.

82 Un condensatore formato da due armature piane infinite viene detto *condensatore piano*. Una volta caricato, il suo interno è sede di un campo elettrico uniforme le cui linee di campo sono parallele tra loro e dirette dalla piastra positiva a quella negativa. Se si pone un elettrone al suo interno, le forze del campo lo spingono verso l'armatura positiva, fino ad arrivare a contatto. La risposta esatta è la **B**.

83 L'energia dissipata per effetto Joule è data dalla relazione:

$$E = \Delta V \cdot i \cdot t = R \cdot i^2 \cdot t = \frac{\Delta V^2}{R} \cdot t$$

Sostituendo i valori numerici si ottiene:

$$E = \frac{(0{,}2)^2}{0{,}1} \cdot 10^{-2}\ \text{J} = 0{,}04 \cdot 10 \cdot 10^{-2}\ \text{J} = 4 \cdot 10^{-3}\ \text{J}$$

La risposta corretta è la **D**.

84 Poiché si vuole mantenere costante il valore della corrente elettrica $i = \Delta V/R$ e si dimezza la resistenza si dovrà avere:

$$i = \frac{\Delta V_1}{R_1} = \frac{\Delta V_2}{R_2} \quad \rightarrow \quad \Delta V_2 = \frac{\Delta V_1}{R_1} \cdot R_2 = \frac{\Delta V_1}{R_1} \cdot \frac{1}{2} R_1 = \frac{\Delta V_1}{2}$$

La risposta corretta è dunque la **A**, in quanto 8 V è pari a metà della tensione iniziale.

85 Si tratta di un quesito particolare che richiede un ragionamento per esclusione.

Un filo di materiale molto lungo si comporta da resistenza elettrica e quando viene collegato a una d.d.p. segue la prima legge di Ohm: $V = i \cdot R$. In base a questa si possono fare varie considerazioni corrette che però non risultano tra quelle proposte. Consideriamo anche la seconda legge di Ohm, $R = \rho \cdot l/S$, dove l è la lunghezza del filamento, S la sua sezione e ρ è un parametro che dipende dalla natura del materiale, detto resistività. Anche in base a questa seconda legge si possono fare varie considerazioni che però non risultano riportate in modo corretto.

Rimane perciò da esaminare la risposta **D**. La capacità di una pila esprime la quantità di carica totale che l'apparecchio riesce a far circolare nella sua vita lavorativa e spesso si misura in Ah (Ampere · ora). Risulta così corretta la risposta **D**.

86 Si noti che l'alternativa **A** riporta l'unità di misura della quantità di carica (coulomb) anziché quella della corrente (ampere = coulomb / secondo), e dunque può essere esclusa a priori. La potenza dissipata da una lampadina vale: $P = V \cdot i$. Essendo V costante e identica ai capi del parallelo, invertendo la relazione è possibile ricavare per ciascuno dei tre rami del parallelo la corrente circolante:

$$i_1 = P_1/V = 50\ \text{W}/25\ \text{V} = 2\ \text{A}$$

$$i_2 = P_2/V = 50\ \text{W}/25\ \text{V} = 2\ \text{A}$$

$$i_3 = P_3/V = 100\ \text{W}/25\ \text{V} = 4\ \text{A}$$

La corrente totale erogata dalla batteria è data dalla *legge dei nodi* (la somma delle correnti entranti in un nodo è pari alla somma delle correnti uscenti): la corrente totale è dunque 8 A, e la risposta esatta è la **D**.

PARTE TERZA

87 Il lavoro prodotto dal riscaldamento di una resistenza R attraversata da una certa intensità di corrente è pari al prodotto della potenza dissipata da tale resistenza per il tempo trascorso:

$$L = P \cdot \Delta t$$

È dunque necessario ricavare il tempo tramite la relazione:

$$\Delta t = \frac{\Delta Q}{i} = \frac{20\ \text{C}}{100\ \text{A}} = 0{,}2\ \text{s}$$

A questo punto si osserva facilmente che la risposta corretta è la **B**, in quanto:

$$L = P \cdot \Delta t = 50\ \text{W} \cdot 0{,}2\ \text{s} = 10\ \text{J}$$

---

88 Un circuito elettrico dotato di un generatore da 20 V è attraversato da una corrente di 100 mA quando la resistenza totale in esso inserita vale 200 Ω. In tal caso infatti la prima legge di Ohm si scrive:

$$\Delta V = R \cdot i \rightarrow R = \frac{\Delta V}{i} = \frac{20\ \text{V}}{0{,}1\ \text{A}} = 200\ \Omega$$

Affinché la resistenza totale del circuito sia 200 Ω è sufficiente mettere in serie al muscolo una resistenza di 160 Ω, in quanto 40 Ω + 160 Ω = 200 Ω (risposta **A**).

---

89 Il lavoro di carica di un condensatore è dato da $L = \frac{1}{2} \cdot \frac{Q^2}{C}$ dove Q è la carica immagazzinata sulle armature e C è la capacità del condensatore.
Indicando con ΔV la differenza di potenziale tra le armature, si ha:

$$C = \frac{Q}{\Delta V} \rightarrow Q = C \cdot \Delta V$$

Si ricava così $L = \frac{1}{2} \cdot \frac{Q^2}{C} = \frac{1}{2} \cdot \frac{(C \cdot \Delta V)^2}{C} = \frac{1}{2} \cdot C \cdot (\Delta V)^2$

Sostituendo i valori si ottiene: $L = \frac{1}{2} \cdot 10^{-6}\ \text{F} \cdot 9 \cdot 10^6\ \text{V}^2 = \frac{9}{2}\ \text{J} = 4{,}5\ \text{J}$.

La risposta corretta è la **B**.

---

90 La risposta esatta è la **A**, in quanto si applica la formula:

$$C_{eq} = C_1 + C_2$$

Si noti l'inversione della regola di composizione rispetto al caso delle resistenze.

---

91 La seconda legge di Ohm afferma che la resistenza R di un filo conduttore è:

$$R = \rho \frac{l}{S}$$

dove ρ è un coefficiente caratteristico del materiale, che prende il nome di *resistività* o *resistenza specifica* del materiale, l è la lunghezza del filo e S è la sua sezione. Ricavando ρ dall'equazione precedente si ottiene:

$$\rho = R \cdot S / l$$

da cui si deduce, ponendo il valore "1" per S e per l, che la risposta corretta è la **D**.

---

92 Si osservi che la risposta al quesito può essere data per esclusione: tra quelle indicate nelle alternative, l'unica unità di misura della corrente è l'ampere (con simbolo A), pertanto l'unica risposta corretta deve essere la **D**. Per inciso, il watt (W) è l'unità di misura della potenza; il joule (J) dell'energia; il $\text{m} \cdot \text{s}^{-2}$ dell'accelerazione.

FISICA

In ogni caso, per calcolare la corrente si usa la prima legge di Ohm:

$$i = \frac{\Delta V}{R} = \frac{20\ \text{V}}{10\ \Omega} = 2\ \text{A}$$

93 Il calore dissipato per effetto Joule da una resistenza attraversata da una intensità di corrente i in un tempo t è dato dalla relazione $L = \Delta V \cdot i \cdot t$. Conoscendo la differenza di potenziale ΔV ai capi della resistenza si può calcolare il calore dissipato: la risposta corretta è dunque la **A**.

94 La carica elettrica, come l'energia e la massa, si conserva: in un circuito elettrico la carica elettrica non si crea e non si distrugge. L'intensità di corrente rappresenta la carica che attraversa una sezione del circuito nell'unità di tempo: l'intensità di corrente in entrata e in uscita da un elemento del circuito devono essere uguali. La risposta corretta è dunque la **A**.

95 Ricordando che la corrente che circola in ogni lampadina si ricava tramite il rapporto $i = \Delta V / R$, a parità di tensione sarà maggiore il valore della corrente avente resistenza inferiore. Emette dunque più luce la lampadina A e la risposta esatta è la **D**.

96 Come osservato dal fisico danese Ørsted nel 1820, un filo rettilineo percorso da corrente genera intorno a sé un campo magnetico: risposta **A**.

97 La risposta corretta è la **A**. Infatti un filo *rettilineo* percorso da corrente genera intorno a sé un campo magnetico le cui linee di forza sono *circonferenze concentriche* e la cui intensità è data dalla legge di Biot e Savart:

$$|\mathbf{B}| = \frac{\mu_0 \mu_r}{2\pi} \cdot \frac{i}{r}$$

98 Quando si parla di corrente efficace siamo nel campo delle correnti alternate. Per calcolare il valore dell'intensità di corrente efficace i_{eff} di una corrente alternata si effettua il calcolo dell'intensità della corrente continua che provocherebbe la stessa dissipazione energetica per effetto Joule. Dal momento che l'intensità è pari al rapporto fra la potenza e la tensione (differenza di potenziale), si ricava:

$$i_{\text{eff}} = \frac{P}{\Delta V} = \frac{770\ \text{W}}{220\ \text{V}} = 3{,}5\ \text{A}$$

quindi la risposta corretta è la **D**.

99 Quando due vettori sono perpendicolari tra loro, il loro prodotto scalare è nullo: le forze perpendicolari allo spostamento non compiono lavoro. La risposta esatta è quindi la **C**.

100 Come mostrato nella figura seguente, le linee di forza di un campo di induzione magnetica **B** sono chiuse.

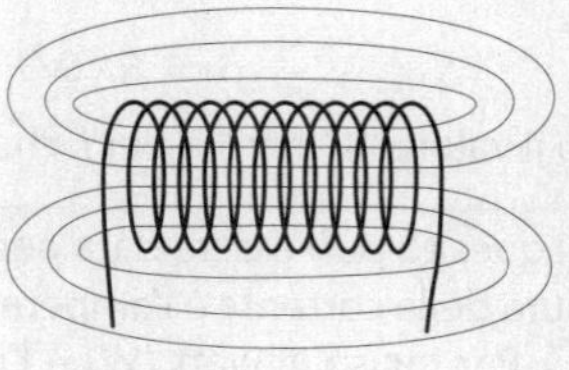

La risposta esatta è quindi la **E**.

parte quarta

CHIMICA

Quesiti

1 **Quale dei seguenti è un elemento chimico?**

- **A** Legno
- **B** Acido cloridrico
- **C** Bronzo
- **D** Alluminio
- **E** Lapislazzulo

2 **Quale carica ha un sistema formato da 7 protoni, 7 neutroni e 6 elettroni?**

- **A** – 6
- **B** – 1
- **C** 0
- **D** + 1
- **E** + 7

3 **Il berillio (numero di massa 9, numero atomico 4) ha:**

- **A** 4 elettroni e 5 neutroni
- **B** 9 elettroni e 5 neutroni
- **C** 4 protoni e 9 neutroni
- **D** 9 elettroni e 4 neutroni
- **E** 4 neutroni e 5 elettroni

4 **Il numero atomico del magnesio è 12. Quanti elettroni possiede lo ione Mg^{2+}?**

- **A** 22
- **B** 14
- **C** 10
- **D** 24
- **E** 26

5 **Qual è il simbolo chimico del potassio?**

- **A** Po
- **B** Pt
- **C** P
- **D** Ka
- **E** Nessuno di quelli proposti

6 **Se un atomo ha numero atomico uguale a 15, gli elettroni presenti nel livello esterno sono:**

- **A** 8
- **B** 17
- **C** 2
- **D** 5
- **E** 10

CHIMICA

7 **Lo ione O^{2-} ha la stessa configurazione elettronica:**

- A dello ione F^-
- B dello ione Ca^{2+}
- C dello ione S^{2-}
- D dell'atomo di Na
- E dell'atomo di Mg

8 **Qual è la carica dello ione più stabile dell'elemento che ha configurazione elettronica $1s^2\ 2s^2\ 2p^6\ 3s^2\ 3p^1$?**

A +2 B +3 C −3 D +5 E −2

9 **Gli alogeni:**

- A hanno la tendenza ad acquistare un elettrone
- B hanno la tendenza a perdere gli elettroni più esterni
- C hanno la tendenza a formare ioni positivi
- D sono gas nobili
- E sono elementi del primo gruppo della tavola periodica

10 **Quale dei seguenti elementi, dei quali è indicato il numero atomico Z, è un elemento di transizione?**

- A Cs (Z=55)
- B Ca (Z=20)
- C Cu (Z=29)
- D C (Z=6)
- E Cl (Z=17)

11 **Ordinare in ordine crescente di elettronegatività i seguenti elementi: F, Fe, Na.**

- A Fe < F < Na
- B F < Fe < Na
- C Na < Fe < F
- D Na < F < Fe
- E F < Na < Fe

12 **Quale dei seguenti è un metallo?**

- A L'azoto
- B L'ottone
- C L'onice
- D L'acciaio
- E Il rame

13 **Gli isotopi di uno stesso elemento sono atomi:**

- A aventi uguali proprietà fisiche
- B aventi uguale massa ma peso diverso
- C che differiscono per il numero di elettroni
- D formatisi per il decadimento radioattivo di altri isotopi
- E che differiscono per la composizione dei nuclei

PARTE QUARTA

14 **In chimica, il simbolo Hg:**

- **A** indica l'acidità di una soluzione espressa in grammi
- **B** è un'unità di misura della pressione
- **C** è il simbolo del mercurio
- **D** non ha alcun senso
- **E** è il simbolo dell'afnio

15 **Nel nuclide:**

$$^{60}_{27}Co$$

il numero di neutroni è:

- **A** 27
- **B** 30
- **C** 33
- **D** 60
- **E** 87

16 **Tra le seguenti affermazioni riguardanti il numero atomico (Z) del ^{12}C, individuare quella FALSA.**

- **A** È numericamente uguale al numero dei neutroni del ^{12}C
- **B** È numericamente uguale al numero degli elettroni del ^{12}C
- **C** È uguale alla metà del suo numero di massa (A)
- **D** È uguale al numero atomico del ^{14}C
- **E** È dato dalla media ponderata delle masse di tutti gli isotopi del C

CHIMICA

17 **Assumendo che i pesi atomici relativi dell'idrogeno (H), del carbonio (C) e dell'ossigeno (O) valgano rispettivamente 1,12 e 16, il peso molecolare del composto H_2CO_3 è:**

- **A** 48
- **B** 6
- **C** 29
- **D** 58
- **E** 62

18 **Il numero N = $6{,}022 \times 10^{23}$:**

- **A** corrisponde al numero quantico principale
- **B** il numero di particelle contenute in una mole di sostanza
- **C** corrisponde alla costante dei gas perfetti
- **D** non esiste
- **E** nessuna delle altre alternative è corretta

19 **Quanti atomi sono contenuti in mezza mole di fosforo? (Z = 15 e A = 31).**

- **A** 6,02
- **B** $6{,}02 \times 10^{23}$
- **C** 15
- **D** $3{,}01 \times 10^{23}$
- **E** $31 \times 6{,}02 \times 10^{23}$

20 **Quanti grammi pesano 2 moli di acqua?**

A 2 B 8 C 18 D 36 E 24

21 **Quanto pesa una mole di boro (numero di massa 11, numero atomico 5)?**

A 11 g
B Una quantità in g pari al numero di Avogadro
C 5 g
D 11 kg
E 16 g

22 **Ci sono più atomi in 1 g di alluminio, Al (PA = 27), o in 1 g di piombo, Pb (PA = 207)?**

A Dipende dalle condizioni di temperatura e pressione
B Il numero di atomi è lo stesso dato che i grammi sono gli stessi
C Ci sono più atomi in 1 g di Pb perché ha peso atomico maggiore
D Ci sono più atomi in 1 g di Al perché ha peso atomico minore
E I dati del problema sono insufficienti per poter dare una risposta univoca

23 **Quale massa di zolfo (massa atomica relativa 32 u) contiene lo stesso numero di atomi di 3 g di carbonio (massa atomica relativa 12 u)?**

A 8 g
B 20 g
C 4 g
D 16 g
E 12 g

24 **Il volume di una mole di gas perfetto, in condizioni standard, corrisponde a:**

A 1 litro
B N (numero di Avogadro) litri
C 22,4 litri
D 0,082 litri
E dipende dalla natura del gas

25 **Se un metallo ha densità di 8 g/cm^3, il volume occupato da 4 kg del metallo è:**

A 5 dm^3
B 0,5 dm^3
C 50 dm^3
D 5 cm^3
E 0,05 dm^3

26 **Un legame covalente polare è dato dalla:**

A cessione di uno o più elettroni da un atomo a un altro
B condivisione di due elettroni tra due atomi di uguale elettronegatività
C condivisione di due elettroni tra due atomi di diversa elettronegatività
D cessione da parte di un solo atomo della coppia di elettroni formanti il legame
E condivisione di un protone per ogni atomo

PARTE QUARTA

27 **Nella molecola H_2 i due atomi di idrogeno sono uniti da un legame:**

A ionico
B covalente
C a idrogeno
D covalente polare
E dativo

28 **Il legame chimico tra gli atomi di carbonio nell'etano è un legame di tipo:**

A covalente polare
B covalente apolare
C ionico
D dativo
E metallico

29 **Quando un atomo di carbonio è ibridato sp^2 si formano:**

A due orbitali ibridi sp^2 e 2 orbitali non ibridizzati diretti lungo i vertici di un triangolo equilatero
B tre orbitali ibridi sp^2 giacenti su un piano e un orbitale non ibridato perpendicolare al piano
C due orbitali ibridi che si dispongono ai due lati opposti del nucleo e due orbitali p non ibridati perpendicolari a questo asse
D quattro orbitali ibridi diretti lungo i vertici di un tetraedro
E quesito senza soluzione univoca o corretta

30 **Il tipo di interazione tra il polo positivo di una molecola e il polo negativo di un'altra molecola viene definito:**

A legame ionico
B interazione più/meno
C nessuna delle altre risposte è corretta
D interazione di Van der Waals
E interazione dipolo-dipolo

31 **L'affermazione "Un cristallo di cloruro di sodio è formato da un enorme numero di molecole ordinate in un reticolo tridimensionale" è ERRATA.**
Quale alternativa riporta la parola o le parole NON corrette?

A Ordinate in un reticolo
B Tridimensionale
C Cristallo
D Enorme numero
E Molecole

32 **Per quanto riguarda le caratteristiche dei seguenti alogeni: fluoro, cloro, bromo e iodio, a 1 bar e 25°C, quale delle seguenti affermazioni è vera?**

A F_2 e Cl_2 sono gas, Br_2 e I_2 sono solidi
B F_2 è gas, Cl_2 e Br_2 sono liquidi e I_2 è solido
C F_2 e Cl_2 sono gas, Br_2 è liquido e I_2 è solido
D F_2, Cl_2 e Br_2 sono gas e I_2 è liquido
E F_2 e Cl_2 sono gas, Br_2 e I_2 sono liquidi

33 **Il cesio è il metallo alcalino più elettropositivo, il fluoro l'alogeno più elettronegativo. Tra loro quindi:**

A formano legami ionici
B formano legami covalenti
C non posso formare legami
D formano legami di coordinazione
E formano legami sia ionici sia covalenti

34 **Quale di queste sostanze, allo stato solido, è il miglior conduttore?**

A Acqua
B Diamante
C Cloruro di sodio
D Rame
E Zucchero

35 **Il numero di ossidazione dello zolfo nel composto $Al_2(SO_4)_3$ è:**

A +3
B +6
C −2
D +4
E −6

36 **Quale delle sequenze sottoindicate è ordinata secondo numeri di ossidazione crescenti per l'azoto?**

A N_2O_4 HNO_3 HNO_2
B NO N_2O_4 HNO_2
C HNO_3 HNO_2 N_2O_4
D N_2H_4 NO HNO_2
E HNO_3 N_2O_4 HNO_2

37 **La formula del bicarbonato di calcio è:**

A $CaCO_3$
B $Ca(HCO_3)_2$
C $CaHCO_3$
D $Ca_3(CO_3)_2$
E $CaCO_2$

38 **La formula H_2SO_3 corrisponde a:**

A acido solforoso
B acido solfidrico
C acido solforico
D anidride solforosa
E anidride solforica

39 **Che numero di ossidazione ha l'ossigeno nella molecola O_2?**

A 0 B −2 C +2 D −1 E −1/2

40 Un metallo si differenzia da un non metallo perché:

- A ha una elevata elettronegatività
- B forma ossidi con caratteristiche basiche
- C forma ossidi con caratteristiche acide
- D forma sempre legami ionici
- E è resistente alla corrosione

41 Gli idracidi sono:

- A acidi che contengono un idrossile
- B composti binari formati solo da atomi di idrogeno e da un elemento molto elettronegativo, come Cl, F o I
- C acidi organici che si sciolgono in acqua
- D acidi che hanno un forte potere idratante
- E composti ternari la cui formula contiene la molecola H_2O

42 I sali possono derivare dalla reazione tra:

- A acido e anidride
- B due metalli
- C acido e non metallo
- D ossido e non metallo
- E acido e metallo

43 Indicare il fenomeno naturale che NON comporta reazioni chimiche.

- A Digestione del cibo ingerito
- B Maturazione di una mela
- C Comparsa dell'arcobaleno
- D Ingiallimento delle foglie in autunno
- E Degradazione di una busta di plastica per esposizione alla luce solare

44 Nella reazione di ossidoriduzione $HBrO_3 + H_2S \rightarrow Br_2 + S + H_2O$ i coefficienti stechiometrici sono rispettivamente:

- A $2:3 \rightarrow 1:3:4$
- B $1:2 \rightarrow 1:2:5$
- C $2:2 \rightarrow 1:2:3$
- D $1:2 \rightarrow 2:1:2$
- E $2:5 \rightarrow 1:5:6$

45 Individua la successione numerica che indica correttamente i coefficienti della seguente reazione chimica: $C_6H_6 + O_2 \rightarrow CO_2 + H_2O$

- A $1, 6 \rightarrow 3, 3$
- B $1, 6 \rightarrow 6, 3$
- C $2, 7 \rightarrow 3, 1$
- D $2, 9 \rightarrow 12, 6$
- E $2, 15 \rightarrow 12, 6$

CHIMICA

46 **Se reagiscono 2 moli di acido cloridrico con 1 mole di idrossido di bario, quante moli di cloruro di bario si formano?**

A 2
B 0,5
C 3
D 1
E 6

47 **Data la reazione:**

$$Fe + Cu^{2+} \rightarrow Fe^{2+} + Cu$$

si può dire che:

A Fe è l'agente ossidante
B Fe si è ossidato
C Cu^{2+} è l'agente riducente
D Fe acquista elettroni
E Cu^{2+} si è ossidato

48 **Quale tra le seguenti è una reazione di neutralizzazione?**

A $Na_2SO_4 + 2\,H_2O \rightarrow 2\,NaOH + H_2SO_4$
B $CH_4 + O_2 \rightarrow CO_2 + 2\,H_2O$
C $CaCO_3 \rightarrow CaO + CO_2$
D $KOH + HCl \rightarrow KCl + H_2O$
E $C_6H_{12}O_6 + 6\,O_2 \rightarrow 6\,CO_2 + 6\,H_2O$

49 **Se in una reazione un elemento diminuisce il suo numero di ossidazione, vuol dire che:**

A si è ridotto
B ha ceduto elettroni
C si è ossidato
D il numero di elettroni è rimasto invariato
E è una sostanza riducente

50 **Quanti grammi di $CaCO_3$ si devono far reagire con acido cloridrico in eccesso per produrre una mezza mole di CO_2? (masse atomiche: Ca = 40; Cl = 35,5)**

A 88
B 44
C 200
D 50
E 100

51 **Nell'acqua, che è un solvente polare, si scioglie meglio:**

A un grasso
B la benzina
C un sapone
D NaCl (soluto ionico)
E nessuna delle altre alternative è corretta

PARTE QUARTA

52 **Il sale da cucina è il cloruro di sodio, NaCl, solubile in acqua liquida fino a una concentrazione massima di 348 g per kg di acqua a temperatura ambiente. Se si prova a scioglierne in quantità maggiore senza variare la temperatura:**

A il sale in eccesso galleggia sulla superficie della soluzione
B l'acqua comincia a bollire
C l'acqua solidifica
D il sale evapora
E il sale in eccesso si raccoglie sul fondo del recipiente

53 **Mescolando due gas che NON reagiscono tra loro si ottiene:**

A una miscela eterogenea
B un composto gassoso a composizione variabile
C una soluzione, se i due gas hanno le molecole entrambe mono o biatomiche
D sempre una soluzione
E un miscuglio o una soluzione, a seconda della loro natura

54 **Quale delle seguenti affermazioni riguardanti la solubilità dell'azoto è vera?**

A La solubilità dell'azoto in acqua è maggiore a 0 °C rispetto a 50 °C
B La solubilità dell'azoto in acqua è indipendente dalla temperatura
C Aumentando la pressione la solubilità dell'azoto in un liquido cala
D L'azoto è solubile in un solvente apolare ma non in acqua
E Una volta sciolto in acqua l'azoto ionizza e quindi dissocia quasi completamente

55 **La molalità di una soluzione indica il numero di moli di soluto contenute in un:**

A litro di soluzione
B litro di solvente
C grammo di solvente
D grammo di soluzione
E chilogrammo di solvente

56 **Per diluire una soluzione bisogna:**

A aggiungere soluto
B la soluzione non si può diluire in nessun modo
C prima aggiungere soluto e poi solvente
D togliere soluto
E aggiungere solvente

57 **Dato il composto chimico A, di peso molecolare 50, quale tra le seguenti soluzioni, preparate sciogliendo A in acqua, contiene una maggiore quantità di A per litro di soluzione?**

A Soluzione 1 molare
B Soluzione al 10% peso/volume
C Soluzione al 5% peso/volume
D Soluzione 0,5 molale
E Soluzione contenente 20 grammi di A per litro di soluzione

58 **Indicare la normalità di una soluzione di H_2SO_4 2 M:**

A 0,5 B 1 C 2 D 0,2 E 4

CHIMICA

59 **Qual è la molarità di una soluzione contenente 10 g di NaOH in 500 mL di soluzione? (PA: Na = 23; O = 16; H = 1)**

- A 20
- B 10
- C 1
- D 0,25
- E 0,5

60 **Le proprietà colligative delle soluzioni sono quelle proprietà che dipendono:**

- A dal numero delle particelle di soluto
- B dalla natura delle particelle di soluto
- C dal pH della soluzione
- D dalla forza ionica
- E dalla temperatura della soluzione

61 **Una soluzione acquosa di KBr rispetto all'acqua pura ha:**

- A lo stesso punto di congelamento
- B lo stesso punto di ebollizione
- C punto di ebollizione più alto
- D volume maggiore
- E punto di ebollizione più basso

PARTE QUARTA

62 **Sono elettroliti forti in acqua:**

- A tutti gli acidi
- B tutti gli idrossidi
- C tutte le anidridi
- D tutte le basi
- E tutti i sali solubili

63 **5,00 g di un sale vengono sciolti in 100 mL di acqua. 10 mL della soluzione così ottenuta vengono prelevati e diluiti a 100 mL. A quanto corrisponde il peso del residuo secco di questa seconda soluzione?**

- A 1,00 g
- B 5,00 g
- C 0,05 g
- D 2,00 g
- E 0,50 g

64 **Quale delle seguenti soluzioni esercita la pressione osmotica maggiore, a parità di temperatura?**

- A Cloruro di sodio 0,1 M
- B Acido acetico 0,1 M
- C Glucosio 0,1 M
- D Cloruro di bario 0,1 M
- E Acido formico 0,2 M

65 **Una reazione con $\Delta G = 0$:**

- A è esotermica
- B è endotermica
- C è all'equilibrio
- D è endoergonica
- E è esoergonica

66 **Una reazione che avviene con rifornimento di energia dall'esterno e porta alla produzione di molecole ad alto contenuto energetico, è detta:**

- A esoergonica
- B eterotrofa
- C termica
- D endotermica
- E endoergonica

67 **La velocità di una reazione chimica:**

- A è sempre indipendente dalle concentrazioni dei reagenti
- B può dipendere dalla concentrazione di uno o più reagenti
- C è determinata dal valore della costante di equilibrio della reazione
- D dipende sempre dalle concentrazioni del reagente presente in minor quantità
- E dipende dalla concentrazione di prodotti che si accumulano

68 **Il valore della costante di equilibrio di una reazione in fase liquida può cambiare se varia:**

- A la concentrazione dei reagenti
- B il volume di reazione
- C la velocità di formazione dei prodotti
- D la pressione
- E la temperatura

69 **Si dice che una reazione raggiunge lo stato di equilibrio chimico quando:**

- A la velocità della reazione diretta è uguale alla velocità della reazione inversa
- B inizia ad avvenire la reazione inversa
- C la velocità della reazione diretta inizia a diminuire
- D la velocità della reazione inversa inizia a diminuire
- E la velocità della reazione diretta si riduce a zero

70 **I catalizzatori sono:**

- A collanti potentissimi per attaccare il ferro
- B acceleratori di reazione
- C specie di catodi
- D altro nome per gli elementi del I gruppo del sistema periodico
- E sostanze che fanno variare la K di equilibrio di una reazione

CHIMICA

71 **Dati i seguenti acidi:**

(1) H_2SO_4; (2) CH_3COOH; (3) H_2S; (4) HCN; (5) $HClO_4$; (6) HNO_3; (7) H_3PO_4; (8) HF

individuare la serie che indica solamente quelli poliprotici.

- A (3), (4), (8)
- B (1), (5)
- C (2), (4), (6)
- D (1), (3), (7)
- E (1), (2), (3), (7)

72 **Quando l'acqua si trasforma in ione idronio H_3O^+, essa si comporta da:**

- A acido
- B anfolita
- C anione
- D base
- E catione

73 **Indicare l'acido triprotico:**

- A acido solfidrico
- B acido cloridrico
- C acido acetico
- D acido fosforico
- E acido solforico

74 **In una soluzione acquosa basica si ha che:**

- A $[H_3O^+] > 7$
- B $[OH^-] < 7$
- C $[H_3O^+] = [OH^-]$
- D $[H_3O^+] > [OH^-]$
- E $[H_3O^+] < [OH^-]$

75 **Una soluzione acquosa a 25°C in cui la concentrazione di H^+ è uguale a 10^{-5} M e la concentrazione di OH^- è pari a 10^{-8} M:**

- A non esiste
- B ha pH 5,0
- C ha pH 8,0
- D ha pH 0,8
- E ha pH 0,5

76 **Se in una soluzione acquosa la concentrazione degli ioni ossidrile è 10^{-3} moli/litro, la concentrazione degli ioni idrogeno deve essere:**

- A 10^{-5} mol/L
- B 10^{-3} mol/L
- C 10^{-11} mol/L
- D 10^{-4} mol/L
- E 10^{4} mol/L

77 **Una soluzione basica è caratterizzata:**

- A dalla concentrazione degli ioni ossidrile superiore a quella degli ioni idrogeno
- B dalla concentrazione degli ioni ossidrile inferiore a quella degli ioni idrogeno
- C dall'ossigeno disciolto a una pressione uguale a quella atmosferica
- D dall'ossigeno disciolto a una pressione inferiore a quella atmosferica
- E quesito senza soluzione univoca o corretta

78 **Il pH di una soluzione 0,1 M di NaOH è:**

- A 1
- B 13
- C 7
- D 5
- E 8

79 **Una soluzione ha pH = 2. La concentrazione molare di H^+ è:**

- A 10^{-2}
- B 10^{-12}
- C 10^{2}
- D 10^{12}
- E 10^{-10}

80 **Una soluzione che fa virare a rosso la cartina di tornasole contiene:**

- A NH_3
- B HCl
- C $NaHCO_3$
- D NaCl
- E KOH

81 **Per neutralizzare a solfato di sodio l'acido solforico (PM = 98) contenuto in 100 mL di una soluzione 0,1 molare è necessaria una quantità di idrossido di sodio (PM = 40) pari a:**

- A 0,01 mol
- B 4 g
- C 0,02 mol
- D 19 g
- E 9,8 g

82 **Quale di questi composti dà soluzioni non neutre?**

- A Glucosio
- B K_2SO_4
- C KCl
- D Na_2CO_3
- E $NaNO_3$

83 **Se un litro di una soluzione tampone formata da un acido debole e un suo sale con una base forte viene diluito con acqua a 3 litri, il pH della soluzione ottenuta:**

A diventa acido
B aumenta
C diminuisce
D resta invariato
E diventa basico

84 **Quale fra le seguenti affermazioni riguardanti molecole organiche è corretta?**

A Gli alcheni includono sempre legami carbonio-carbonio tripli
B Gli alcoli contengono sempre legami covalenti doppi
C Le aldeidi non contengono il gruppo carbonilico
D Le ammidi non contengono alcun atomo di azoto
E Le ammidi contengono il gruppo carbonilico

85 **Individuare la parola da scartare perché NON può essere riferita agli alcheni:**

A paraffina
B ibridazione sp^2
C insaturo
D doppio legame
E etilene

86 **Quale tra le seguenti reazioni non è tipica degli alcani?**

A Sostituzione
B Addizione elettrofila
C Deidrogenazione
D Alogenazione
E Combustione

87 **Quale tra i seguenti composti ha tutti gli atomi di carbonio tetraedrici?**

A Propanone
B Ciclopropene
C Propano
D Propene
E Propino

88 **Il gruppo funzionale –COOH è presente in tutte le molecole dette:**

A aldeidi
B idrocarburi
C chetoni
D acidi carbossilici
E eteri

89 **In un alchene il numero degli atomi di carbonio è sempre uguale:**

A al numero di atomi di idrogeno
B al doppio del numero degli atomi di idrogeno
C alla metà del numero degli atomi di idrogeno
D alla terza parte del numero degli atomi di idrogeno
E al numero di atomi di idrogeno meno due

90 **L'ossidazione parziale di un alcol secondario porta a:**

A un chetone
B un'aldeide
C un diolo
D un acido carbossilico
E CO_2

91 **Gli idrocarburi insaturi contengono sempre:**

A atomi di ossigeno
B legami multipli fra carboni contigui
C anelli aromatici eterociclici
D gruppi carbonilici intermolecolari
E legami multipli tra il carbonio 1 e il carbonio 2

92 **Che cosa sono gli enantiomeri?**

A Isomeri geometrici
B Isomeri ottici che non sono l'uno l'immagine speculare dell'altro
C Isomeri ottici che sono l'uno l'immagine speculare dell'altro
D Isomeri conformazionali
E Isomeri strutturali senza particolari proprietà

93 **Gli acidi grassi sono acidi formati da lunghe catene di atomi di carbonio, le quali possono essere:**

A sempre sature
B sempre insature
C sia sature che insature
D la domanda non ha senso
E sempre ramificate

94 **Quale delle seguenti formule è quella dell'acido formico?**

A CH_3CH_2COOH
B C_6H_5COOH
C CH_3CH_2OH
D $HCOOH$
E CH_3COOH

95 **Qual è la struttura dell'etere dietilico?**

A $CH_3–O–CH_3$
B $C_2H_5–O–C_2H_5$
C $C_3H_7–O–C_2H_5$
D $CH_3–O–C_2H_5$
E $C_2H_5–O–COOH$

96 **Quale tra i seguenti composti è un'ammide?**

A CH_3CONH_2 B CH_3COOCH_3 C CH_3NO_2 D CH_3NHCH_3 E CH_3NH_2

CHIMICA

97 **Il lattosio è un disaccaride costituito da:**

- A una molecola di glucosio e una molecola di fruttosio
- B due molecole di glucosio
- C due molecole di galattosio
- D una molecola di galattosio e una molecola di fruttosio
- E una molecola di glucosio e una molecola di galattosio

98 **Quale dei seguenti composti è una proteina?**

- A $C_{12}H_{22}O_{11}$
- B $C_6H_2O_6$
- C $C_{708}H_{1130}O_{224}N_{180}S_4P_4$
- D $(C_6H_{10}O_5)_n$
- E $C_{17}H_{35}COOH$

99 **L'urea è un composto azotato. Pertanto non può derivare dal metabolismo di:**

- A peptidi
- B polisaccaridi
- C polipeptidi
- D glicoproteine
- E amminoacidi

100 **Il legame glicosidico:**

- A è presente nei polisaccaridi
- B è presente nelle proteine
- C è presente nei grassi semplici
- D non esiste
- E è presente negli acidi grassi

PARTE QUARTA

Soluzioni e commenti

1 Il legno è un materiale complesso, formato da numerose sostanze chimiche; la risposta **A** è quindi errata. L'acido cloridrico è un composto formato dagli elementi idrogeno e cloro; anche la **B** si può quindi scartare. Il bronzo è una lega metallica, cioè una soluzione solida formata da rame e un altro metallo che di solito è lo stagno; la **C** è errata. Il lapislazzulo è una pietra preziosa formata da diversi minerali, ognuno dei quali ha una propria specifica composizione chimica; anche la **E** è quindi errata. La risposta corretta è la **D**: l'alluminio infatti è un elemento chimico, un metallo i cui atomi sono caratterizzati da uno specifico numero atomico.

2 Un sistema formato da 7 protoni, 7 neutroni e 6 elettroni ha una carica positiva in più rispetto al numero delle cariche negative, quindi avrà carica netta +1; risposta **D**.

3 Il numero atomico (Z) rappresenta il numero di protoni contenuti nel nucleo di un atomo, mentre il numero di massa (A) è dato dalla somma dei protoni e dei neutroni. Gli elettroni si trovano in movimento intorno al nucleo e, in un atomo neutro, sono presenti in numero pari ai protoni. Se per il berillio (Be) $A = 9$ e $Z = 4$, si può stabilire che questo atomo è formato da 4 protoni, 5 neutroni ($9 - 4 = 5$) e 4 elettroni; la risposta corretta è la **A**.

4 Un atomo neutro di magnesio possiede 12 protoni e 12 elettroni. Il Mg neutro si trasforma in ione Mg^{2+} perdendo due elettroni. Il numero di elettroni in uno ione Mg^{2+} è dunque pari a $12 - 2 = 10$; risposta **C**.

5 Il simbolo chimico del potassio è K (dal latino *kalium*); la risposta corretta è quindi la **E**.

6 Per rispondere al quesito è necessario ricordare quanti orbitali comprende ogni livello energetico, tenendo presente che ogni orbitale può ospitare al massimo due elettroni.

Il primo livello energetico, con $n = 1$, comprende un solo orbitale di tipo *s* (l'orbitale 1*s*). Il secondo livello, con $n = 2$, comprende l'orbitale 2*s* e i 3 orbitali 2*p*. Il primo livello quindi ospita al massimo 2 elettroni e il secondo 8 elettroni.

Il terzo livello, con $n = 3$, comprende l'orbitale 3*s*, i 3 orbitali 3*p* e i 5 orbitali 3*d*. Il terzo livello può quindi ospitare 18 elettroni.

Il quesito propone un atomo con $Z = 15$, in questo caso 10 elettroni trovano posto nei primi due livelli, mentre 5 si trovano nel livello esterno; risposta **D**.

7 L'atomo di O e l'atomo di S appartengono entrambi al gruppo 16: acquistando due elettroni sia lo ione O^{2-} che S^{2-} raggiungono l'ottetto, ma i due elementi appartengono a periodi differenti. L'ossigeno è infatti del secondo periodo (configurazione esterna $2s^2\ 2p^6$), lo zolfo appartiene invece al terzo periodo (configurazione esterna $3s^2\ 3p^6$) e possiamo escludere l'opzione **C**.

Osservazione analoga per il catione calcio Ca^{2+}: perdendo due elettroni raggiunge l'ottetto con configurazione elettronica esterna $3s^2\ 3p^6$, anche l'opzione **B** è errata. L'atomo di sodio (Na) e l'atomo di magnesio (Mg) appartengono rispettivamente al gruppo 1 e al gruppo 2. Gli elementi appartenenti al primo gruppo possiedono un elettrone di valenza e gli elementi del gruppo 2 hanno 2 elettroni di valenza. Possiamo pertanto escludere le opzioni **D** ed **E**. Il Fluoro è un alogeno appartenente al gruppo 17, acquistando un elettrone assume la configurazione elettronica esterna del gas nobile che lo segue (il Neon): $2s^2\ 2p^6$, ovvero la stessa dell'anione O^{2-}. La risposta corretta è pertanto la **A**.

8 Dato che la configurazione con il guscio di valenza completo (ottetto) è la più stabile, gli atomi tendono a cedere, acquistare o condividere elettroni per raggiungere questa configurazione.

L'elemento proposto ha 3 elettroni nel livello energetico esterno (con n=3), quindi tenderà a perderli per raggiungere la configurazione elettronica del gas nobile che lo precede nella tavola periodica. In questo modo si trasforma in un catione con carica +3. La **B** è la risposta esatta.

9 Sono chiamati alogeni gli elementi del gruppo VIIA della tavola periodica (il gruppo 17, secondo la numerazione IUPAC più aggiornata). Caratterizzati da configurazione elettronica esterna s^2p^5, hanno una forte tendenza ad accettare un elettrone, in tal modo si trasformano in ioni monovalenti negativi e completano l'ottetto di valenza. La risposta corretta è la **A**.

10 Gli elementi di transizione sono gli elementi metallici appartenenti al *blocco d* della Tavola Periodica. Il cesio (Cs) è un elemento del gruppo IA; il calcio (Ca) appartiene al gruppo IIA; il carbonio (C) appartiene al gruppo IVA, il cloro (Cl) è un alogeno e pertanto appartiene al gruppo VIIA. L'unico elemento tra quelli proposti che appartiene al *blocco d* è il rame (Cu).

È possibile verificare con la configurazione elettronica se effettivamente gli elettroni di valenza stiano sul blocco *d*: $1s^2\ 2s^2\ 2p^6\ 3s^2\ 3p^6\ 4s^2\ 3d^9$. La risposta corretta è pertanto la **C**.

PARTE QUARTA

11 L'elettronegatività, cioè la tendenza di un atomo, impegnato in un legame, ad attrarre gli elettroni di legame, è una proprietà periodica degli elementi: aumenta nei periodi da sinistra a destra e diminuisce nei gruppi, dall'alto verso il basso, quindi gli elementi più elettronegativi sono quelli in alto a destra nella tavola periodica. Per rispondere correttamente al quesito, indicando l'alternativa **C**, è sufficiente ricordare che il fluoro (F) è l'elemento più elettronegativo.

12 L'azoto è un non metallo; l'ottone è una lega formata da rame e zinco; l'acciaio è una lega formata da ferro e carbonio; l'onice è un minerale, quindi ha una composizione chimica specifica e non è un metallo. La risposta corretta è la **E**: il rame è un elemento chimico appartenente al gruppo dei metalli.

13 Gli isotopi di un elemento sono atomi aventi lo stesso numero atomico ma diverso numero di massa perché contenenti un diverso numero di neutroni nel nucleo. Gli atomi di questo tipo hanno le stesse caratteristiche chimiche, ma diverse proprietà fisiche (la **A** è quindi sbagliata). La definizione corretta, fra quelle proposte è la **E**.

14 In chimica Hg è il simbolo dell'elemento mercurio (dal greco *hydrárgyros*, "argento liquido"); risposta **C**.

15 Nel simbolo $^{60}_{27}Co$ il numero in alto (60) è il numero di massa A, cioè la somma dei protoni e dei neutroni presenti nel nucleo. Il numero in basso invece (27) è il numero atomico, Z, cioè il numero dei protoni. Quindi questo nuclide contiene 27 protoni e 33 neutroni, infatti il numero dei neutroni si ricava come differenza fra A e Z: $A - Z = 60 - 27 = 33$. La risposta corretta è la **C**.

16 Per rispondere al quesito è necessario individuare l'affermazione falsa. Il nuclide ^{12}C, ha $Z = 6$ e $A = 12$, quindi allo stato neutro è formato da un nucleo contenente 6 neutroni e 6 protoni, e da 6 elettroni disposti negli orbitali intorno al nucleo. È vero che il numero atomico ($Z = 6$) è uguale al numero dei neutroni e a quello degli elettroni, le alternative **A** e **B** posso quindi essere escluse. Analogamente l'affermazione **C**, corretta, può essere scartata. È vero anche che il numero atomico di ^{12}C è uguale a quello di ^{14}C; mentre l'affermazione falsa è la **E**: il numero atomico di un elemento è una caratteristica intrinseca dell'elemento; la media ponderata delle masse degli isotopi ci fornisce invece la massa atomica.

17 Per calcolare il peso molecolare di un composto è necessario sommare i pesi atomici degli atomi che lo compongono, tenendo conto dei rispettivi indici:

$$PM_{H_2CO_3} = PA_H \cdot 2 + PA_C + PA_O \cdot 3 = (1 \cdot 2) + 12 + (16 \cdot 3) = 62$$

La risposta esatta è quindi la **E**.

18 Il numero $6.022 \cdot 10^{23}$ è il Numero di Avogadro, ovvero il numero di particelle contenute in una mole di sostanza. Detto in altri termini, una mole di qualsiasi sostanza contiene sempre lo stesso numero di particelle, corrispondente al Numero di Avogadro. La risposta corretta è pertanto la **B**.

19 Dato che una mole di qualsiasi sostanza contiene $6{,}02 \cdot 10^{23}$ particelle, si può facilmente ricavare che mezza mole di fosforo contiene un numero di atomi pari alla metà del numero di Avogadro, cioè $3{,}01 \cdot 10^{23}$; risposta **D**.

20 Per rispondere al quesito è necessario ricordare che il peso di una mole di qualsiasi sostanza corrisponde al peso atomico, o al peso molecolare, espresso in grammi. Approssimando a 1 il peso atomico di H e a 16 il peso atomico di O, si può dire che $PM_{H_2O} = 18$. Una mole di H_2O pesa 18 g, quindi 2 moli pesano 36 g; risposta **D**.

21 Il boro (B) ha Z = 5 e A = 11, il suo peso atomico è quindi 11 u.m.a. e una mole di boro pesa 11 g; risposta **A**.

22 Se il peso atomico di Al è 27 e quello di Pb è 207, una mole di Al pesa 27 g mentre una mole di Pb pesa 207 g; quindi una mole di Al contiene lo stesso numero di atomi di una mole di Pb, ma la prima pesa molto meno.

1 g di Al corrisponde a $1/27$ moli di Al, mentre 1 g di Pb corrisponde a $1/207$ moli di Pb, quindi 1 g di Al contiene un numero di atomi più elevato rispetto a 1 g di Pb; risposta **D**.

23 Per calcolare quante moli di C-12 sono contenute in 3 grammi di C-12, dobbiamo applicare la formula che mette in relazioni il numero di moli (*n*) con il peso molecolare (PM) e con la massa del campione (*m*): $n = m/PM$. Avremo quindi:

$$n = 3 \text{ g}/12 \text{ gmol}^{-1} = 0{,}25 \text{ mol}$$

Per calcolare quale massa di zolfo corrisponde a 0,25 moli dovremo applicare la formula inversa: $m = n \cdot PM$. Avremo quindi:

$$m = 0{,}25 \text{ mol} \cdot 32 \text{ gmol}^{-1} = 8$$

La **A** è la risposta esatta.

24 In condizioni standard ($T = 0$ °C e $P = 1$ atm) una mole di qualsiasi gas occupa un volume pari a 22,4 litri: la risposta corretta è quindi la **C**.

25 La densità (*d*) di una sostanza indica la massa (*m*) per l'unità di volume (*V*), secondo la formula $d = \frac{m}{V}$, da cui si ricava $V = \frac{m}{d}$. Nel caso proposto, se $d = 8 \text{ g/cm}^3$, e $m = 4000$ g, avremo:

$$V = \frac{4000 \text{ g}}{8 \text{ g/cm}^3} = 500 \text{ cm}^3$$

Dato che 1 dm^3 corrisponde a 1000 cm^3, 500 cm^3 corrispondono a 0,5 dm^3, risposta **B**.

CHIMICA

26 Un legame covalente consiste nella condivisione di due elettroni tra due atomi, con formazione di un orbitale molecolare in cui si vengono a trovare i due elettroni.

Quando si forma un legame covalente fra due atomi di uguale elettronegatività la nuvola elettronica dell'orbitale molecolare è ugualmente condivisa dai due atomi e il legame non è polare. Quando invece si forma un legame covalente fra due atomi di diversa elettronegatività, la diversa intensità con cui i due nuclei attraggono gli elettroni in comune fa sì che la nuvola elettronica sia asimmetrica e più densa verso l'elemento più elettronegativo. Si ha infatti un parziale trasferimento del doppietto di legame dall'atomo meno elettronegativo, che acquista una parziale carica positiva, a quello più elettronegativo, che acquista una parziale carica negativa. In questi casi si parla di *legame covalente polare* e le molecole risultanti si comportano come dipoli elettrici; risposta **C**.

27 Dato che i due atomi costituenti la molecola H_2 sono uguali, la loro differenza di elettronegatività è nulla. Il legame che li unisce è di conseguenza un legame covalente puro e non polare. La risposta esatta è la **B**.

28 Nell'etano (formula C_2H_6) i due atomi di carbonio sono legati tra di loro e, avendo la medesima elettronegatività, il legame sarà di tipo covalente apolare: la risposta corretta è la **B**.

29 Gli orbitali ibridi sp^2 si formano dalla combinazione dell'orbitale *s* con due orbitali *p*; sono tre orbitali isoenergetici che si dispongono su un piano, diretti verso i vertici di un triangolo equilatero. L'orbitale *p* che non partecipa all'ibridazione è formato da due lobi, disposti lungo un asse perpendicolare al piano degli orbitali sp^2. La risposta corretta è quindi la **B**.

30 L'interazione fra il polo positivo di una molecola e il polo negativo di un'altra è un legame debole definito interazione dipolo-dipolo; risposta **E**.

31 Un cristallo di cloruro di sodio (NaCl) è formato da un enorme numero di ioni Na^+ e Cl^-, ordinati in un reticolo tridimensionale. La parola non corretta è "molecole"; risposta **E**.

32 Gli elementi proposti sono alogeni, appartenenti al gruppo VII A (o gruppo 17) della tavola periodica. Tutti sono presenti in natura come molecole biatomiche, ma il loro stato fisico è diverso perché le forze di Van der Waals, che si instaurano fra molecole apolari come F_2, Cl_2, Br_2 e I_2, sono tanto più intense quanto più grandi sono le molecole interessate. Il fluoro e il cloro hanno molecole più piccole e in condizioni "normali" (pressione di 1 bar e temperatura di 25 °C) si trovano allo stato gassoso; il bromo forma molecole di dimensioni maggiori e lo iodio ancora maggiori, per questo motivo il bromo (Br_2), in condizioni normali è un liquido e lo iodio (I_2) è un solido; la **C** è la risposta corretta.

33 Nella formazione di un legame tra due atomi occorre considerare la differenza di elettronegatività fra i due: se è elevata, si instaura un legame ionico; l'atomo più elettronegativo sottrae un elettrone all'altro, si formano così due ioni che interagiscono grazie all'attrazione elettrostatica. Il passaggio da legame covalente a legame ionico è sfumato ed esistono forme intermedie; in ogni caso un legame si considera prevalentemente ionico quando la differenza di elettronegatività fra gli atomi coinvolti è maggiore di 1,7. Gli elementi proposti sono il cesio che, con un valore di 0,79, è il meno elettronegativo della tavola periodica, e il fluoro che, con un valore di 3,98 si colloca all'estremo opposto della scala dell'elettronegatività. È chiaro quindi che fra i due non si forma un legame covalente ma ionico. Risposta **A**.

34 I materiali che meglio fungono da conduttori della corrente elettrica sono i metalli allo stato solido e le soluzioni di composti ionici. Fra le alternative proposte dal quesito, l'unico metallo è il rame; risposta **D**.

PARTE QUARTA

35 Per rispondere al quesito è necessario ricordare alcune regole che, data la formula di un composto, permettono di calcolare il numero di ossidazione (N.O.) degli atomi che compaiono nella formula stessa:

- tutte le sostanze allo stato elementare hanno numero di ossidazione nullo;
- il numero di ossidazione di uno ione monoatomico è uguale alla carica dello ione;
- la somma dei numeri di ossidazione di tutti gli atomi presenti in una molecola neutra è pari a 0, mentre in uno ione poliatomico è pari alla carica dello ione;
- il N.O. dell'idrogeno è + 1, tranne che nei composti con i metalli (idruri) in cui è – 1;
- nella maggior parte dei composti il N.O. dell'ossigeno è – 2 (tranne nei perossidi, come H_2O_2, in cui è –1 e in OF_2, in cui è +2);
- il N.O. degli elementi del gruppo I A è + 1, il N.O. degli elementi del gruppo II A è + 2, il N.O. di Al è +3.

Considerando il solfato di alluminio, $Al_2(SO_4)_3$, poiché la somma dei numeri di ossidazione degli elementi che formano questo composto deve essere pari a zero, e poiché $N.O._O = -2$, e $N.O._{Al} = +3$, sarà:

$$3 \cdot N.O._S + 2 \cdot N.O._{Al} + 12 \cdot N.O._O = 0$$

quindi:

$$N.O._S = \frac{-(12 \cdot N.O._O)-(2 \cdot N.O._{Al})}{3} = \frac{-(12 \cdot -2)-(2 \cdot 3)}{3} = \frac{24-6}{3} = +6$$

Il numero di ossidazione di S in $Al_2(SO_4)_3$ è +6; risposta **B**.

36 Per rispondere al quesito è necessario calcolare il N.O. con cui l'azoto è presente nei diversi composti proposti.

in N_2O_4: $N.O._N = +4$ | in HNO_3: $N.O._N = +5$
in NO: $N.O._N = +2$ | in HNO_2: $N.O._N = +3$
in N_2H_4: $N.O._N = -2$

Si deduce che la sequenza ordinata secondo i numeri di ossidazione crescenti è la **D**: N_2H_4, NO, HNO_2.

37 Il bicarbonato di calcio (denominato anche, più correttamente, idrogenocarbonato di calcio) è un sale acido risultante dalla combinazione dello ione bicarbonato con lo ione calcio (Ca^{2+}). Lo ione bicarbonato deriva formalmente dalla perdita di un solo atomo di idrogeno da parte dell'acido carbonico (H_2CO_3), che è un acido biprotico. La formula dello ione è pertanto HCO_3^-.

Dato che la formula scritta deve corrispondere a un insieme elettricamente neutro e quindi il numero globale delle cariche positive deve essere uguale a quello delle cariche negative, il rapporto di combinazione tra gli ioni Ca^{2+} e gli ioni HCO_3^- è pari a 1:2 e la formula esatta del composto è $Ca(HCO_3)_2$; risposta **B**.

38 Il composto proposto dal quesito, di formula H_2SO_3 è un *ossiacido*, non un anidride, contiene infatti idrogeno, zolfo e ossigeno, mentre un'anidride (o ossido acido) è formata semplicemente da ossigeno e da un non metallo. Si possono quindi scartare le risposte **D** ed **E**. Anche la risposta che fa riferimento all'acido solfidrico (la **B**) è errata, infatti la desinenza idrico è riferita agli idracidi, che sono acidi binari: l'acido solfidrico ha formula H_2S.

Nel composto H_2SO_3 il numero di ossidazione dello zolfo è +4, numero intermedio fra quelli possibili per questo elemento (± 2, +4, +6), si tratta quindi dell'acido solforoso, mentre l'acido solforico ha formula H_2SO_4. La risposta esatta è la **A**.

39 Tutti gli atomi allo stato elementare hanno numero di ossidazione 0; risposta esatta: **A**.

CHIMICA

40 I metalli hanno bassa elettronegatività, mentre i non metalli hanno elettronegatività elevata; la risposta **A** è quindi errata. Non tutti i metalli sono resistenti alla corrosione e non sempre formano legami ionici; anche la **D** e la **E** si possono scartare. Reagendo con l'ossigeno i metalli formano ossidi basici, mentre i non metalli formano ossidi acidi; la risposta corretta è quindi la **B**.

41 Gli idracidi sono composti binari formati da idrogeno e da un elemento molto elettronegativo. Sono idracidi per esempio HF (acido fluoridrico) e HCl (acido cloridrico). Il carattere acido di questi composti è dovuto all'elevata differenza di elettronegatività fra l'idrogeno e l'altro elemento, per questo motivo gli idracidi in acqua si comportano come acidi liberando ioni H^+ (risposta **B**).

42 I sali sono composti ionici formalmente derivati dagli acidi per sostituzione totale o parziale degli atomi di idrogeno con uno o più cationi metallici, tanti quanti ne occorrono per neutralizzare la carica dell'anione. Secondo questa definizione un sale è formato da un catione metallico e da un anione contenente un non metallo, derivante da un acido.

La più tipica reazione che porta alla formazione di un sale è quella fra un idrossido e un acido, o comunque una reazione che coinvolga una specie chimica contenente un metallo e una specie non metallica. Fra le reazioni proposte dal quesito, quella tra un acido e un metallo porta alla formazione del sale corrispondente ed è accompagnata sviluppo di idrogeno gassoso. La risposta corretta è la **E**.

43 La digestione (alternativa **A**) consiste nella scomposizione delle macromolecole alimentari in molecole più piccole. La maturazione di una mela (alternativa **B**) comporta una serie di trasformazioni chimiche che interessano gli zuccheri e altre sostanze che formano la polpa della mela. L'ingiallimento delle foglie (alternativa **D**) è dovuto alla degradazione della clorofilla, pigmento di colore verde, e all'aumento percentuale di pigmenti di colore giallo e rosso. La degradazione di una busta di plastica (alternativa **E**) comporta la rottura di legami chimici all'interno delle molecole polimeriche di cui è costituita.

Tutti questi sono fenomeni chimici, mentre la comparsa dell'arcobaleno è un fenomeno fisico: la luce solare viene rifratta e scomposta nelle diverse lunghezze d'onda (diversi colori) per azione delle minuscole gocce d'acqua che rimangono nell'atmosfera dopo un temporale.

La risposta corretta è quindi la **C**.

44 In un'equazione chimica bilanciata ogni elemento compare con lo stesso numero di atomi nei reagenti e nei prodotti (per la legge di conservazione della massa). Per rispondere al quesito è sufficiente provare le diverse combinazioni di coefficienti proposte, e individuare quella che soddisfa la legge di conservazione della massa.

La risposta corretta è la **E**, infatti con questa combinazione di coefficienti si ottiene l'equazione:

$$2\,HBrO_3 + 5\,H_2S \rightarrow Br_2 + 5\,S + 6\,H_2O$$

Possiamo verificare che sia nei reagenti che nei prodotti, H compare con 12 atomi, O con 6 atomi, Br con 2 atomi e S con 5 atomi.

45 Prendendo in considerazione le combinazioni di coefficienti proposte, si deduce che la condizione di equazione chimica bilanciata (ovvero quando ogni elemento compare con lo stesso di numero di atomi sia nei reagenti che nei prodotti) è soddisfatta solo dall'alternativa **E**, secondo la quale:

$$2\,C_6H_6 + 15\,O_2 \rightarrow 12\,CO_2 + 6\,H_2O$$

In questa equazione compaiono infatti, sia nei reagenti che nei prodotti, 12 atomi di carbonio, 30 atomi di ossigeno e 12 atomi di idrogeno.

46 La reazione cui fa riferimento il quesito coinvolge l'acido cloridrico, HCl, e l'idrossido di bario, $Ba(OH)_2$, e si forma il sale cloruro di bario, $BaCl_2$. La reazione bilanciata è rappresentata dalla seguente equazione:

$$2\,HCl + Ba(OH)_2 \rightarrow BaCl_2 + 2\,H_2O$$

Se 2 moli di HCl reagiscono con 1 mole di $Ba(OH)_2$ si forma 1 mole di $BaCl_2$; risposta **D**.

47 La reazione proposta è una reazione di ossidoriduzione nella quale bisogna individuare la specie che si ossida e quella si riduce. Poiché nel corso della reazione il numero di ossidazione del rame passa da + 2 a 0 in seguito all'acquisto di due elettroni, il rame si riduce ed è quindi l'agente ossidante. Il numero di ossidazione del ferro passa invece da 0 a + 2 in seguito alla cessione di due elettroni: il ferro dunque si ossida ed è perciò l'agente riducente; risposta **B**.

48 Una reazione di neutralizzazione è una reazione fra un acido e una base, che porta alla formazione di un sale e acqua. L'unica reazione di questo tipo, fra quelle proposte, è la reazione dell'idrossido di potassio con acido cloridrico, che produce cloruro di potassio e acqua; risposta **D**.

49 Se nel corso di una reazione il numero di ossidazione di un elemento diminuisce significa che quella specie chimica ha accettato elettroni e si è ridotta. Risposta esatta: **A**.

50 Il quesito propone la reazione del carbonato di calcio con acido cloridrico, che produce anidride carbonica, cloruro di calcio e acqua, con i rapporti stechiometrici descritti dall'equazione chimica seguente:

$$CaCO_3 + 2\,HCl \rightarrow CO_2 + CaCl_2 + H_2O$$

Dall'equazione chimica si osserva che una mole di $CaCO_3$ reagendo con HCl produce una mole di CO_2. Quindi per avere 0,5 moli di CO_2 si dovranno far reagire 0,5 moli di $CaCO_3$. Il peso molecolare di $CaCO_3$ si ricava nel modo seguente:

$$PM_{CaCO_3} = PA_{Ca} + PA_C + PA_O \cdot 3 = 40 + 12 + (16 \cdot 3) = 100$$

Se il peso molecolare di $CaCO_3$ è 100, una mole di questo composto pesa 100 g e 0,5 moli corrispondono a 50 g; risposta **D**.

51 Per quanto riguarda la solubilità vale la regola "il simile scioglie il simile" ovvero nei solventi polari come l'acqua possiamo sciogliere solo composti polari (come ad esempio i sali). I grassi e la benzina sono invece composti apolari, ovvero non solubili in acqua, ma in altri composti apolari. Il sapone si ottiene dalla reazione di saponificazione, ovvero dalla reazione di idrolisi basica di un tipo di grasso (trigliceride): trigliceride + NaOH → sapone + glicerolo. I saponi hanno una struttura anfipatica, ovvero sono costituiti da una coda idrofila (solubile in acqua) e da una coda idrofoba (non solubile in acqua) e questo gli consente di compiere la loro funzione di detergenti.

Tra gli esempi proposti, solo il cloruro si sodio (il comune sale da cucina), è solubile in acqua: risposta **D**.

52 La solubilità di un composto in un solvente è indicata come la concentrazione della soluzione satura, quella in cui non è possibile sciogliere una quantità maggiore dello stesso soluto. La solubilità varia al variare della temperatura e, di solito, una temperatura più elevata permette di sciogliere una maggior quantità di soluto. Se però si prova ad aggiungere soluto a una soluzione satura, senza variare la temperatura, si forma un corpo di fondo, perché il sale in eccesso si deposita sul fondo del recipiente. Risposta corretta: **E**.

53 Mescolando due gas che reagiscono tra loro il risultato potrebbe essere anche una sostanza allo stato solido; se invece misceliamo due gas che non reagiscono tra loro la miscela risultante è sempre omogenea, quindi è una soluzione; risposta esatta: **D**.

54 La solubilità di un gas in un liquido è direttamente proporzionale alla pressione parziale del gas e inversamente proporzionale alla temperatura. La risposta corretta è quindi la **A**.

55 La *molalità* di una soluzione (da non confondere con la *molarità*) indica il numero di moli di soluto contenute in un chilogrammo di solvente; risposta **E**.

56 Diluire una soluzione significa aggiungere solvente, in questo modo la concentrazione della soluzione finale sarà minore rispetto alla soluzione di partenza. Risposta corretta: **E**.

57 Dato un composto A, con PM = 50, una soluzione 1 M contiene 50 g di A in un litro di soluzione, una soluzione 0,5 molale contiene 0,5 moli di A in un kg, ma dato che il solvente è l'acqua, 1 kg si avvicina molto a 1 litro, quindi si può dire che contiene circa 25 g in un litro. Una soluzione al 5% peso/volume contiene 5 g in 100 mL, quindi 50 g in 1 litro; infine una soluzione al 10% peso/volume contiene 10 g in 100 mL, quindi 100 g in 1 litro. La soluzione che contiene la maggiore quantità del composto A per litro di soluzione è quindi la **B**.

58 La *normalità* (N) di una soluzione indica il numero di *equivalenti* di soluto presenti in un litro di soluzione. Per ricavare la normalità di una soluzione di cui sia nota la molarità (M) si applica la seguente formula:

$$N = n_{eq} \cdot M$$

dove n_{eq} rappresenta il numero di *equivalenti* contenuti in una mole, cioè il numero di moli di ioni H^+ che una mole di acido può cedere dissociandosi.

H_2SO_4 è un acido *biprotico*, contenente due ioni H^+ dissociabili secondo la reazione globale:

$$H_2SO_4 \rightarrow SO_4^{2-} + 2\,H^+$$

Dato che, nel caso proposto $n_{eq} = 2$ e $M = 2$

sarà: $N = 2 \cdot 2 = 4$

Una soluzione di H_2SO_4 2 M è 4 N; risposta **E**.

59 La molarità (o "concentrazione molare") indica il numero di moli di soluto contenute in un litro di soluzione, secondo la formula M = *n*/*V*, dove *n* = numero di moli di soluto e *V* = volume in litri. Per calcolare la concentrazione molare della soluzione proposta dobbiamo innanzitutto calcolare il peso molecolare di NaOH:

$$PM_{NaOH} = PA_{Na} + PA_{O} + PA_{H} = 23 + 16 + 1 = 40$$

Una mole di NaOH pesa 40 g (*m*), e il corrispondente numero di moli (*n*) si ricava tramite la formula *n* = *m*/PM, da cui:

$$n = 10\text{ g} : 40\text{ g/mol} = 0{,}25\text{ mol}$$

Ora possiamo calcolare che:

$$M = n/V = 0{,}25\text{ mol} : 0{,}5\text{ L} = 0{,}5\text{ mol/L}.$$

La soluzione proposta è 0,5 M; risposta **E**.

60 Quando si aggiunge un soluto all'acqua pura, si determinano alcuni effetti che sono indipendenti dalla natura chimica del soluto, ma dipendono solo dal numero di particelle presenti in soluzione. Questi effetti, detti *proprietà colligative delle soluzioni*, sono:

- innalzamento della temperatura di ebollizione;
- abbassamento della temperatura di congelamento;
- comparsa di una pressione osmotica.

La risposta esatta è la **A**.

61 Una soluzione di KBr, rispetto all'acqua pura, ha punto di congelamento più basso e punto di ebollizione più alto, la risposta corretta è quindi la **C**.

PARTE QUARTA

62 Gli elettroliti sono sostanze che, sciolte in acqua, si dissociano negli ioni di cui sono composte. Un elettrolita forte è una sostanza che in acqua si dissocia totalmente, mentre un elettrolita debole è una sostanza che si dissocia solo parzialmentel sali, gli acidi forti e le basi forti sono elettroliti forti; gli acidi deboli (per esempio CH3COOH), e le basi deboli (per esempio NH3), sono elettroliti deboli.

L'alternativa corretta, fra quelle proposte, è la **E**, infatti tutti i sali sono composti formati da ioni e quando i sali solubili si sciolgono in acqua si dissociano negli ioni da cui sono formati.

63 La prima cosa da fare, per rispondere al quesito, è stabilire quanti grammi di sale sono contenuti in 10 mL della soluzione proposta: se 100 mL contengono 5,00 g di sale, in 10 mL sono contenuti 0,50 g di sale.

Quando una soluzione viene diluita, la quantità di soluto presente (espresso in numero di moli oppure in grammi) rimane la stessa. Se 10 mL della soluzione di partenza, contenenti 0,50 g di sale, sono diluiti a 100 mL, questa seconda soluzione conterrà in totale 0,50 g di sale e questo è il residuo secco, cioè ciò che rimane dopo aver fatto evaporare completamente l'acqua dalla soluzione. Risposta esatta **E**.

64 La pressione osmotica di una soluzione (π) è proporzionale al numero di particelle presenti in soluzione, secondo la formula:

$$\pi = M \cdot RT$$

dove M è la concentrazione molare, R la costante dei gas e *T* la temperatura assoluta.

La formula appena vista è valida quando il soluto non è un elettrolita; se invece è un elettrolita, e in soluzione si dissocia in ioni, è necessario usare la formula seguente:

$$\pi = M \cdot RT \cdot i$$

dove *i* è un coefficiente che rappresenta il numero di ioni in cui si dissocia il composto considerato.

Per individuare, fra quelle proposte, la soluzione che esercita la maggior pressione osmotica, considerato che il fattore *RT* è costante, è sufficiente confrontare il valore che si ottiene moltiplicando la concentrazione molare di ogni soluzione per il valore di *i*.

Il cloruro di sodio (NaCl) è un elettrolita forte e in soluzione si dissocia secondo la reazione:

$$NaCl \rightarrow Na^+ + Cl^-$$

liberando complessivamente due ioni. In questo caso, quindi $i = 2$ e dunque:

$$\pi = 0,1 \cdot RT \cdot 2 = RT \cdot 0,2$$

L'acido acetico è un acido debole e si dissocia solo parzialmente, quindi il valore di *i* sarà di poco superiore a 1 e in una sua soluzione 0,1 M avremo:

$$\pi \approx RT \cdot 0,1$$

Il glucosio non è un elettrolita, quindi per una sua soluzione 0,1 M avremo:

$$\pi = RT \cdot 0,1$$

Il cloruro di bario ($BaCl_2$) in soluzione si dissocia nel modo seguente:

$$BaCl_2 \rightarrow Ba^{2+} + 2\,Cl^-$$

liberando complessivamente tre ioni. In questo caso si ha quindi $i = 3$ e dunque, in una sua soluzione 0,1 M avremo:

$$\pi = 0,1 \cdot RT \cdot 3 = RT \cdot 0,3$$

L'acido formico è un acido debole e si dissocia solo parzialmente, quindi il valore di *i* sarà di poco superiore a 1 e in una sua soluzione 0,2 M avremo:

$$\pi \approx RT \cdot 0,2$$

La soluzione che esercita la maggiore pressione osmotica è dunque quella di $BaCl_2$; risposta **D**.

CHIMICA

65 ΔG indica la variazione di energia libera di un sistema chimico quando si svolge una reazione. In una reazione in cui ΔG è positivo l'energia libera dei prodotti è maggiore dell'energia libera dei reagenti e la reazione non è spontanea. Una reazione con ΔG negativo è invece spontanea, mentre una reazione con $\Delta G = 0$ è all'equilibrio. La risposta corretta è la **C**.

66 Una reazione che richiede rifornimento di energia dall'esterno è detta endoergonica; risposta esatta: **E**.

67 La velocità di una reazione chimica, che si può misurare sperimentalmente determinando la diminuzione della concentrazione dei reagenti (o l'aumento della concentrazione dei prodotti) nel tempo, dipende da diversi fattori, principalmente dalla concentrazione di uno o più reagenti e dalla temperatura.

La velocità di una reazione chimica aumenta all'aumentare della concentrazione dei reagenti, secondo relazioni matematiche specifiche di ogni reazione; inoltre, aumenta sempre all'aumentare della temperatura. La risposta corretta è la **B**.

68 Quando una reazione raggiunge l'equilibrio, il rapporto fra il prodotto delle concentrazioni dei prodotti, ognuna elevata a una potenza pari al coefficiente stechiometrico, e il prodotto delle concentrazioni dei reagenti, ognuna elevata a una potenza pari al coefficiente stechiometrico, assume un valore costante ed è chiamato *costante di equilibrio* (K_{eq}). La K_{eq} è una costante specifica per ogni reazione, a una data temperatura, e varia al variare della temperatura. La concentrazione dei reagenti e la velocità di formazione dei prodotti non influenzano il valore della K_{eq}, mentre la pressione può influenzare la K_{eq} delle reazioni in fase gassosa.

Si deduce che la risposta corretta è la **E**.

69 Data una generica reazione chimica reversibile:

$$\alpha\, A + \beta\, B \rightleftarrows \gamma\, C + \delta\, D$$

ponendo a reagire le specie chimiche A e B la reazione procederà verso la formazione dei prodotti C e D; questo processo però non arriverà a esaurire i reagenti, perché i prodotti, una volta formati, possono reagire tra loro per riformare i reagenti. La reazione diretta e quella inversa procedono con velocità diverse fino al raggiungimento di uno stato di equilibrio; una volta raggiunto questo stato, la concentrazione dei reagenti e dei prodotti non varia nel tempo. Questo non significa che una volta raggiunto l'equilibrio non ci siano più molecole di reagenti che si trasformano in prodotti e viceversa: le concentrazioni rimangono costanti perché le velocità della reazione diretta e di quella inversa si equivalgono.

La risposta corretta è la **A**.

70 Due particelle (atomi, molecole ecc.) reagiscono, formando un prodotto, solamente se possiedono energia almeno pari a un valore minimo, caratteristico di ogni reazione, detto *energia di attivazione* (E_a). Il ruolo di un catalizzatore è di far aumentare la velocità di reazione rendendo più efficaci gli urti tra i reagenti, dando cioè modo alle particelle di reagire secondo un meccanismo diverso da quello della reazione non catalizzata e caratterizzato da un'energia di attivazione inferiore; risposta **B**. È importante ricordare che un catalizzatore non fa variare la costante di equilibrio di una reazione e non fa avvenire una reazione non spontanea (la risposta **E** è quindi errata), può solamente modificare la velocità di una reazione energeticamente spontanea.

PARTE QUARTA

71 Un acido è detto poliprotico quando reagendo con acqua può cedere più di uno ione H^+; gli acidi poliprotici, fra quelli proposti dal quesito, sono H_2SO_4, H_2S e H_3PO_4; risposta **D**. L'acido acetico, CH_3COOH, pur contenendo più di un atomo di H, non è un acido poliprotico perché il protone acido è quello legato all'ossigeno nel gruppo carbonilico, COOH, mentre gli idrogeni legati al carbonio metilico, CH_3, non lo sono.

72 Nella definizione di Brønsted e Lowry un *acido* è una sostanza che cede protoni a un'altra sostanza, detta *base*, che li acquista. Quando l'acido cede il protone alla base, si trasforma nella corrispondente base coniugata, in quanto questa specie è in grado a sua volta di accettare protoni, comportandosi come una base. Contemporaneamente, la base che accetta il protone si trasforma nel corrispondente acido coniugato. Per un generico acido HA, in grado di reagire con l'acqua, si formerà pertanto il seguente equilibrio acido-base:

$$\underset{\text{acido}}{HA} + \underset{\text{base}}{H_2O} \leftrightarrows \underset{\text{base coniugata}}{A^-} + \underset{\text{acido coniugato}}{H_3O^+}$$

Ciò significa che, in presenza di un acido, l'acqua si comporta da base e acquista un protone per trasformarsi in ione idronio H_3O^+. Lo ione idronio H_3O^+ è l'acido coniugato della base acqua, pertanto la risposta corretta è la **D**.

73 Un acido triprotico è un acido che contiene tre atomi di H che possono essere ceduti come ioni H^+. L'acido solfidrico ha formula H_2S, l'acido cloridrico HCl, l'acido acetico CH_3COOH, l'acido fosforico H_3PO_4 e l'acido solforico H_2SO_4. Le formule che contengono almeno tre atomi di idrogeno sono CH_3COOH e H_3PO_4; nell'acido acetico però è presente un solo H che si può dissociare, ed è quello del gruppo COOH, mentre il gruppo CH_3 non si dissocia. L'acido triprotico è quindi l'acido fosforico; risposta esatta: **D**.

74 In qualsiasi soluzione acquosa (con $T = 25$ °C), il prodotto fra la concentrazione degli ioni H_3O^+ e la concentrazione degli ioni OH^-, detto *prodotto ionico dell'acqua* (K_w), è costante e pari a:

$$K_w = [H_3O^+] \cdot [OH^-] = 10^{-14}$$

Con pH = 7 si ha:

$$[H_3O^+] = [OH^-] = 10^{-7}.$$

In una soluzione basica, invece, pH > 7 e $[H_3O^+] < [OH^-] < 10^{-7}$.

La risposta corretta è quindi la **E**.

75 Il prodotto delle concentrazioni molari degli ioni H^+ e OH^-, definito prodotto ionico dell'acqua (K_w), è costante a temperatura costante, e a 25 °C è pari a 10^{-14}:

$$[H^+] \cdot [OH^-] = 10^{-14}$$

Si deduce che una soluzione con $[H^+] = 10^{-5}$ e $[OH^-] = 10^{-8}$ non può esistere.

La risposta corretta è quindi la **A**.

76 Dato che:

$$K_w = [H_3O^+] \cdot [OH^-] = 10^{-14}$$

Se in una soluzione acquosa $[OH^-] = 10^{-3}$ mol/L avremo

$$[H_3O^+] = K_w/[OH^-] = 10^{-14}/10^{-3} \text{ mol/L} = 10^{-11} \text{ mol/L}$$

Nella soluzione proposta la concentrazione degli ioni idrogeno è pari a 10^{-11} mol/L. La risposta corretta è quindi la **C**.

77 In una soluzione basica la concentrazione degli ossidrili (OH^-) è superiore a quella degli ioni idrogeno (H^+); risposta corretta: **A**.

78 NaOH (idrossido di sodio) è una base forte e in acqua si dissocia completamente secondo la reazione:

$$NaOH \rightarrow Na^+ + OH^-$$

La concentrazione di ioni OH^- in una soluzione di NaOH è pari alla concentrazione della base, nel caso proposto dal quesito tale concentrazione sarà quindi pari a 0,1 M, o 10^{-1} M.

La concentrazione di ioni OH^- può essere espressa dal pOH, definito come l'inverso del logaritmo della concentrazione di ioni OH^-. Nella soluzione proposta il pOH sarà:

$$pOH = -\text{Log}\,[OH^-] = -\text{Log}\,10^{-1} = 1$$

Dato che in qualsiasi soluzione acquosa:

$$pH + pOH = 14$$

Il pH della soluzione proposta sarà:

$$pH = 14 - pOH = 14 - 1 = 13$$

Una soluzione 0,1 M di NaOH ha pH = 13.

La risposta corretta è pertanto la **B**.

79 Il pH è definito come:

$$pH = -\text{Log}\,[H^+]$$

da cui consegue:

$$[H^+] = 10^{-pH}$$

Se una soluzione ha pH = 2, la concentrazione di ioni H^+ sarà:

$$[H^+] = 10^{-pH} = 10^{-2}$$

In una soluzione con pH = 2 la concentrazione di ioni H^+ è pari a 10^{-2} mol/L; risposta esatta: **A**.

80 Il *tornasole* è un indicatore che assume colore blu in ambiente basico e rosso in ambiente acido. Per rispondere al quesito è necessario individuare, fra le alternative proposte, la sostanza che in soluzione acquosa ha comportamento acido. KOH è una base forte e NH_3 una base debole, le risposte **E** e **A** possono quindi essere scartate.

NaCl è un sale formato dagli ioni Na^+ e Cl^-, che si può considerare derivante dalla reazione fra l'acido forte HCl e la base forte NaOH. Cl^- è la base coniugata di HCl e Na^+ è l'acido coniugato di NaOH; poiché la base coniugata di un acido forte è una base debolissima, mentre l'acido coniugato di una base forte è un acido debolissimo, si deduce che NaCl sciolto in acqua non si comporta da acido né da base, e non modifica il pH. Anche la risposta **D** è quindi errata.

$NaHCO_3$ è un sale formato dagli ioni Na^+ e HCO_3^-, derivante dalla reazione fra la base forte NaOH e l'acido debole H_2CO_3. Na^+ non si comporta da base né da acido, mentre HCO_3^-, base coniugata di un acido debole, ha comportamento basico. La soluzione di $NaHCO_3$ è debolmente basica, quindi la risposta **C** può essere scartata.

L'unica sostanza acida tra quelle proposte è l'acido cloridrico (HCl) che in soluzione acquosa si ionizza e si dissocia liberando ioni H^+; risposta **B**.

81 Per la definizione di molarità, 1 litro di una soluzione 0,1 M di acido solforico (H_2SO_4) contiene 0,1 moli di acido, quindi 100 mL di questa soluzione contengono 0,01 moli di acido. Se a questa soluzione viene aggiunto idrossido di sodio, che è una base forte, si verifica la seguente reazione di neutralizzazione:

$$H_2SO_4 + 2\,NaOH \rightarrow Na_2SO_4 + 2\,H_2O$$

L'equazione chimica bilanciata indica che 1 mole di H_2SO_4 reagisce con 2 moli di NaOH per produrre 1 mole di Na_2SO_4 e 2 moli di H_2O. Per neutralizzare 0,01 moli di H_2SO_4 saranno quindi necessarie 0,02 moli di NaOH; risposta **C**.

82 Il glucosio è un composto organico che non manifesta comportamento acido né basico, la A si può quindi scartare. K_2SO_4, KCl, Na_2CO_3 e $NaNO_3$ sono sali e per stabilire che tipo di soluzioni danno bisogna ricordare che quando si scioglie un sale in acqua si ottiene una soluzione che può essere acida, neutra o basica, a seconda delle caratteristiche degli ioni che compongono il sale disciolto:

- un sale che si può considerare derivato da un acido forte e da una base forte dà luogo a una soluzione con pH neutro;
- un sale formato da una base forte e un acido debole dà luogo a una soluzione basica;
- un sale formato da un acido forte e una base debole dà luogo a soluzioni acide.

K_2SO_4 si può considerare derivato dalla reazione fra H_2SO_4 (acido solforico, acido forte) e KOH (idrossido di sodio, base forte), quindi dà una soluzione neutra.

KCl si può considerare derivato dalla reazione fra HCl (acido cloridrico, acido forte) e KOH (base forte), quindi dà una soluzione neutra.

Anche $NaNO_3$, derivato dalla reazione fra la base forte NaOH e l'acido forte HNO_3 (acido nitrico) dà soluzioni con pH neutro. Possiamo quindi dire che questi sali sciolti in acqua non si comportano da acidi né da basi, e non ne modificano il pH.

Na_2CO_3, invece, è un sale derivato dalla reazione tra una base forte (NaOH) e un acido debole (H_2CO_3); lo ione CO_3^{2-}, base coniugata di un acido debole, si comporta da base. In altre parole possiamo dire che questo sale sciolto in acqua dà luogo a idrolisi basica, la soluzione risultante è pertanto basica e non neutra; si conclude che la risposta corretta è la D.

83 Una soluzione tampone è una soluzione acquosa contenente sia un acido debole sia un suo sale con una base forte (oppure una base debole e un suo sale con un acido forte) in concentrazioni abbastanza elevate e quasi uguali. Quando una soluzione tampone viene diluita il pH non varia; queste soluzioni inoltre hanno la proprietà di mantenere il proprio pH quasi invariato anche dopo l'aggiunta di piccole quantità di acidi o di basi anche forti. La risposta corretta è quindi la D.

84 Gli alcheni contengono legami carbonio-carbonio doppi (e non tripli), escludiamo l'opzione A. Gli alcoli contengono il gruppo funzionale –OH con formula generica R–OH e non necessariamente devono contenere legami covalenti doppi all'interno del gruppo R, escludiamo l'opzione B. Le aldeidi e i chetoni contengono come gruppo funzionale il carbonio carbonilico, la risposta C è errata. Le ammidi, formula generica $R–CO–NH_2$, contengono sempre un atomo di azoto (quindi la D è errata) ed è sempre presente il carbonio carbonilico (C=O). L'unica risposta corretta è pertanto la E.

85 Gli alcheni sono idrocarburi insaturi caratterizzati dalla presenza di almeno un doppio legame fra gli atomi di C. Il termine più semplice è l'etene, a due atomi di C, detto anche etilene; gli atomi di C che formano doppi legami sono ibridati *sp*^{2}.

Tutti i termini proposti sono relativi a questa classe di idrocarburi tranne l'alternativa A, che è la risposta corretta: il termine paraffina non è riferito agli alcheni bensì agli alcani.

86 Gli alcani sono composti con una bassa reattività chimica, che reagiscono solo in presenza di catalizzatori o di calore. Dato che sono saturi, e quindi gli atomi di C legano il maggior numero di atomi di H possibile, non possono dare reazioni di *addizione*: queste, infatti, prevedono "l'aggiunta" di nuovi atomi alla molecola. Danno invece reazioni di *sostituzione*, in cui atomi di H sono sostituiti da altri elementi. Le reazioni tipiche, oltre alla combustione, sono l'alogenazione (sostituzione di un H con un alogeno) e la deidrogenazione (eliminazione di H e formazione di un doppio legame fra atomi di C). Le reazioni A, C, D ed E sono quindi tipiche degli alcani, mentre l'addizione elettrofila non è propria degli alcani bensì degli alcheni; la B è la risposta cercata.

CHIMICA

87 Gli alcani hanno ibridazione sp^3, gli alcheni ibridazione sp^2 e gli alchini ibridazione *sp*. Dato che il quesito chiede quale fra i composti proposti ha tutti gli atomi di carbonio tetraedrici, quindi ibridati sp^3, in base a quanto appena visto possiamo escludere ciclopropene (risposta **B**), propene (**D**) e propino (**E**), perché sono due alcheni e un alchino. Anche il propanone (risposta **A**) è da scartare perché la desinenza *-one* indica che è un chetone e contiene il gruppo carbonilico C=O che non ha struttura tetraedrica. Gli alcani invece, come il propano, hanno tutti gli atomi di carbonio tetraedrici; l'alternativa corretta è quindi la **C**.

88 Il gruppo funzionale –COOH (detto gruppo *carbossilico*) è caratteristico degli acidi carbossilici; risposta **D**.

89 Gli alcheni sono idrocarburi contenenti almeno un doppio legame fra atomi di carbonio. La formula generale di questa classe di composti è C_nH_{2n}; si può dire quindi che il numero degli atomi di carbonio in un alchene è pari alla metà del numero degli atomi di idrogeno.

La risposta esatta è quindi la **C**.

90 Per rispondere correttamente al quesito è necessario ricordare che gli alcoli sono caratterizzati dalla presenza del gruppo ossidrilico (–OH), e che un alcol è detto *secondario* quando il gruppo ossidrilico è legato a un C secondario, cioè un atomo di C che è legato ad altri due C.

L'ossidazione parziale di un composto di questo tipo produce il corrispondente chetone; l'ossidazione del 2-propanolo, per esempio, produce il 2-propanone, o acetone:

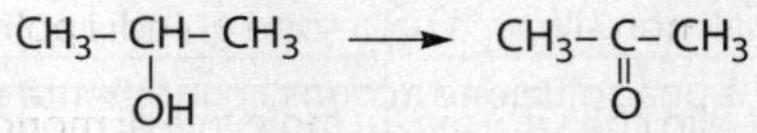

2-propanolo 2-propanone

La risposta corretta è quindi la **A**.

91 Gli idrocarburi sono composti organici costituiti da due soli elementi: carbonio e idrogeno; la **A** è quindi errata. Questi composti vengono distinti in due gruppi: *saturi* e *insaturi*. Mentre gli atomi di carbonio che formano gli idrocarburi saturi sono sempre legati tramite legami semplici, gli idrocarburi insaturi sono caratterizzati dalla presenza di uno o più legami multipli fra atomi di carbonio. La risposta corretta è quindi la **B**.

92 Gli *enantiomeri* sono due isomeri che sono uno l'immagine speculare, non sovrapponibile, dell'altro; composti di questo tipo hanno la peculiarità di ruotare il piano di polarizzazione della luce polarizzata dello stesso angolo in direzioni opposte. Risposta esatta: **C**.

93 Gli acidi grassi sono acidi carbossilici formati da lunghe catene di atomi di carbonio che possono essere sia sature che insature; risposta esatta: **C**.

94 L'acido formico (o acido metanoico) è l'acido carbossilico più semplice, contenente un solo atomo di C. La formula di struttura è riportata a lato e può essere indicata anche come HCOOH; risposta **D**.

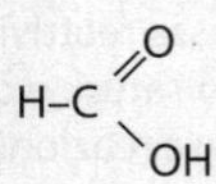

95 Un etere è un composto che deriva dalla reazione fra due alcoli, con eliminazione di H_2O. L'etere dietilico è deriva dalla reazione fra due molecole di etanolo e ha formula $CH_3–CH_2–O–CH_2–CH_3$, che possiamo indicare anche come $C_2H_5–O–C_2H_5$. Risposta corretta: **B**.

96 Tutte le formule elencate fanno riferimento a composti organici. I composti di formula CH_3NHCH_3 e CH_3NH_2 rappresentano delle ammine (derivati organici dell'ammoniaca). Il composto CH_3CO-OCH_3 è un estere e CH_3NO_2 è il più semplice dei nitrocomposti (nitrometano). Le ammidi rappresentano una classe di composti organici con gruppo funzionale $RCONH_2$, gruppo che possiamo trovare nella formula **A**, in cui -R corrisponde a CH_3, pertanto si tratta dell'etanammide. La **A** è quindi la risposta cercata.

97 Il lattosio è un disaccaride, cioè un carboidrato formato da due monosaccaridi uniti mediante un *legame glicosidico*; questo composto è costituito da una molecola di glucosio e da una di galattosio: risposta esatta: **E**.

98 Le proteine sono polimeri di amminoacidi a elevato peso molecolare; sono formate da diverse decine di amminoacidi fino a diverse migliaia. Dato che ogni amminoacido contiene sempre C, H, O e N, e in alcuni casi anche S e P, ne consegue che fra le formule proposte dal quesito l'unica che può corrispondere a una proteina è la **C**.

99 L'urea è, nei mammiferi, il prodotto finale del metabolismo dell'azoto; rappresenta cioè la principale sostanza di rifiuto che si forma in seguito all'utilizzo dei composti contenenti azoto.

Il quesito chiede di individuare da quale delle sostanze proposte NON PUÒ derivare urea; è necessario quindi individuare la sostanza che non contiene azoto.

Gli amminoacidi contengono il gruppo $-NH_2$, e così pure i peptidi e i polipeptidi che sono polimeri di amminoacidi; anche le glicoproteine contengono azoto, infatti sono proteine con una porzione glucidica.

Gli unici composti dai quali non si forma urea sono quindi i polisaccaridi; risposta **B**.

100 Il legame glicosidico è quello che si forma fra molecole di monosaccaridi quando questi si uniscono per formare disaccaridi o polisaccaridi; risposta corretta: **A**.

CHIMICA

parte quinta

SCIENZE DELLA TERRA

Quesiti

1 **Se in una località giapponese sono le 6:00 del mattino del 31 maggio, che ora indicano gli orologi di una località che si trova esattamente 12 fusi orari a ovest?**

- A Le 6:00 di mattino del 31 maggio
- B Le 6:00 di mattino del 30 maggio
- C Le 6:00 di sera del 31 maggio
- D Le 6:00 di sera del 30 maggio
- E Nessuna delle precedenti

2 **Cosa si intende con l'espressione "inversione termica atmosferica"?**

- A La temperatura dell'atmosfera
- B La differenza di temperatura dei vari strati dell'atmosfera
- C L'inverso della temperatura atmosferica
- D Un'inversione del gradiente di temperatura atmosferica
- E Nessuna delle precedenti

3 **Qual è, presumibilmente, l'età della Terra?**

- A 3,9 miliardi di anni
- B 4,6 miliardi di anni
- C 2,5 miliardi di anni
- D Circa un miliardo di anni
- E 570 milioni di anni

4 **Cosa si intende con il termine *Pangea*?**

- A L'insieme delle terre emerse
- B Un antico continente ora scomparso
- C Un supercontinente formato dall'unione di tutti i continenti nel Paleozoico
- D Un supercontinente formato dall'unione dell'Africa e dell'Europa
- E Un sinonimo di *litosfera*

5 **Indica, tra le seguenti, quali sono le maggiori riserve di acqua dolce sulla Terra.**

- A Laghi
- B Ghiacciai
- C Fiumi
- D Mari
- E Nessuna delle precedenti alternative è corretta

6 **Quanto dura il periodo di rivoluzione della Terra?**

- A Circa 24 ore
- B Circa 28 giorni
- C Circa 30 giorni
- D Circa 12 ore
- E Circa 365 giorni

7 Cosa si intende per "dorsale oceanica"?

A Un rilievo del fondo oceanico creato da eruzioni sottomarine
B Una linea di navigazione commerciale molto battuta
C Il centro esatto dell'oceano
D Un sito marino di grande interesse archeologico
E Nessuna delle precedenti alternative è corretta

8 Gli alisei sono:

A vulcani
B placche terrestri
C archi vulcanici insulari
D venti
E fiumi

9 I piroclasti sono:

A prodotti di grandi dimensioni lanciati da un vulcano
B prodotti di varie dimensioni lanciati da un vulcano nell'atmosfera
C prodotti lavici
D prodotti di caduta
E nessuna delle altre risposte è corretta

10 In quali zone della Terra è concentrata maggiormente l'attività vulcanica?

A Indistintamente in tutte le regioni
B In corrispondenza delle grandi catene montuose
C Lungo i margini attivi delle placche litosferiche
D Lungo i margini passivi delle placche litosferiche
E Lungo le coste dei continenti

11 Cosa sono i geyser?

A Manifestazioni idrotermali gassose
B Manifestazioni idrotermali subacquee
C Spruzzi intermittenti di acqua bollente e vapore
D Particolari colate di fango e acqua
E Rilevatori di radiazioni

12 La rarefazione dello strato di ozono atmosferico è provocata:

A dall'utilizzo indiscriminato dei combustibili fossili
B dall'aumento di anidride carbonica nell'atmosfera
C dalle emissioni di freon
D dalle emissioni dei gas a effetto serra
E dall'aumento di ossigeno nell'atmosfera

13 Qual è l'oceano che contiene il maggior volume d'acqua?

A L'Atlantico
B Il Pacifico
C L'Indiano
D Il Mar Glaciale Artico
E L'antartico

14 **Per quale motivo molti telescopi ottici sono collocati in località a quote elevate (montagne o altipiani)?**

- **A** Per diminuire la distanza tra il punto di osservazione e la volta celeste
- **B** Per diminuire gli effetti dell'assorbimento atmosferico
- **C** Perché le basse temperature delle alte quote evitano il surriscaldamento degli specchi e delle apparecchiature elettroniche
- **D** Per sfruttare meglio il buco dell'ozono dell'atmosfera terrestre che rappresenta un'ottima finestra di osservazione
- **E** Perché la minore quantità di ossigeno presente nell'atmosfera a quote elevate rallenta l'ossidazione della meccanica dei telescopi

15 **Se l'asse di rotazione terrestre fosse perpendicolare al piano dell'eclittica, come cambierebbero le stagioni?**

- **A** Sarebbero invertite rispetto a quelle attuali
- **B** Non ci sarebbe alcun cambiamento
- **C** In tutti i punti della Terra si avrebbero due stagioni, una calda e una fredda, ben distinte
- **D** Si acuirebbero le differenze stagionali già esistenti
- **E** Le stagioni non esisterebbero più

16 **Nell'equinozio di primavera il Sole forma con l'equatore un angolo di:**

- **A** 90°
- **B** 45°
- **C** 120°
- **D** 72°,23'
- **E** 23°, 27'

17 **A che profondità si trova la discontinuità di Mohorovicic?**

- **A** Da 5 a 90 km
- **B** A 2900 km
- **C** A 4980 km
- **D** Intorno ai 400 km
- **E** A 3600 km

18 **All'equinozio di primavera il dì e la notte hanno la stessa durata:**

- **A** solo all'Equatore
- **B** sul Tropico del Capricorno
- **C** sul Tropico del Cancro
- **D** in tutti i punti della superficie terrestre
- **E** solo ai poli

19 **Quali sono i tre tipi di margine delle placche?**

- **A** Margini in accrescimento, oceanici e trasformi
- **B** Margini divergenti, convergenti e trasformi
- **C** Margini divergenti, oceanici e trasformi
- **D** Margini in accrescimento, convergenti e oceanici
- **E** Margini attivi, passivi e continentali

20 Qual è il motivo per cui la Terra possiede un campo magnetico?

A Perché al centro della Terra vi è una sorta di barra magnetica
B Perché all'interno del nucleo vi sono continui moti convettivi
C Perché il mantello terrestre è ricco di magnetite
D Perché è dovuto alle onde elettromagnetiche provenienti dal Sole
E Perché è ciò che rimane del campo magnetico della nebulosa originaria

21 Un'eruzione è essenzialmente un fenomeno:

A di liberazione di energia
B di fuoruscita di magma
C di degassazione
D esplosivo
E effusivo

22 Che cosa indica il termine "dolomia"?

A Una catena montuosa del Nord Italia
B Una concrezione calcarea tipica delle grotte
C Un pezzo di magma solidificato
D Un tipo di roccia sedimentaria carbonatica
E Una pianta fossile del carbonifero

23 I materiali che fuoriescono durante le eruzioni vulcaniche contribuiscono alla formazione di:

A crosta e atmosfera
B rocce metamorfiche
C rilievi di rocce intrusive
D fosse oceaniche
E pianure

24 Cosa sono lignite e antracite?

A Carboni fossili
B Particolari rocce ignee
C Legno dopo la combustione
D Minerali delle argille
E Rocce metamorfiche

25 Che cos'è la diagenesi?

A La formazione delle rocce
B La trasformazione delle rocce sedimentarie in rocce metamorfiche
C L'insieme delle trasformazioni fisiche e chimiche posteriori alla sedimentazione
D La deposizione di un sedimento
E Lo smantellamento a opera dell'erosione di una roccia igneace metamorfiche

26 Il metamorfismo di una roccia è caratterizzato da:

A cristallizzazione totale restando sempre allo stato solido
B parziale fusione dei suoi componenti
C lenta ma totale fusione seguita da cristallizzazione
D fusione limitata ai minerali contenenti silicio
E fusione limitata ai minerali femici

PARTE QUINTA

27 **Cosa intendono i meteorologi per fronte?**

- A Aree di alta pressione
- B Aree di bassa pressione
- C Una perturbazione fredda
- D Una massa d'aria calda
- E La zona di contatto fra due masse d'aria

28 **I venti:**

- A si generano per la rotazione della Terra
- B aumentano la loro forza con la latitudine
- C si generano a causa di differenze di pressione nell'atmosfera
- D diminuiscono la loro forza con la latitudine
- E in una determinata zona hanno la direzione costante a ogni altitudine

29 **L'idrosfera è formata da:**

- A tutte le acque superficiali
- B tutte le acque oceaniche
- C tutte le acque presenti sul pianeta
- D tutte le acque sotterranee
- E tutte le acque continentali

30 **I ghiacciai si possono formare solo:**

- A al di sopra dei 3000 metri
- B al di sopra del limite delle nevi perenni
- C in zone che non siano equatoriali
- D a latitudini superiori a quelle medie
- E al di sopra dei 1000 metri

Soluzioni e commenti

1 Poiché attraversando un fuso orario l'orologio deve essere spostato di un'ora, se nella prima località sono le 6:00 di mattino, nell'altra sono le 6:00 di sera. Inoltre poiché lo spostamento avviene andando verso ovest, ogni volta che si attraversa un fuso l'orologio deve essere spostato indietro. Dopo averlo spostato indietro di 12 ore, ci si ritrova alle 6:00 di sera del 30 maggio. La risposta esatta è la D.

2 La temperatura della troposfera (lo strato più basso dell'atmosfera) in condizioni normali diminuisce all'aumentare della quota secondo il gradiente termico. Può capitare che aria calda in quota vada a invadere aree negli strati bassi in cui è presente aria più fredda. Di conseguenza in quella zona all'aumentare della quota non si assiste a una diminuzione della temperatura, ma a un aumento: il gradiente termico risulta invertito. Questo fenomeno è detto *inversione termica atmosferica*. La risposta corretta è la D.

3 Le rocce più antiche conosciute risalgono a 3,8 miliardi di anni fa. Gli studi sulle meteoriti e sulle rocce lunari hanno però permesso di stabilire che l'età della Terra e del Sistema solare è di circa 4,6 miliardi di anni. La risposta giusta pertanto è la B.

4 Le catene montuose formatesi prima di 260 milioni di anni fa (nel Paleozoico) indicano che le placche continentali migrarono concentrando le terre emerse in un grande supercontinente detto Pangea. All'inizio del Mesozoico (circa 200 milioni di anni fa) la Pangea si frammentò e i continenti cominciarono ad allontanarsi fino a portarsi nell'attuale posizione. La risposta esatta è la C.

5 Il termine *dolce* riferito all'acqua esclude dalle opzioni i mari, che sono formati da acqua salata. Di tutta l'acqua presente sulla superficie terrestre solo il 3% circa è dolce; di questa, circa i due terzi si trova nei ghiacciai, soprattutto in Antartide. La risposta corretta è la B.

6 La risposta corretta è la E. Il moto di *rivoluzione* della Terra intorno al Sole nel tempo di un anno solare (o anno *tropico*) dura in media 365 giorni, 5 ore, 48 minuti e 46 secondi, ed è definito come il periodo di tempo necessario affinché il Sole si presenti, da un punto di osservazione sulla Terra, nella stessa posizione.

7 Una dorsale oceanica è una fascia della crosta oceanica che risulta sopraelevata rispetto al fondale e può raggiungere anche 2000-3000 metri di altezza. Le dorsali oceaniche si estendono lungo il fondo degli oceani di tutto il mondo e sono sede di intensa attività vulcanica e di terremoti. Quindi la risposta corretta è la A.

8 La risposta corretta è la D. Gli alisei sono venti *permanenti* che spirano regolari per tutto l'anno in direzione dell'equatore con velocità costante. La velocità media dei venti è bassa, intorno ai 13 nodi fino a un picco massimo di 18 nodi. Questi venti spirano simmetricamente sia nell'emisfero boreale che australe: hanno direzione da nord-est verso l'equatore nell'emisfero boreale, mentre spirano da sud-est verso l'equatore in quello australe. Tale direzione consegue dal moto di rotazione della Terra da ovest a est.

9 I piroclasti sono tutti i singoli frammenti espulsi nell'atmosfera da un vulcano; vengono distinti, a seconda delle dimensioni, in ceneri, sabbie, lapilli, bombe e blocchi. Questi prodotti sono tipici di un chimismo silicico del magma, particolarmente poco viscoso e ricco di gas. La risposta corretta è quindi la B.

10 La risposta esatta è la **C**. La maggiore attività vulcanica si ha lungo i limiti convergenti delle placche litosferiche (margini attivi), concentrati soprattutto lungo i bordi continentali dell'Oceano Pacifico dove formano archi magmatici, la cosiddetta *cintura di fuoco*. La crosta oceanica va in subduzione in queste zone e, fondendo, causa la risalita dei magmi.

11 La risposta giusta è la **C**: i geyser sono una delle espressioni dell'attività termale e fumarolica, attività collegate al raffreddamento di magmi in profondità. Queste espulsioni di acqua bollente e vapori possono avere una periodicità molto precisa, come nel caso dell'*Old Faithful* nel Parco americano di Yellowstone, che sprigiona getti, ogni 74 minuti, a una temperatura di 80°C e fino a 55 m di altezza.

12 A partire dalla metà degli anni '80 si è misurato un progressivo assottigliamento della fascia di ozono presente in atmosfera, soprattutto alle alte latitudini (i poli). Analisi di laboratorio hanno dimostrato che tra i responsabili ci sono alcuni gas che reagiscono con l'ozono provocando una dissociazione della sua molecola. Tra questi bisogna ricordare i clorofluorocarburi (CFC) comunemente chiamati freon. La risposta corretta è la **C**.

13 Dalla tabella seguente si deduce che l'Oceano più capiente è il Pacifico (risposta esatta **B**).

Oceano	Estensione (km^2)	Profondità media (m)
Pacifico	179.650.000	4049
Atlantico	106.100.000	3314
Indiano	74.900.000	3900

14 I telescopi ottici studiano la radiazione visibile proveniente dalle stelle. Sono degli "occhi" enormi in grado di captare impulsi luminosi anche molto deboli. Perché l'osservazione sia migliore è necessario che la luce arrivi sugli specchi del telescopio con la massima potenza, subendo cioè il minor assorbimento possibile nel tragitto che la porta dalla stella al telescopio. L'atmosfera terrestre contiene molti gas in grado di assorbire la luce visibile (primo tra tutti il vapore acqueo). Costruendo i telescopi in montagna si evita l'assorbimento da parte degli strati più bassi dell'atmosfera dove l'aria è più densa e l'umidità più elevata. Un secondo importante motivo è la lontananza da fonti di luce che disturberebbero l'osservazione (inquinamento luminoso). La risposta esatta è quindi la **B**.

15 L'esistenza delle stagioni è dovuta all'inclinazione dell'asse terrestre rispetto all'eclittica. Nel semestre primavera-estate, nell'emisfero boreale il Sole è più in alto in cielo e i raggi giungono sulla Terra più verticalmente, causando un maggior riscaldamento. Se l'asse terrestre fosse perpendicolare all'eclittica, l'angolo tra il piano dell'eclittica e il piano equatoriale sarebbe nullo, il circolo di illuminazione passerebbe sempre per i due poli e l'altezza del Sole per ogni punto della superficie rimarrebbe costante durante l'anno: le stagioni non esisterebbero più (risposta **E**).

16 La risposta esatta è **A**. L'asse di rotazione terrestre non è perpendicolare al piano su cui orbita la Terra intorno al Sole, essendo rispetto a questo inclinato mediamente di 23°27'. Ciò comporta che la luce del Sole non incida mai, in ogni istante, con la stessa angolazione sulla superficie terrestre, ma che vari durante la rivoluzione del pianeta. L'equinozio è quel momento della rivoluzione terrestre intorno al Sole in cui quest'ultimo si trova allo zenit dell'equatore cioè a perpendicolo. Esso avviene due volte durante l'anno solare (equinozio di primavera ed equinozio di autunno) e, in tale momento, il periodo diurno e quello notturno sono uguali, poiché essendo i raggi solari perpendicolari all'asse di rotazione terrestre, il circolo di illuminazione passa esattamente per i poli dividendo la Terra in una metà illuminata e in una metà al buio.

17 La discontinuità di Mohorovicic (Moho) separa la crosta dal mantello e si trova a profondità variabile da 5 a 90 km (risposta esatta A), mediamente tra i 10 ÷ 12 km sotto gli oceani e i 30 ÷ 40 km sotto i continenti.

18 La risposta corretta è la D. Infatti nell'equinozio di primavera il Sole attraversa uno dei due punti, nella sfera celeste, in cui l'eclittica e l'equatore celeste si intersecano: il cosiddetto punto vernale o appunto equinozio di primavera. In quel momento il Sole è perfettamente allo zenit (quindi perpendicolare) per un osservatore posto all'equatore, e in tale momento, il periodo diurno e quello notturno sono uguali, poiché essendo i raggi solari perpendicolari all'asse di rotazione terrestre, il circolo di illuminazione passa esattamente per i poli dividendo la Terra in una metà illuminata e in una metà al buio.

19 La sismicità terrestre disegna un mosaico di placche in movimento tra loro, delimitate da tre tipi di margine: i margini divergenti (lungo l'asse delle dorsali), i margini convergenti (presso le zone di subduzione) e i margini trasformi situati lungo le faglie. I margini delle placche non sono definiti dai bordi continentali poiché esse possono essere costituite indifferentemente da crosta oceanica, continentale o da entrambe. La risposta corretta è la B.

20 Il campo magnetico terrestre è spiegato con la teoria della dinamo autoeccitante (in una dinamo un campo elettrico rotante produce un campo magnetico). La dinamo autoeccitante sarebbe il nucleo esterno fluido e ricco di ferro che è rimescolato in continui moti convettivi prodotti dal calore radioattivo generatosi nel nucleo stesso. Tutto inizia con un casuale campo magnetico che interagirebbe con il ferro fluido in movimento producendo correnti elettriche che a loro volta creerebbero un campo magnetico. Non è possibile pensare che al centro della Terra via sia una barra magnetizzata permanentemente perché al di sopra dei 500°C (punto di Curie) i materiali magnetici si smagnetizzano. La risposta esatta è perciò la B.

21 L'attività vulcanica può manifestarsi con modalità assai diverse che dipendono essenzialmente dalla quantità di gas presente nel magma e dalla sua percentuale in silice. I magmi più ricchi in silice (o acidi) sono molto viscosi e trattengono i gas al loro interno accumulando forti pressioni e perciò danno luogo a eruzioni di tipo esplosivo. Diversamente, i magmi basici hanno una bassa viscosità che permette ai gas contenuti al loro interno di fuoriuscire facilmente, dando così luogo a eruzioni a colata. La risposta esatta è quindi la B.

22 La risposta corretta è la D. La dolomia infatti è una roccia sedimentaria costituita da carbonato doppio di calcio e magnesio, osservata per la prima volta nel gruppo montuoso delle Dolomiti dal francese Déodat Gratet de Dolomieu: proprio da questo scienziato hanno preso il nome le montagne e le rocce che le costituiscono.

23 La risposta corretta è la A in quanto i materiali solidi prodotti durante un'eruzione vulcanica ispessiscono e arricchiscono la crosta intorno al centro eruttivo creando delle rocce di origine vulcanica; i gas e le polveri rilasciati durante l'eruzione vanno nell'atmosfera modificandone localmente la composizione o addirittura modificando il clima.

24 Lignite e antracite sono carboni fossili, cioè accumuli di materia organica di origine vegetale che ha subito profonde trasformazioni chimiche. A seconda della progressiva maturazione si va dalla lignite, in cui sono ancora presenti le strutture del legno originale, al litantrace e infine all'antracite che è più leggera e ha una lucentezza quasi metallica. I carboni fossili sono particolarmente tipici del periodo Carbonifero (354-290 milioni danni fa). La risposta corretta è quindi la A.

25 La risposta esatta è la C. Dopo che un sedimento sciolto è stato depositato nel proprio ambiente di sedimentazione, esso inizia a subire una serie di processi noti come diagenesi, che in un tempo più o meno lungo lo trasformano in una roccia sedimentaria stabile. Nel corso del tempo le acque

PARTE QUINTA

contenute nei sedimenti vengono allontanate grazie ai processi di compattazione; infine la deposizione dei loro sali porta alla cementazione dei granuli del sedimento.

26 Si definisce metamorfismo il processo di trasformazione della struttura minerale di una roccia dovuta a cambiamenti di temperatura o pressione, o all'infiltrazione di fluidi. Le risposte B, C, D, E sono tutte da scartare perché quando si parla di metamorfismo non si ha mai a che fare con la fusione del materiale roccioso. Le reazioni che avvengono sono tutte allo stato solido, magari innescate e favorite dalla vicinanza e dall'infiltrazione di fluidi magmatici ad alta temperatura. La risposta esatta è quindi la A.

27 Per i meteorologi un fronte è la zona di contatto fra due masse d'aria con differenti caratteristiche (temperatura, umidità, densità), la risposta corretta è quindi la E. Si ha un fronte caldo quando l'aria calda sale sopra quella fredda con formazione di nubi stratificate e cumuli al contatto fra le due masse; si ha un fronte freddo quando è l'aria fredda a muoversi e sposta la massa d'aria calda la quale è costretta a salire forzatamente dando origine a cumulonembi e a eventuali temporali.

28 La risposta esatta è la C. I venti sono generati da differenze nella distribuzione orizzontale della pressione atmosferica: sono infatti masse d'aria che muovendosi parallelamente alla superficie terrestre tendono a ristabilire l'equilibrio barico andando da zone anticicloniche a quelle cicloniche. Il vento tuttavia non si sposta sempre seguendo il percorso più breve (cioè tagliando le isobare) ma a causa della forza di Coriolis, che agisce su ogni corpo in movimento sulla superficie terrestre e che è causata dalla rotazione terrestre, viene deviato in senso orario nel nostro emisfero e antiorario nell'emisfero opposto.

29 La risposta corretta è la C. Tutte le acque presenti sul pianeta formano l'idrosfera, che è una componente del sistema Terra, insieme ad atmosfera, litosfera e biosfera. L'acqua totale è ripartita in acque oceaniche, ghiacci, falde sotterranee, laghi, umidità, vapore acqueo, fiumi. Il 96,5% dell'intera idrosfera è costituito da acqua salata, l'1,7% da acque sotterranee, l'1,6% da ghiacciai e lo 0,2% da acque superficiali.

30 La neve si accumula nel tempo e quindi può originare un ghiacciaio al di sopra di una quota detta limite delle nevi perenni, al di sopra della quale non fonde nei mesi caldi: la risposta corretta è quindi la B. Il limite delle nevi perenni non è costante ma dipende sia dalla temperatura che dall'intensità delle precipitazioni nevose. All'equatore è a circa 4500 metri, mentre verso i poli si abbassa fino al livello del mare; sulle Alpi varia tra i 3100 metri in Valle d'Aosta (dove le precipitazioni sono più scarse), e i 2500 metri del Friuli (dove le precipitazioni sono più abbondanti).

parte sesta

RAGIONAMENTO LOGICO E COMPRENSIONE DI TESTI

Quesiti di ragionamento logico

Risolvere i seguenti esercizi.

1 **Un piastrellista ha coperto i 7/9 di un pavimento. Sapendo che ha usato 14 metri quadrati di mattonelle, quanto è grande l'intero pavimento?**

A 20 metri quadrati
B 18 metri quadrati
C 9 metri quadrati
D 19 metri quadrati
E 70 metri quadrati

2 **Giorgio si affida sempre al caso. Dovendo sposarsi sceglie a caso anche la data della cerimonia. In quale dei mesi seguenti è meno probabile che si celebri il matrimonio?**

A Gennaio
B Febbraio
C Marzo
D Novembre
E Dicembre

3 **Un negozio propone uno sconto del 50% dal secondo prodotto acquistato in poi. Supponendo di comprare tre prodotti che hanno lo stesso prezzo iniziale, di quanto sarà lo sconto rispetto al prezzo intero totale?**

A tra il 2% e il 3%
B tra il 5% e il 10%
C tra l'80% e il 90%
D tra il 30% e il 40%
E tra il 20% e il 25%

4 **Giuseppe compra un camper con il 10% di sconto sul prezzo del nuovo che ammonta a 20.000 euro. Dopo un anno lo vende a un amico al 30% in meno di quanto l'aveva pagato. A quanto è stato venduto il camper all'amico?**

A 12.600 euro
B 18.000 euro
C 13.000 euro
D 14.250 euro
E i dati forniti non sono sufficienti per rispondere

5 **Una segretaria distratta ha chiuso tre buste prima di scrivere i relativi indirizzi (tra loro diversi); allora li scrive a caso sulle tre buste. Qual è la probabilità che la segretaria indovini almeno un indirizzo?**

A 1/2 B 2/3 C 1 D 5/6 E 1/3

RAGIONAMENTO LOGICO E COMPRENSIONE DI TESTI

6 **Lavorando del ferro si ha una perdita del 30%. Da due tonnellate di ferro quanti kg di manufatti si ottengono?**

A 1400 kg B 60 kg C 9000 kg D 6 kg E 200 kg

7 **25 once fluide inglesi corrispondono approssimativamente a 24 once fluide americane. In percentuale, di quanto è più grande, circa, un'oncia fluida americana rispetto a quella inglese?**

A 8% B 5% C 2% D 1% E 4%

8 **Se 3 persone leggono 3 libri in 3 in giorni, quante persone ci vogliono per leggere 150 libri in 150 giorni?**

A 10 B 5 C 50 D 150 E 3

9 **Andrea legge 20 pagine al giorno più di Giacomo che, a sua volta, ne legge un quarto più di Luciano. Sapendo che Luciano legge 20 pagine al giorno, qual è il numero minimo di giorni necessari ai tre compagni di scuola insieme per leggere tutto il materiale di una ricerca per cui è necessario leggere complessivamente 1080 pagine?**

A 15 B 6 C 12 D 8 E 4

10 **In un villaggio cinese vivono 33 famiglie, ognuna delle quali possiede almeno una bicicletta. È noto che, al massimo, ogni famiglia possiede tre biciclette. Sapendo che il numero di famiglie con una sola bicicletta è uguale al numero di famiglie che ne possiedono tre, quante sono, in totale, le biciclette del villaggio?**

A 33 B 66 C 45 D 64 E 27

11 **Un capo cantiere sa che per completare il lavoro di cui è responsabile, utilizzando tutti gli operai che attualmente lavorano nel cantiere, sono necessari 20 giorni. Se potesse avere altri 2 operai il lavoro verrebbe completato in 16 giorni. Al contrario, la sua impresa (a causa di un nuovo appalto) anziché fornire i 2 operai, sottrae le risorse al cantiere e lascia un solo operaio. Quanti giorni impiegherà tale operaio a completare il lavoro, nell'ipotesi che tutti abbiano lo stesso ritmo di lavoro?**

A 160 B 320 C 120 D 150 E 200

12 **Lucia noleggia una macchina per 18 Euro più 0,10 Euro per chilometro percorso. Carlo noleggia una macchina per 25 Euro più 0,05 Euro per chilometro percorso. A fine giornata, dopo aver percorso la stessa distanza pagano entrambi lo stesso importo. Quanti chilometri hanno percorso?**

A 150 B 120 C 140 D 135 E 130

13 **Quale numero, sommato a 10, dà come risultato il triplo del numero stesso diminuito di 4?**

A 3 B 11 C 8 D 7 E 5

14 **Il prodotto dei primi cinque numeri primi NON è divisibile per:**

A 30 B 42 C 10 D 35 E 32

PARTE SESTA

15 **Una imbarcazione con un prezzo di listino pari a 40.000 euro viene venduta con uno sconto del 30%. A quanto è ammontato lo sconto?**

A 13.333 euro
B 1200 euro
C 12.000 euro
D 3000 euro
E 28.000 euro

16 **La recinzione di un vigneto prevede che si piantino alberi di vite a distanza di 6 metri l'uno dall'altro. Quanti alberi di vite in più sono necessari per recintare un vigneto quadrato di area quadrupla rispetto a un altro vigneto quadrato che ha il perimetro pari a 120 metri?**

A 20 B 120 C 80 D 60 E 40

17 **Raffaella ha trascorso la sua vita per 1/4 da ragazza, per 1/8 da giovane, per metà lavorando. Sono 6 anni che ha smesso di lavorare. Quanti anni ha adesso?**

A 62 B 52 C 48 D 50 E 54

18 **Su una cartina geografica in scala 1 : 50.000 (ossia tale che 1 cm sulla mappa rappresenta 50.000 cm reali), individuo una zona piana rappresentata da un rettangolo di area 6 cm^2. L'area di tale zona è circa:**

A 6 km^2 B 3 km^2 C 30 m^2 D 60 m^2 E 1,5 km^2

19 **In una scatola si trovano nove palline, su ciascuna delle quali è scritta una delle cifre tra 1 e 9. Si estrae a caso una pallina dalla scatola e si legge il numero, poi si rimette la pallina nella scatola. Si fa una nuova estrazione casuale e si legge il numero. Qual è la probabilità che il prodotto dei numeri letti sulle due palline estratte sia dispari?**

A 56/81 B 1/3 C 3/4 D 25/81 E 1/4

Durante la fase di sperimentazione, il farmaco Y viene somministrato a un gruppo di persone. Il grafico seguente rappresenta la ripartizione percentuale, in base alla fascia d'età, dei soggetti che si sottopongono alla sperimentazione.

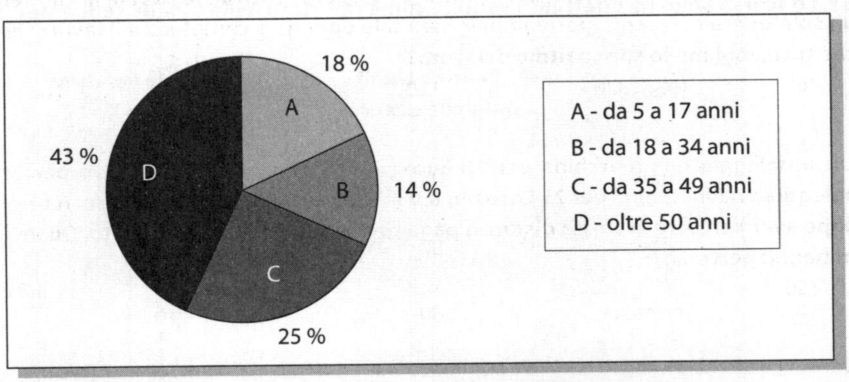

20 **Sapendo che in questo gruppo di persone vi sono 21 soggetti appartenenti alla fascia d'età 18-34 anni, quanti sono complessivamente gli individui che hanno assunto il farmaco durante la sperimentazione?**

A 132 B 146 C 150 D 164 E 21

RAGIONAMENTO LOGICO E COMPRENSIONE DI TESTI

Nel biennio 2010-2011 è stato lanciato sul mercato mondiale un nuovo farmaco anti-ipertensivo, chiamato Visor. Al termine del 2011 la casa produttrice verifica l'andamento delle vendite in alcuni dei principali Paesi. I risultati dello studio sono espressi nel grafico seguente.

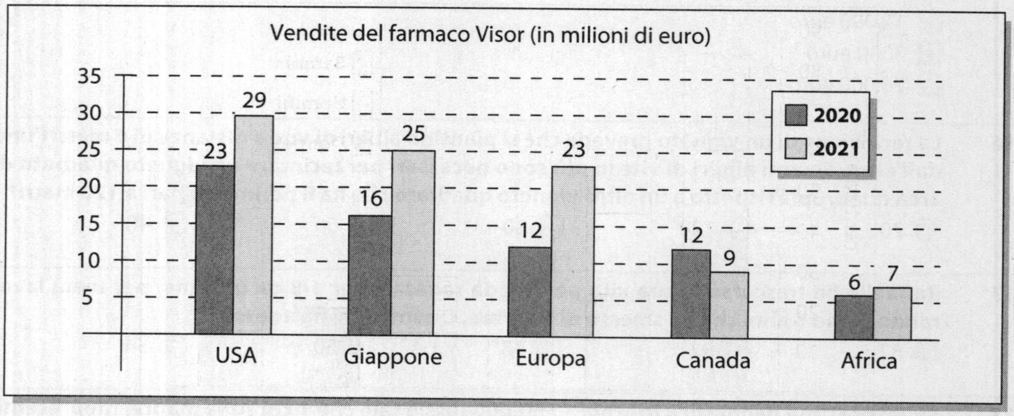

21 **Dal grafico si possono trarre tutte le seguenti conclusioni tranne una. Quale?**

- **A** Tra il 2020 e il 2021, il maggior incremento percentuale nelle vendite del farmaco Visor si è avuto in Europa
- **B** Il fatturato del farmaco Visor realizzato in Canada è diminuito dal 2020 al 2021
- **C** Nel biennio considerato, il fatturato del farmaco Visor in Giappone è stato superiore a quello in Europa
- **D** Tra il 2020 e il 2021, il numero di soggetti ipertesi è aumentato negli USA più che negli altri Paesi
- **E** A livello mondiale, le vendite del farmaco Visor sono globalmente aumentate passando dal 2020 al 2021

22 **L'azienda Beta vende i propri prodotti in quattro Paesi europei attraverso due divisioni: X e Y. Lo scorso anno ha effettuato vendite come riportato nella tabella seguente:**

Paese	Vendite totali (migliaia di euro)	Percentuale vendite divisione X
Italia	500	80
Svizzera	50	50
Germania	60	10
Francia	20	90

Qual è l'ammontare, in euro, delle vendite della divisione Y in Germania nello scorso anno?

A 50.000 **B** 6000 **C** 90% **D** 5300 **E** 54.000

PARTE SESTA

Il grafico seguente rappresenta il numero di ricoveri effettuato nel 2020 da alcune aziende ospedaliere italiane, suddiviso per tipologia di ricovero. Leggere attentamente il grafico e rispondere alla domanda seguente.

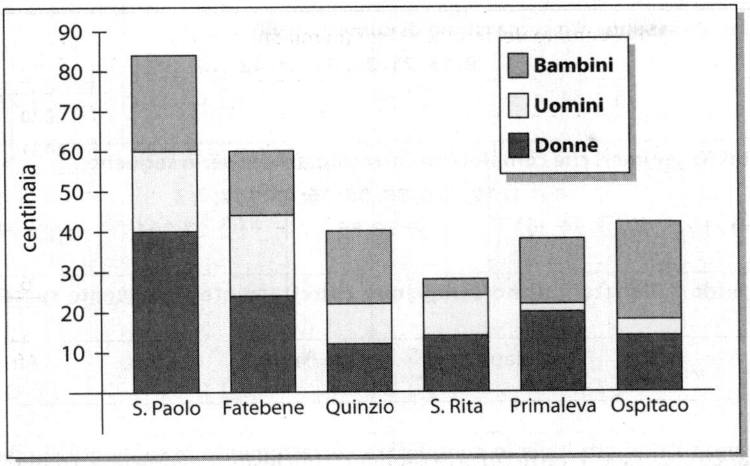

23 Quale ospedale ha avuto il maggior numero di ricoveri nel 2020?

- A Fatebene
- B Quinzio
- C S. Paolo
- D Primaleva
- E Ospitaco

24 Sapendo che la ripartizione per categorie contrattuali dei dipendenti del Comune di Como è quella rappresentata nel grafico seguente e che il numero di dirigenti è pari a 18, individuare il numero totale dei dipendenti del Comune.

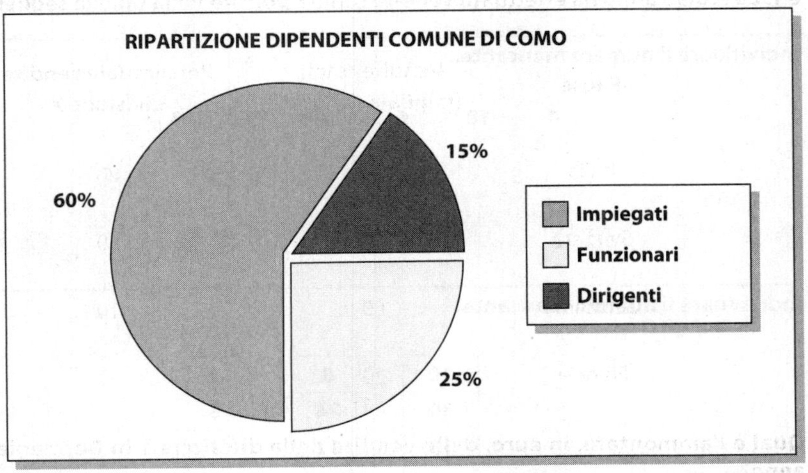

A 57 B 60 C 120 D 72 E 110

RAGIONAMENTO LOGICO E COMPRENSIONE DI TESTI

25 **Completare la seguente successione di numeri:**

8, 13, 14, 15, 20, 17, 26, ...?

A 32 B 21 C 36 D 18 E 19

26 **Completare la seguente successione di numeri:**

9, 18, 21, 20, 40, 43, 42, ...?

A 48 B 84 C 44 D 68 E 24

27 **Individuare i numeri che completano correttamente la serie seguente:**

19; 176; 38; 88; 76; 44; 152; ?; ?

A 304; 21 B 24; 302 C 76; 88 D 22; 304 E 22; 306

28 **Utilizzando l'alfabeto italiano completare correttamente la seguente successione di lettere:**

S, Z, D, H, N, ...?

A S B R C O D P E Q

29 **Utilizzando l'alfabeto italiano completare correttamente la seguente successione di lettere:**

G, P, D, R, B, O, ?, ?

A Q, R B M, P C D, M D E, N E E, P

30 **Utilizzando l'alfabeto inglese completare correttamente la seguente successione di lettere:**

S, H, T, G, U, F, V, E, ?, ?

A V, U B D, Y C Z, D D W, D E D, U

31 **Completare la seguente successione di numeri e lettere:**

A, 17, C, 14, E, 11, G, ...?

A 9 B 18 C 14 D 22 E 8

32 **Individuare il numero mancante.**

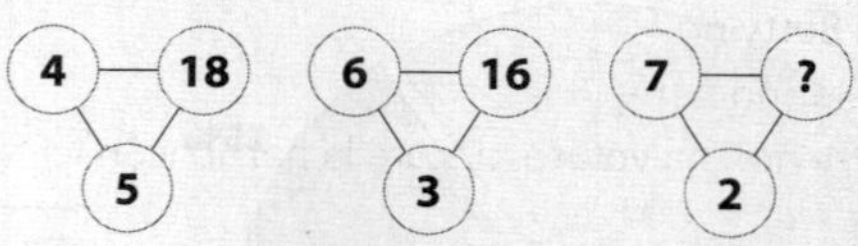

A 14 B 12 C 10 D 20 E 24

33 **Individuare il numero mancante.**

10	**8**	**2**
30	**24**	**6**
15	**12**	**?**

A 11 B 9 C 4 D 3 E 6

PARTE SESTA

34 **Qual è il numero da eliminare dalla seguente successione?**

2, 5, 10, 13, 18, 21, 23, 26, 29

A 10 B 21 C 29 D 23 E nessuno

Risolvere i seguenti esercizi.

35 **Se è falso che nessuno degli abitanti di un condominio ha almeno due automobili allora si può dedurre che:**

A c'è un abitante del condominio che ha almeno due automobili
B c'è un abitante del condominio che ha esattamente due automobili
C ogni abitante del condominio ha meno di due automobili
D c'è un abitante del condominio che ha una sola automobile
E ogni abitante del condominio ha almeno due automobili

36 **"Le nuove indagini non hanno confermato l'impossibilità che il freddo non sia la causa della rottura dei tubi".**
Il significato di questa affermazione è:

A il freddo non può essere in alcun modo causa della rottura dei tubi
B il freddo è certamente la causa della rottura dei tubi
C il freddo potrebbe non essere la causa della rottura dei tubi
D il freddo causa sempre problemi
E il caldo è probabilmente la causa della rottura dei tubi

37 **"Nessun ingenuo è cattivo; qualche cattivo è adulto; dunque ... non è ingenuo". S'individui il CORRETTO COMPLETAMENTO del sillogismo.**

A qualche cattivo
B qualche adulto
C ogni adulto
D ogni cattivo
E qualche ingenuo

38 **Laura dice a Danilo: "Se venerdì starò bene, giocherò la partita. Se starà bene anche Betty, la porterò a giocare con me". È venerdì, Danilo va a vedere la partita e vede Laura in tribuna a guardare la partita. Allora sicuramente:**

A Laura sta bene, ma Betty no
B Laura e Betty non stanno bene
C Laura sta bene, Betty non ha voluto giocare la partita con lei
D Betty non sta bene
E Laura non sta bene

39 **Si completi correttamente il seguente ragionamento ipotetico:**
Se non avessi avuto talento non saresti diventato artista; ma sei diventato artista dunque ....

A hai talento
B non hai talento
C sei artista
D sarai artista
E non avrai talento

RAGIONAMENTO LOGICO E COMPRENSIONE DI TESTI

40 **Determinare quale delle seguenti situazioni è NON compatibile con l'affermazione: "per superare questo test è necessario, ma non sufficiente, conoscere la matematica e non arrivare in ritardo".**

- A Carlo conosce la matematica, arriva puntuale, e supera il test
- B Massimo non conosce la matematica, arriva puntuale, e supera il test
- C Riccardo conosce la matematica, arriva puntuale, e non supera il test
- D Mimma non conosce la matematica, arriva in orario, e non supera il test
- E Letizia arriva puntuale e non supera il test

41 **Marianna scommette con Simona che se domani andranno a ballare incontreranno Piero. In quale dei seguenti casi si è sicuri che Marianna perde la sua scommessa?**

- A Marianna e Simona non vanno a ballare domani e non incontrano Piero
- B Marianna e Simona vanno a ballare domani e incontrano Piero
- C Marianna e Simona vanno a ballare domani e incontrano molte persone ma non Piero
- D Marianna e Simona non vanno a ballare domani ma la sera stessa della scommessa incontrano Piero in gelateria
- E Marianna e Simona non vanno a ballare domani e incontrano Piero che va in discoteca

42 **Se si fanno i controlli mensili dei dati sui libri stampati, si scoprono gli errori di allineamento dei magazzini.**
Se la precedente affermazione è vera, allora è sicuramente vero che:

- A se non si sono scoperti gli errori di allineamento dei magazzini è perché non si sono fatti i controlli mensili dei dati sui libri stampati
- B gli errori di allineamento dei magazzini si scoprono solo se si sono fatti i controlli mensili dei dati sui libri stampati
- C condizione necessaria e sufficiente affinché vengano scoperti gli errori di allineamento dei magazzini è che si facciano i controlli mensili dei dati sui libri stampati
- D se si scoprono gli errori di allineamento dei magazzini è perché si sono fatti i controlli mensili dei dati sui libri stampati
- E gli errori di allineamento dei magazzini derivano solo dai mancati controlli mensili dei dati sui libri stampati

43 **Se A è vero allora B è vero; se C è vero allora D è vero. Quale delle seguenti affermazioni implica che A, B, C, D siano tutti veri?**

- A D è vero o A è vero
- B B è vero e C è vero
- C C è vero o A è falso
- D C è vero e A è vero
- E D è falso o A è vero

44 **Se A è un quadrato allora ha quattro lati. In quale altro modo posso esprimere esattamente lo stesso concetto?**

- A Se A ha quattro lati allora A è un quadrato
- B Se A ha quattro lati allora è un rombo
- C Se A non ha quattro lati allora non è un quadrato
- D Se A non è un quadrato allora non ha quattro lati
- E Nessuna delle altre alternative è corretta

45 **Premesso che: tutti i filosofi sono portati per la logica / la logica aiuta nel gioco del bridge / Marco ama giocare a bridge / chi ama giocare a bridge ha un debole per la letteratura. Quale delle seguenti affermazioni è sicuramente vera?**

- A Marco ha tutti i requisiti per essere un buon giocatore di bridge
- B Marco è un profondo pensatore e ha un debole per la letteratura
- C Chi è portato per la logica non può non amare il bridge
- D Tutti i filosofi amano giocare a bridge
- E Non si può negare che Marco abbia un debole per la letteratura

46 **Tutti i dipendenti della società "Alber" sono svogliati; Luca gioca a golf; tutte le persone che giocano a golf sono svogliate.**
Se le tre affermazioni che precedono sono vere, quale delle seguenti è vera?

- A Tutti i dipendenti della società "Alber" giocano a golf
- B Luca è una persona svogliata
- C Tutte le persone svogliate giocano a golf
- D Luca è un dipendente della società "Alber"
- E La società "Alber" lavora nel settore sportivo

47 **Tutto ciò che possiede un allevatore sono 40 maiali. Il lunedì un incendio ne uccide la metà. Il martedì un sesto dei maiali fugge. Il mercoledì l'allevatore compra altri dieci maiali. Quante pecore possiede alla fine l'allevatore?**

- A 40
- B 22
- C 26
- D 0
- E 50

48 **A è una quantità minore di B, e B è maggiore o uguale a C. Quale delle seguenti affermazioni è sempre vera?**

- A A è maggiore o uguale a C
- B A è minore o uguale a C
- C A è uguale a C
- D A è minore di C
- E Non si può stabilire una relazione tra A e C sempre valida

49 **Quale delle seguenti affermazioni è logicamente equivalente a "Le canzoni italiane non hanno sempre testi belli"?**

- A Le canzoni italiane hanno sempre brutti testi
- B Almeno una canzone italiana non ha un bel testo
- C Tutte le canzoni con un bel testo non sono italiane
- D Nessuna canzone straniera ha un bel testo
- E Tutte le canzoni con un bel testo sono straniere

50 **Io sono un uomo. Se il figlio di Luigi è padre di mio figlio, chi sono io per Luigi?**

- A Il figlio
- B Io non ho rapporti di parentela con Luigi
- C Il padre
- D Sono io Luigi
- E Il nonno

51 **La mamma ha chiesto a Gustavo di andare dal fruttivendolo a ritirare 9 cassette di mele. Potendo portare sulla bici solo due cassette alla volta, quante volte Gustavo deve andare e tornare dal negozio?**

A 4 B 4,5 C 5 D 6 E 5,5

52 **"Domenico è un amante della musica classica; chi suona la chitarra ama la musica classica; chi suona la chitarra ha le mani grandi".**

Se le precedenti affermazioni sono vere, allora, per poter dedurre che Domenico ha le mani grandi, a quale/i affermazioni aggiuntive si deve far ricorso?

I) Chi ama la musica classica suona la chitarra

II) Chi ha le mani grandi suona la chitarra

A Solo alla I)

B La II) consente di affermare con certezza che Domenico ha le mani grandi, mentre la I) consente di giungere a tale conclusione solo se vale contemporaneamente la II)

C Solo alla II)

D Sia alla I) sia alla II)

E A nessuna delle due: anche senza informazioni aggiuntive si ricava che Domenico ha certamente le mani grandi

53 **Quale delle seguenti affermazioni è logicamente equivalente a: "I giovani non dimenticano mai nulla"?**

A Gli anziani dimenticano tutto

B Gli anziani dimenticano sovente

C Chi non dimentica nulla è giovane

D I giovani ricordano sempre tutto

E Non è facile ricordare tutto

54 **"Antonio è infelice", "tutti gli anziani sono infelici", "Paola è anziana". Quale delle affermazioni è necessariamente vera?**

A Antonio e Paola sono fratelli

B Antonio è anziano

C gli infelici sono tutti anziani

D Paola è infelice

E Antonio e Paola non sono fratelli

55 **Premesso che:**

Tutti i filosofi sono portati per la logica

La logica aiuta nel gioco del bridge

Paolo ama giocare a bridge

Chi ama giocare a bridge ha un debole per la letteratura

quale delle seguenti affermazioni è sicuramente vera?

A Paolo è un profondo pensatore e ha un debole per la letteratura

B Tutti i filosofi amano giocare a bridge

C Chi è portato per la logica non può non amare il bridge

D Paolo ha tutti i requisiti per essere un buon giocatore di bridge

E Non si può negare che Paolo abbia un debole per la letteratura

56 **Recenti scoperte scientifiche hanno mostrato che il farmaco AZT è in grado di ritardare di almeno due anni l'insorgere della malattia nel 55% dei pazienti sieropositivi che lo assumono e non ha effetti collaterali. È dunque opportuno che tale farmaco venga somministrato a tutti i pazienti.**
Tutte le seguenti affermazioni indeboliscono l'argomentazione sopra riportata tranne una. Quale?

- A Il farmaco AZT provoca la perdita della vista
- B Altri farmaci hanno ritardato di almeno due anni l'insorgere della malattia in più di metà dei pazienti sottoposti a trattamento
- C Il farmaco AZT è particolarmente costoso
- D I pazienti trattati con AZT hanno successivamente subito un decorso molto più rapido della malattia verso la morte
- E Il farmaco AZT è tossico per il feto delle donne che lo assumono in gravidanza

---

57 **Un posto di polizia utilizza per gli interrogatori un dispositivo con due luci: la luce V si accende sicuramente quando l'interrogato dice la verità (ma potrebbe accendersi anche se mente), la luce F si accende sicuramente quando l'interrogato mente (ma potrebbe accendersi anche se dice il vero). Sapendo che l'interrogato o mente o dice la verità, quando è possibile escludere che l'interrogato dica la verità?**

- A Mai
- B Quando si accendono sia V che F
- C Quando non si accendono né V né F
- D Quando si accende solo F
- E Quando si accende solo V

---

58 **Pierino è un mentitore e quindi le sue affermazioni sono sempre false. Pierino vede un gruppo di uomini e afferma: "Tutti questi uomini sono calvi". Ne possiamo sicuramente dedurre che:**

- A nessuno di questi uomini è biondo
- B almeno uno di questi uomini non è calvo
- C almeno un uomo tra questi è bruno
- D nessuno di questi uomini è calvo
- E nessuna delle altre alternative è deducibile

---

59 **In una scatola sono contenuti 10 cubetti bianchi, 5 cubetti neri e 5 cubetti rossi. Qual è il numero minimo di cubetti da estrarre per essere sicuri di averne 5 dello stesso colore?**

- A 11
- B 6
- C 13
- D 9
- E 10

---

60 **Su 180 iscritti a Biotecnologie il 50% ha sostenuto l'esame di Chimica e il 70% ha sostenuto l'esame di Fisica. Quale è il numero minimo di studenti che ha sostenuto entrambi gli esami?**

- A 36
- B 2
- C 72
- D 24
- E 20

Individuare l'alternativa che completa correttamente le seguenti proporzioni tra parole.

61 **Minuto : enorme = X : Y**

- A X = polmone; Y = respirazione
- B X = vero; Y = falso
- C X = debole; Y = labile
- D X = alto; Y = magro
- E X = curvo; Y = storto

62 **Calciatore sta a pallone come X sta a Y.**

- A X = squadra; Y = giocatore
- B X = erborista; Y = minerale
- C X = trattore; Y = escavatore
- D X = acrobata; Y = trapezio
- E X = otorino; Y = pneumatico

63 **Pasta : alimento = X : Y**

- A X = carne; Y = indumento
- B X = chiodi; Y = incudine
- C X = latte; Y = neonato
- D X = utensile; Y = cacciavite
- E X = martello; Y = utensile

64 **Tribunale : X = Y : capomastro**

- A X = giudice; Y = cantiere
- B X = accusati; Y = progettisti
- C X = avvocato; Y = comandante
- D X = imputato; Y = semaforo
- E X = avvocato; Y = carpentiere

65 **Recente : nuovo = X : Y**

- A X = neonato; Y = anziano
- B X = moderno; Y = efficiente
- C X = interessante; Y = noioso
- D X = spiritoso; Y = divertente
- E X = leggero; Y = pesante

66 **Acido : X = Y : positivo**

- A X = basico; Y = negativo
- B X = carattere; Y = pensiero
- C X = citrico; Y = neutro
- D X = aceto; Y = numero
- E X = pH; Y = valore

67 **X : temperatura = barometro : Y**

- A X = colore; Y = tempo
- B X = umidità; Y = termometro
- C X = stagione; Y = clima
- D X = grado; Y = millimetro
- E X = termometro; Y = pressione

Risolvere i seguenti esercizi.

68 **Individuare il rapporto anomalo.**
- A Scortese – gentile
- B Alto – basso
- C Flebile – forte
- D Solerte – lento
- E Impersonale – pedissequo

69 **Individuare il rapporto anomalo.**
- A Polmonite – Infiammazione
- B Diaframma – Muscolo
- C Aorta – Arteria
- D Odontalgia – Indigestione
- E Carcinoma – Tumore

70 **Individuare la parola da scartare.**
- A Freccia
- B Dardo
- C Faretra
- D Balestra
- E Rampone

71 **Individuare quale, tra i seguenti personaggi storici, non trova adeguato inserimento:**
- A Vespasiano
- B Anco Marzio
- C Augusto
- D Tito
- E Tiberio

72 **Indicare la parola da scartare.**
- A Poliglotta
- B Politico
- C Polimorfo
- D Politeista
- E Poligamo

73 **Indicare la parola da scartare.**
- A Compatto
- B Attonito
- C Astratto
- D Scambiato
- E Intatto

74 **Trovare l'intruso.**
- A Invece
- B Ma
- C Tuttavia
- D Però
- E Mentre

RAGIONAMENTO LOGICO E COMPRENSIONE DI TESTI

75 **Nell'elenco dei monumenti che alcune città d'arte europee vantano c'è un errore. Quale?**

- A Siviglia – Alhambra
- B Ferrara – Palazzo dei Diamanti
- C Micene – Porta dei leoni
- D Vienna – Santo Stefano
- E Istanbul – Santa Sofia

76 **Individuare il rapporto anomalo.**

- A Polmonite – Infiammazione
- B Diaframma – Muscolo
- C Aorta – Arteria
- D Odontalgia – Indigestione
- E Carcinoma – Tumore

77 **Trovare l'alternativa che completa correttamente la seguente proporzione tra parole:**

Sfumato : nitido = X : Y

- A X = bianco; Y = nero
- B X = completo; Y = carente
- C X = miope; Y = presbite
- D X = valido; Y = capace
- E X = rigido; Y = eretto

78 **Se treno = 14, tram = 11, bus = 8, trattore = ?**

A 23 B 21 C 27 D 11 E 14

79 **Individuare la figura che completa correttamente la seguente serie.**

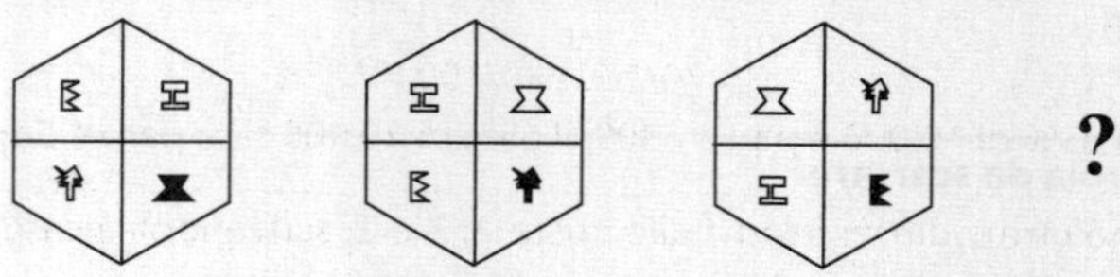

A B C D E

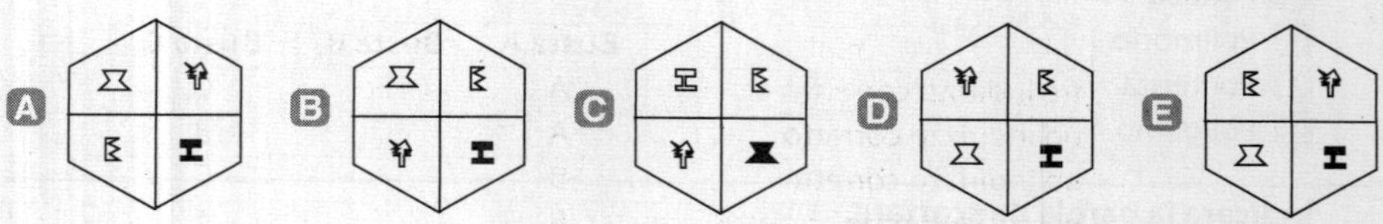

80 **Qual è la figura che completa la sequenza?**

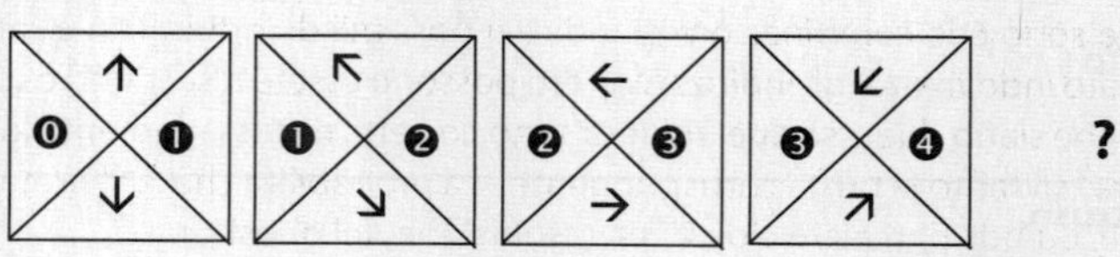

A B C D E

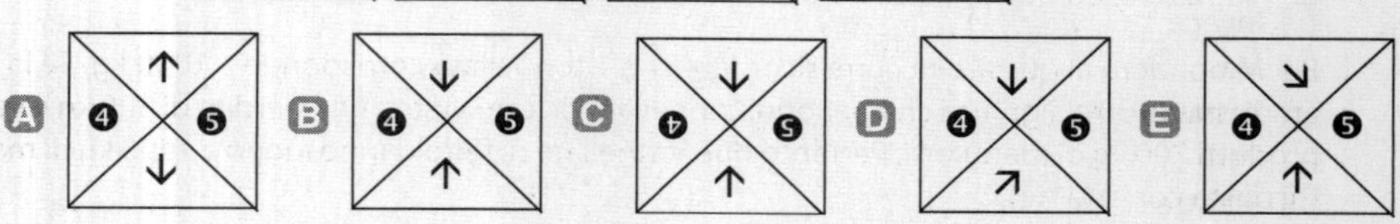

Soluzioni e commenti

1 I 14 metri quadri rappresentano i 7/9 del pavimento. Chiamando x la superficie totale del pavimento, si può scrivere questa relazione nel seguente modo:

$$14 = 7/9\,x$$

da cui si ricava che $x = 14 : 9/7$ e quindi che $x = 18$.
La superficie del pavimento è quindi 18 metri quadrati (B soluzione del quesito).

2 In questa tipologia di esercizi è bene non farsi distrarre dalla formulazione fantasiosa (Giorgio che sceglie a caso la data del matrimonio), per concentrarsi sull'aspetto matematico del calcolo della probabilità. Scegliendo a caso un giorno fra i 365 che compongono l'anno, si hanno meno probabilità di scegliere un giorno nel mese più corto, cioè febbraio (risposta B).

3 Si supponga di comprare tre oggetti che costano 100 euro l'uno. Il primo verrà pagato effettivamente 100 euro, mentre gli altri due verranno pagati 50 euro l'uno. In totale, quindi, si spenderanno 200 euro invece dei 300 euro previsti ottenendo uno sconto pari a 100 euro. Questo rappresenta 1/3, il 33%, del costo totale previsto. La soluzione al quesito è quindi fornita dall'alternativa D.

4 Avendolo pagato con uno sconto del 10%, Giuseppe ha comprato il camper spendendo 18.000 (lo sconto del 10% di 20.000 è pari a 2000). Lo sconto che applica al suo amico a cui vende il camper è pari al 30% di 18.000, cioè 5400 euro. Il camper viene, quindi, rivenduto a un prezzo pari a 12.600 (18.000 – 5400). La A è la soluzione del quesito. Si poteva arrivare a questo risultato pensando che l'amico di Giuseppe aveva pagato il camper il 70% (il prezzo scontato del 30%) del 90% (il prezzo pagato da Giuseppe) del costo originario. Dire il 70% del 90% vuol dire moltiplicare tra loro i due valori:

$$70/100 \cdot 90/100 = 63\%.$$

Sapendo che il 63% di 10.000 è pari a 6300, il 63% di 20.000 sarà pari al doppio: 12.600.

5 Se A, B e C sono i tre indirizzi relativi alle buste A, B e C, scrivendoli a caso possono verificarsi le seguenti combinazioni:

	Busta A	**Busta B**	**Busta C**
tre indirizzi corretti	A	B	C
un indirizzo corretto	A	C	B
un indirizzo corretto	B	A	C
nessun indirizzo corretto	B	C	A
nessun indirizzo corretto	C	A	B
un indirizzo corretto	C	B	A

Come si vede sono 6 le combinazioni di indirizzi possibili di indirizzi. In quattro casi almeno un indirizzo è stato indovinato (gli indirizzi corretti possono essere o solo uno o tutti e tre, non essendo possibile che siano due – se due indirizzi sono corretti, necessariamente lo è anche il terzo, restando "libera" soltanto la busta corrispondente). La probabilità che la segretaria indovini almeno un indirizzo è, quindi, pari a 4/6 cioè 2/3 (B soluzione del quesito).

6 Per rispondere al quesito occorre ricordare che 1 tonnellata corrisponde a 1000 kg. Se la perdita ammonta al 30% significa che per ogni tonnellata di ferro vi sarà una perdita di 300 kg e verranno prodotti 700 kg di manufatti. Pertanto due tonnellate di ferro danno luogo a 1400 kg di manufatti (risposta corretta A).

RAGIONAMENTO LOGICO E COMPRENSIONE DI TESTI

7 Se 24 once fluide americane corrispondono a 25 once fluide inglesi:

$$24\ OFA = 25\ OFI$$

allora:

$$OFA = 25/24\ OFI$$

cioè un'oncia fluida americana vale 1/24 in più rispetto a quella inglese, quindi poco più del 4% (E soluzione del quesito).

8 Si tratta del classico problema di lavoro, per risolvere il quale occorre ricavare la quantità di lavoro svolta dal singolo soggetto nell'unità di tempo: se 3 persone leggono 3 libri in 3 giorni significa che ciascuno di loro legge (nei 3 giorni) 1 libro; pertanto in 150 giorni una persona legge 50 libri (150 : 3); quindi per leggere 150 libri nello stesso tempo (150 giorni) occorrono 3 persone. La risposta corretta è dunque la E.

9 Sapendo che:

- Andrea = Giacomo + 20 (cioè Andrea legge 20 pagine più di Giacomo);
- Giacomo = Luciano + 1/4 Luciano (cioè Giacomo legge 1/4 di pagine più di Luciano);
- Luciano = 20;

allora sostituendo il valore 20 nella seconda equazione si ottiene che:

$$\text{Giacomo} = 25$$

e quindi, sostituendo questo valore nella prima, che:

$$\text{Andrea} = 45$$

I tre, insieme, leggono quindi 20 + 25 + 45 = 90 pagine al giorno.

Se devono leggere complessivamente 1080 pagine avranno bisogno di 12 giorni (1080/90 = 12).
La C è la soluzione del quesito.

10 Per risolvere il quesito è opportuno ricorrere al concetto di media (somma algebrica degli elementi divisa per il numero degli elementi) e focalizzare le informazioni date: le famiglie del villaggio hanno una, due o tre biciclette; il numero di famiglie con una sola bicicletta è pari a quello delle famiglie che ne hanno tre. Sappiamo dunque che le famiglie che hanno due biciclette ne hanno ovviamente in media due ciascuna e che anche le famiglie che ne hanno una o tre, essendo in pari numero, ne hanno complessivamente in media due ciascuna (sia n il numero di famiglie che hanno una bicicletta, e dunque anche il numero di quelle che ne hanno 3: queste famiglie hanno in media (n + 3n)/(n + n) biciclette, ovvero 4n/2n = 2). La media delle biciclette possedute da tutte le famiglie del villaggio è perciò 2 e, visto che le famiglie sono 33, le biciclette complessivamente possedute sono 2 · 33 = 66.
La B è la soluzione del quesito.

11 Per rispondere occorre ricavare prima di tutto il numero iniziale di lavoratori impegnati nel cantiere. Se x lavoratori fanno il lavoro in 20 giorni e $x + 2$ lo farebbero in 16 giorni, si può scrivere che:

$$x \cdot 20 = (x + 2) \cdot 16$$

Svolgendo questa equazione si può ricavare il valore di x:

$$20x = 16x + 32;$$
$$4x = 32;$$
$$x = 8$$

Il numero di lavoratori iniziale è quindi pari a 8: se lavorando insieme (allo stesso ritmo) 8 lavoratori impiegano 20 giorni, significa che ciascun lavoratore compie in 20 giorni 1/8 del lavoro, e che il suo contributo in un giorno è invece pari a 1/8 · 1/20 = 1/160 dell'intero lavoro. In altre parole, allora, un lavoratore, in un giorno, compie 1/160 del lavoro e perciò per fare tutto il lavoro avrebbe bisogno di 160 giorni (A soluzione del quesito).

12 Il costo pagato a fine giornata è il risultato del prodotto tra chilometri percorsi e tariffa chilometrica a cui va sommato il costo fisso per il noleggio. Se Lucia e Carlo pagano a fine giornata la stessa cifra, allora chiamando x i chilometri percorsi, varrà la seguente equivalenza:

$$18 + 0{,}10\,x = 25 + 0{,}05\,x.$$

Da cui si ha:

$$0{,}10\,x - 0{,}05\,x = 25 - 18$$

cioè

$$0{,}05\,x = 7$$

per cui

$$x = 7/0{,}05$$

che ha come risultato $x = 140$ (**C** soluzione del quesito).

---

13 Per risolvere velocemente l'esercizio conviene partire dalle alternative provando a svolgere i calcoli: ci si accorge così che la soluzione è la **D**, infatti 7 + 10 ha come risultato 17 che è proprio il triplo di 7 diminuito di 4 ($7 \cdot 3 - 4 = 17$). Volendo invece impostare l'equivalenza espressa dal quesito, si ha $x + 10 = 3x - 4$ che, svolta, conferma che $x = 7$.

---

14 I primi cinque numeri primi sono 2, 3, 5, 7 e 11. Il loro prodotto è divisibile per qualunque numero ottenuto moltiplicando solo una parte degli stessi. Così, per esempio, essendo il numero 30 il prodotto tra 5,3 e 2, questo numero è sicuramente un divisore del prodotto dei cinque numeri. Stesso ragionamento può essere fatto per il 42 (prodotto tra 2, 3 e 7), il 10 (prodotto tra 2 e 5) e il 35 (prodotto tra 5 e 7). L'unico numero, tra quelli proposti, che non si può ottenere moltiplicando solo alcuni dei cinque numeri primi a disposizione è il 32 (**E** soluzione del quesito).

---

15 Si può facilmente risolvere il quesito considerando che il 10% di 40.000 è 4000, e dunque il 30% corrisponde a 12.000. La soluzione al quesito è fornita dall'alternativa **C**.

---

16 Il primo vigneto è un quadrato con perimetro di 120 metri, per cui ogni lato misura 30 metri. Se gli alberi vengono piantati lungo il perimetro a distanza di 6 metri l'uno dall'altro, significa che ci saranno in tutto 20 alberi (120 : 6).

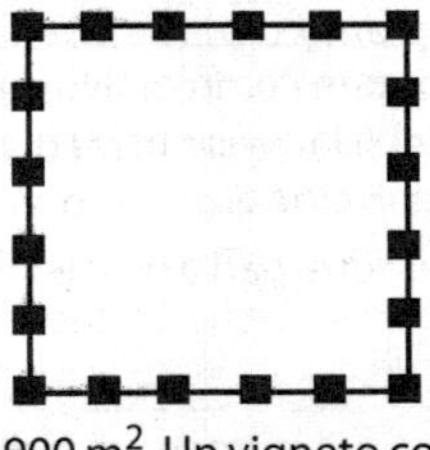

Questo vigneto ha un'area pari a 900 m^2. Un vigneto con area quadrupla, cioè pari a 3600 m^2, avrà un lato pari a 60 metri e un perimetro pari a 240 metri. Per recintare un tale quadrato sarà necessario allora usare 240/6 = 40 alberi (il doppio degli alberi utilizzati per il primo vigneto). Attenzione però, la soluzione al quesito non è la **E**, perché il testo chiede quanti alberi di vite *in più* rispetto al primo vigneto servono (e non quanti ne servono e basta). Perciò la risposta corretta è la **A**: occorrono 20 alberi in più rispetto al primo vigneto.

---

17 Se x è la vita fino a qui trascorsa da Raffaella, allora:

$$1/4\,x + 1/8\,x + 1/2\,x + 6 = x$$

cioè

$$7/8\,x + 6 = x$$

da cui

$$1/8\,x = 6 \text{ e quindi } x = 48.$$

La soluzione al quesito è fornita dall'alternativa **C**.

RAGIONAMENTO LOGICO E COMPRENSIONE DI TESTI

18 Si può risolvere il quesito pensando che sulla mappa un'area rettangolare di 6 cm^2 può essere quella di un rettangolo avente dimensioni 3 cm e 2 cm. 3 cm corrispondono nel reale (secondo la scala 1 : 50.000) a 150.000 cm, cioè 1500 metri o 1,5 km, mentre 2 cm corrispondono nel reale a 100.000 cm, quindi 1000 m, o 1 km. L'area della zona è quindi paria $1{,}5 \cdot 1$ km cioè 1,5 km^2 (**E** soluzione del quesito). Si verifica facilmente che lo stesso risultato è dato anche da altri valori, per esempio se l'area sulla carta avesse lati di 6 cm e 1 cm, che nella realtà sarebbero di 300.000 cm per 50.000 cm, ovvero di 3 km e 0,5 km, essa sarebbe ancora pari a $3 \text{ km} \cdot 0{,}5 \text{ km} = 1{,}5 \text{ km}^2$.

19 Per ottenere un numero dispari dal prodotto di due numeri, questi ultimi devono essere entrambi dispari. Delle 9 palline contenute nella scatola, 5 riportano un valore dispari (1, 3, 5, 7 e 9): la probabilità che la prima pallina estratta riporti un numero dispari è quindi pari a 5/9. Poiché questa pallina viene reinserita nella scatola, la probabilità, con una seconda estrazione di pescare di nuovo una pallina che riporta un valore dispari è nuovamente pari a 5/9. Poiché i due eventi sono tra loro indipendenti, cioè non sono incompatibili, la probabilità totale di avere due palline con valore dispari è data dal prodotto delle due probabilità trovate: $5/9 \cdot 5/9 = 25/81$. L'alternativa **D** è la soluzione cercata.

20 In base al testo dell'esercizio, il numero di soggetti che si sottopongono alla sperimentazione appartenenti alla fascia d'età 18-34 è pari a 21; dal grafico si ricava inoltre che questa fascia d'età rappresenta il 14% del totale. Il numero 21 rappresenta quindi il 14% del totale. Indicando con x il totale dei soggetti che hanno assunto il farmaco durante la sperimentazione, ciò si può tradurre nella seguente equazione:

$$x \cdot \frac{14}{100} = 21 \text{ ossia } x = 21 \cdot \frac{100}{14} \text{ da cui si ricava facilmente } x = 150$$

La risposta corretta è pertanto la **C**.

21 Tutte le informazioni proposte dalle alternative sono ricavabili dai dati contenuti nel grafico a eccezione della **D** che è dunque la risposta corretta. Il fatto che negli USA, nel 2021, il fatturato del farmaco Visor risulti superiore a quello relativo agli altri Paesi non implica infatti necessariamente che negli USA il numero di soggetti ipertesi sia aumentato più che altrove.

22 Dalla tabella si osserva che l'ammontare complessivo – in migliaia di euro - delle vendite in Germania (sia attraverso la divisione X che la divisione Y) è pari a 60. La vendite relative alla divisione X corrispondono al 10% di tale valore, cioè 6.

Le vendite della divisione Y sono dunque pari a $60 - 6 = 54$ (che, d'altra parte, è il 90% di 60). La risposta corretta è la **E**.

23 Dal grafico si può facilmente ricavare il numero di ricoveri complessivo delle singole aziende ospedaliere. Si ricordi che i dati sono espressi in centinaia. Perciò:

- S. Paolo: 8500 circa
- Fatebene: 6000 circa
- Quinzio: 4000 circa
- S. Rita: 3000 circa
- Primaleva: 3800 circa
- Ospitaco: 4200 circa

L'ospedale con il maggior numero di ricoveri è dunque il *S. Paolo* (risposta **C**).

24 La risposta corretta è la **C**. È noto che il numero di dirigenti del Comune di Como è pari a 18; dal grafico si ricava inoltre che i dirigenti sono il 15% dei dipendenti comunali. Il numero 18 rappresenta quindi il 15% del totale. Pertanto, per ricavare il numero complessivo di dipendenti comunali è sufficiente moltiplicare 18 per 100 e dividere poi per 15:

$$\text{n° dipendenti comunali: } \frac{18 \cdot 100}{15} = 120$$

PARTE SESTA

25 Per rispondere, ci si deve prima di tutto accorgere del fatto che la successione data presenta in realtà *due* serie di numeri alternate, che occupano una le posizioni dispari e l'altra quelle pari. Rispondono entrambe a un criterio additivo: la prima è composta dai numeri 8, 14, 20, 26 (si aggiunge 6 passando da un elemento al successivo); la seconda è 13, 15, 17… (si aggiunge 2 passando da un elemento al successivo). L'elemento incognito occupa una posizione pari e quindi appartiene alla seconda delle due serie che si alternano. Il suo valore è perciò dato da: 17 + 2 = 19 (risposta **E**).

26 Osservando la successione, non si evidenzia un andamento regolare, crescente o decrescente. D'altra parte, analizzando ciò che accade passando da un numero al successivo, si riscontra una logica ben precisa che prevede le seguenti operazioni: … · 2 … + 3 … – 1 … · 2… .+ 3 … – 1 … Sulla base di tale logica, il numero mancante è 84 (alternativa **B**), dato da 42 · 2.

27 La successione è composta da due serie distinte: la prima composta dai numeri che occupano le posizioni dispari (19, 38, 76, 152) e la seconda da quelli che occupano le posizioni pari (176, 88, 44) della successione stessa. Nella prima per passare da un numero all'altro si moltiplica il precedente per 2, mentre nella seconda lo si divide per 2. I numeri mancanti sono, quindi, 22 (44/2) e 304 (152 x 2). La risposta esatta è quindi la **D**.

28 Ogni lettera della successione si trova quattro posizioni più avanti, nell'alfabeto italiano, rispetto alla precedente. Secondo tale logica la lettera mancante è la R (alternativa **B**).

29 La lettera P è l'undicesima lettera dopo la G. La D è invece la settima lettera dopo la P (l'alfabeto è circolare, quindi dopo la Z riprende con la A) e la R la dodicesima dopo la D.

Questo andamento: +7, +11, +12 si ripete proseguendo nella serie: la B è la settima lettera dopo la R e la O la undicesima dopo la B. Completeranno la serie le lettere D e M.

L'alternativa **C** è quindi la soluzione del quesito.

30 L'esercizio è composto da due serie distinte che si intrecciano tra loro. La prima serie è composta dalle lettere che occupano le posizioni dispari (S, T, U, V) e la seconda dalle restanti che occupano le posizioni pari: H, G, F, E. Nella prima serie ci si muove in avanti di una posizione nell'alfabeto e quindi la prima lettera mancante sarà la W; nella seconda si torna indietro di una posizione nell'alfabeto e quindi la seconda lettera mancante sarà la D. La soluzione al quesito è fornita dall'alternativa **D**. Attenzione, con l'alfabeto italiano la soluzione sarebbe la **C**, ma, come indicato nel testo dell'esercizio qui si utilizza l'alfabeto inglese.

31 Si hanno una serie di lettere con il salto di una, e una serie di numeri con sottrazione di 3: è facile osservare che l'elemento incognito appartiene alla successione dei numeri ed è pari a 8. È quindi esatta l'alternativa **E**.

32 In ciascuna delle terne, il numero in alto a destra si ottiene sottraendo 2 al prodotto degli altri due numeri (18 = 4 · 5 – 2 e 16 = 6 : 3 – 2). L'alternativa corretta è dunque la **B** (12 = 7 : 2 – 2).

33 In ciascun rettangolo, il numero in basso è pari alla metà di quello centrale (il quale, a sua volta, è pari al triplo di quello superiore). Secondo tale logica, il numero incognito è 3 (alternativa **D**).

34 Osservando i numeri della serie ci si accorge che seguono la seguente logica: +3, +5 fino al numero 23 che non segue tale regola. Eliminandolo, però, dalla serie, quest'ultima propone tutti termini che seguono coerentemente la logica vista. La soluzione al quesito è quindi la **D** essendo proprio 23 il numero da eliminare.

35 Dire che nessuno degli abitanti di un condominio ha almeno due macchine vuol dire che tutti ne hanno al massimo una. Affinché ciò sia falso deve esistere almeno un abitante del condominio che possiede almeno due macchine (non per forza esattamente due, ma almeno due). L'alternativa **A** è quindi soluzione del quesito.

RAGIONAMENTO LOGICO E COMPRENSIONE DI TESTI

36 L'alternativa che riporta il corretto significato della frase e che rappresenta, dunque, la soluzione è la C: "non hanno confermato l'impossibilità" significa infatti che "è possibile"; quindi "il freddo potrebbe non essere la causa della rottura dei tubi".

37 Derivato dalla logica aristotelica, il sillogismo è il fondamentale tipo di ragionamento deduttivo ed è formato da una premessa maggiore, da una minore e da una conclusione che dalle due premesse deriva necessariamente. Le premesse date ci dicono che l'insieme degli *ingenui* e dei *cattivi* non hanno intersezioni, mentre quello degli *adulti* e dei *cattivi* sì. Perciò, gli *adulti* compresi anche nell'insieme dei *cattivi* NON possono appartenere anche all'insieme degli *ingenui*. La conclusione del sillogismo dunque è: "qualche adulto non è ingenuo" (risposta esatta B).

38 L'esercizio è basato su due condizioni, entrambe sufficienti:

- se venerdì starà bene, Laura giocherà la partita;
- se Betty starà bene, giocherà anche lei la partita.

È dunque possibile trarre le seguenti conclusioni:

- se venerdì Laura non gioca la partita, significa che non sta bene;
- se venerdì Betty non gioca la partita, significa che non sta bene.

Osservando la prima conclusione appare evidente che, poiché Laura non sta giocando la partita (dato che è in tribuna a guardarla), sicuramente non sta bene. Ciò consente di escludere le alternative A e C.

Si osservi inoltre che le due condizioni iniziali (e dunque anche le due conclusioni) sono slegate fra loro. Ciò significa in particolare che Laura potrebbe non aver giocato perché non stava bene, senza che per questo si possa concludere alcunché circa la salute di Betty. L'unica cosa certa che si può affermare è che Laura non sta bene, mentre nulla si può dire su Betty.

La risposta al quesito è dunque la E: poiché infatti Laura non gioca, l'unica certezza è che non sta bene.

39 La frase dell'esercizio è del tipo *se A, allora B* che individua una condizione sufficiente. In questo caso l'unica cosa che si può dedurre è: se non B, allora non A. Partendo quindi dalla prima frase: se non avessi avuto talento (parte A) non saresti diventato artista (parte B), si deduce che se sei diventato artista (non B), allora hai talento (non A).

La soluzione è quella proposta dall'alternativa A.

40 Conoscere la matematica e non arrivare in ritardo è condizione necessaria, ma non sufficiente, per superare il test. Questo significa che se non si conosce la matematica e non si arriva puntuali, non si può superare il test e se si è superato il test si deve aver conosciuto la matematica ed essere arrivati puntuali. Poiché la condizione è necessaria, ma non sufficiente, si potrebbe anche conoscere la matematica e non arrivare in ritardo ma, comunque, non superare il test.

Risultano, quindi, compatibili le alternative A e C ed E (si potrebbe superare il test conoscendo la matematica e non arrivando in ritardo, ma anche non superarlo), come è compatibile la D perché se non si conosce la matematica e non si arriva puntuali non si può superare il test. Risulta, invece incompatibile la B (soluzione del quesito), perché se si è superato il test, allora certamente si doveva conoscere la matematica ed essere arrivati puntuali (essendo tali condizioni necessarie).

41 Per essere sicuri che Marianna perda la sua scommessa è necessario che lei e Simona vadano a ballare domani. Nel caso contrario, infatti, nulla si potrà dire sull'esito della scommessa (le alternative A, D ed E sono quindi errate). Una volta che si è verificato tale fatto, affinché Marianna perda la sua scommessa è necessario che non incontrino Piero, quindi la soluzione al quesito è fornita dall'alternativa C.

42 La frase proposta dall'esercizio è del tipo "se A, allora B" dove la parte A è rappresentata da "si fanno i controlli mensili dei dati sui libri stampati" e la parte B da "si scoprono gli errori di allineamento dei magazzini". Questa struttura individua un esercizio tipico della condizione sufficiente: è, cioè, sufficiente che si verifichi A, affinché si verifichi anche B.

In questi casi si ricorda che l'unica cosa che si può dedurre con certezza è che "se non B, allora non A", e cioè "se non si sono scoperti gli errori di allineamento dei magazzini è perché non si sono fatti i controlli mensili dei dati sui libri stampati".

La soluzione al quesito è, quindi, fornita dall'alternativa A.

43 Ogni volta che A è vero allora lo è anche B vuol dire che il fatto che A sia vero è condizione sufficiente (ma non necessaria) affinché anche B lo sia. Ma quindi B potrebbe essere vero anche quando A è falso. Stesso discorso vale per C e D. Si capisce, quindi, che per essere certi di avere A, B, C e D tutti veri è necessario che siano veri sia A (così lo è anche certamente B), sia C (così lo è anche certamente anche D).

La soluzione al quesito è quindi fornita dall'alternativa D.

44 Secondo quanto affermato dall'esercizio, essere un quadrato è sufficiente per avere quattro lati, quindi ogni quadrato ha sempre quattro lati, anche se possono esistere anche altre figure con quattro lati (infatti l'esercizio non dice che solo il quadrato ha quattro lati). Sicuramente, quindi, se una figura non ha quattro lati allora certamente non è un quadrato (C soluzione del quesito).

45 Il fatto che la logica aiuti nel gioco del bridge non vuol certo dire che chi è portato per la prima (e quindi anche i filosofi) ami certamente anche il secondo (C e D errate). Marco ama il bridge, ma questo non vuol dire che abbia tutti i requisiti per essere un buon giocatore (A errata), però amando il bridge ha certamente un debole per la letteratura (E soluzione del quesito). La B è errata perché, se si può dedurre con certezza che Marco ha un debole per la letteratura, altrettanto non è possibile farlo sul fatto che sia un profondo pensatore (caratteristica mai messa in relazione dall'esercizio con l'essere amanti del bridge o l'avere un debole per la letteratura).

46 L'alternativa D è errata: Luca, essendo un giocatore di golf, è svogliato ma ciò non implica che lavori nella società Alber. Il fatto che tutti i dipendenti della società Alber siano svogliati non implica necessariamente che tutte le persone svogliate siano dipendenti della società Alber. Analogamente, affermare che tutte le persone che giocano a golf sono svogliate non implica che tutte le persone svogliate giochino a golf: anche le risposte C e A sono dunque errate. In conclusione, la risposta esatta è la B: infatti se è vero che tutte le persone che giocano a golf sono svogliate e che Luca gioca a golf, si può facilmente concludere che Luca è una persona svogliata.

47 L'esercizio propone un tranello in cui non si deve cadere. Si sa, infatti che l'allevatore possiede solo maiali. Quello che però accade a questi ultimi non interessa in alcun modo ai fini della domanda che chiede quante pecore possiede l'allevatore che sono e rimangono pari a 0 (infatti lui ha solo maiali e l'unica cosa che compra sono altri dieci maiali dopo l'incendio e la fuga).

La soluzione è quindi la D.

48 Schematicamente le informazioni contenute nel testo dell'esercizio si possono riassumere nel seguente modo: $A < B$ e $C \leq B$. Da ciò segue solo che sia A sia C sono quantità inferiori (o, nel caso di C, tutt'al più uguali) a B; altra informazione non può essere ricavata e in particolare non si può dedurre alcuna relazione tra le due quantità stesse (risposta esatta E).

49 Per individuare la soluzione al quesito si deve considerare l'espressione *non sempre*, che non significa *mai*; equivale invece ad affermare che "*almeno in un caso* i testi delle canzoni italiane non sono belli". Inoltre nulla si può dire sulle canzoni straniere, non avendo informazioni al riguardo. La soluzione al quesito è, dunque, fornita dall'alternativa B.

50 Si parta dalla constatazione ch "il padre di mio figlio" devo necessariamente essere io. Se il figlio di Luigi è proprio il padre di mio figlio, vuol dire che sono io il figlio di Luigi. La soluzione al quesito è fornita quindi dall'alternativa A.

RAGIONAMENTO LOGICO
E COMPRENSIONE DI TESTI

51 Contando come due viaggi l'andata e ritorno dal fruttivendolo, si può affermare che Gustavo porta a casa 2 cassette ogni 2 viaggi effettuati. Dopo 8 viaggi avrà quindi portato a casa 8 cassette e gliene mancherà ancora 1. Per portare quest'ultima cassetta dovrà comunque fare altri 2 viaggi. Servono, quindi, in totale 10 viaggi (5 andata e ritorno) per potere a casa le 9 cassette. La soluzione al quesito è fornita dall'alternativa C.

52 Se fosse vera l'affermazione I) si potrebbe concludere che Domenico ha le mani grandi, infatti: Domenico ama la musica classica, chi ama la musica classica suona la chitarra (in base all'affermazione I), chi suona la chitarra ha le mani grandi e quindi si può concludere che Domenico ha le mani grandi.

Dal punto di vista grafico si può rappresentare il testo dell'esercizio con il seguente schema:

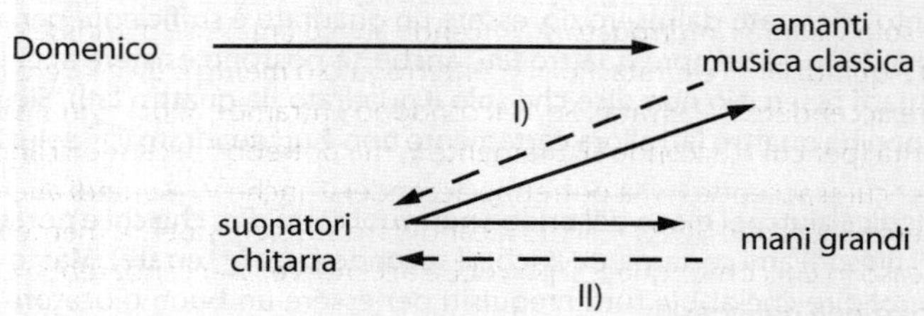

dove le linee continue rappresentano le relazioni specificate dal testo dell'esercizio e le linee tratteggiate rappresentano le relazioni definite dalle affermazioni aggiuntive I) e II). Si può osservare che con l'aggiunta dell'affermazione I) si determina un percorso di frecce che porta da *Domenico* a *mani grandi* mentre l'aggiunta dell'affermazione II) non permette di giungere alla stessa conclusione. La risposta corretta è quindi la A.

53 Se una persona non dimentica nulla, significa che ricorda tutto. In altre parole, dimenticare e ricordare sono due condizioni opposte e comprensive di tutte le possibilità: chi non dimentica, infatti, ricorda, non esistendo una condizione intermedia. Se dunque i giovani non dimenticano mai nulla, ciò significa che essi ricordano sempre tutto. La risposta esatta è quindi la D. Le alternative A e B sono errate in quanto l'affermazione di partenza non dice nulla circa gli anziani. Non è pertanto immaginabile, senza informazioni ulteriori, che chi è anziano si trovi in una condizione opposta o simile rispetto a chi è giovane. L'alternativa C è errata in quanto confonde il legame di tipo insiemistico esistente fra i giovani e coloro che ricordano tutto. Affermare che chi è giovane non dimentica mai nulla implica che l'insieme *giovani* sia sottoinsieme di *coloro che ricordano tutto* e non viceversa. In altre parole, il fatto che i giovani ricordino sempre tutto non equivale al fatto che chi ricorda tutto sia giovane. Potrebbero esservi anche anziani che ricordano tutto. Quest'ultima possibilità non contraddice infatti l'affermazione di partenza.

54 Nulla si può dire con certezza del legame familiare tra Antonio e Paola, quindi sia la A, sia la E sono entrambe teoricamente possibili ma non necessariamente vere. È possibile, ma non per forza vera anche l'alternativa B, infatti, sia Antonio, sia gli anziani sono infelici, ma Antonio potrebbe essere infelice senza essere anziano. È, invece, certamente vera l'alternativa D (soluzione del quesito), infatti essendo Paola anziana ed essendo tutti gli anziani infelici, anche lei sarà certamente infelice.

55 Sono le ultime due affermazioni dell'esercizio che consentono di individuare l'affermazione corretta: *Paolo ama giocare a bridge* e *chi ama giocare a bridge ha un debole per la letteratura*. Se questo è vero, si può affermare certamente (o in modo equivalente: non si può negare) che *Paolo ha un debole per la letteratura*. La E è, dunque la soluzione del quesito. Non si può dire che tutti i filosofi, o anche chi è portato per la logica, amino il bridge, ma solo che essi sarebbero aiutati nell'affrontare il gioco essendo portati per la logica (alternative B e C errate).

Errata è anche l'alternativa D, infatti Paolo ama giocare a bridge ma non si sa se abbia tutti i requisiti per essere un buon giocatore (non si sa per esempio se è portato per la logica), come errata è la A non sapendo nulla sul fatto che Paolo sia o meno un profondo pensatore.

56 La risposta esatta è la C. Infatti, l'argomentazione di partenza si compone di una constatazione ("Recenti scoperte scientifiche hanno mostrato che il farmaco AZT è in grado di ritardare di almeno due anni l'insorgere della malattia nel 55% dei pazienti sieropositivi che lo utilizzano") e di una conclusione ("È dunque opportuno che tale farmaco venga somministrato a tutti i pazienti"). La conclusione si basa dunque sull'efficacia del farmaco in quanto strumento per ritardare l'insorgenza della malattia. È solo contrastando l'efficacia farmacologica, e non il profilo economico del farmaco, che si indebolisce l'argomentazione. L'alternativa C sarebbe stata accettabile solo se l'argomentazione di partenza si fosse basata anche sulla convenienza economica del farmaco.

57 Se si accende solo V allora l'interrogato sta dicendo il vero (infatti se mentisse si dovrebbe accendere anche F) e quindi la E è errata. Poiché l'interrogato o mente o dice il vero una delle due luci si deve sempre accendere (C errata). Se si accendono entrambe allora non si sa se l'imputato sta dicendo la verità (per cui si accende sicuramente V, ma potrebbe accendersi anche F), oppure sta mentendo (per cui si accende F, ma potrebbe accendersi anche V) e quindi anche l'alternativa B è errata. Se però si accende <u>SOLO</u> F allora il candidato sta sicuramente mentendo, perché se dicesse il vero (caso in cui comunque F si potrebbe accendere) si accenderebbe certamente anche V: la D è la soluzione del quesito.

58 Per poter negare che tutti gli uomini del gruppo incontrato sono calvi è necessario che ce ne sia almeno uno che non lo è: l'alternativa B è quindi la soluzione cercata. La D è invece possibile ma non è certa, in quanto affinché Pierino stia mentendo è sufficiente che solo un uomo del gruppo non sia calvo, e non è necessario che tutti non lo siano.

59 Per capire qual è il numero minimo per essere certi di ottenere 5 cubetti di uno stesso colore, si provi a pensare al numero massimo di cubetti che non permetterebbe di ottenere questo risultato. Essendo tre i colori presenti, si potrebbero pescare fino a 4 cubetti per ogni colore, quindi 12 cubetti in tutto, e non riuscire ad averne 5 dello stesso colore. Il tredicesimo cubetto, però, sicuramente è il quinto di uno dei tre colori. Il numero minimo di cubetti da pescare per averne 5 di uno stesso colore è quindi pari a 13 e la C è la soluzione cercata.

60 Se nessuno degli studenti che ha sostenuto l'esame di Chimica avesse sostenuto quello di Fisica e viceversa, i due gruppi sarebbero composti da persone diverse e si avrebbe un totale di studenti pari a:

$$70\% + 50\% = 120\%$$

Ciò è, però, impossibile perché il totale deve essere pari al 100%. La differenza (il 20%) è evidentemente quella percentuale di persone contate sia in un gruppo, sia nell'altro e che, quando i due gruppi sono sommati come se composti da persone diverse, viene contata due volte e quindi eccede il totale reale. C'è quindi almeno un 20% dei 180 studenti che ha sostenuto entrambi gli esami: quindi 36 studenti. L'alternativa A è la soluzione del quesito.

61 In questo esercizio la relazione tra i due termini dati è di *opposizione/contrarietà*. L'alternativa corretta è la B: *vero* è infatti l'opposto, il contrario, di *falso*.

62 In questo caso, il quesito si presenta in forma leggermente differente (la proporzione non viene proposta in forma simbolica ma espressa in una frase per mezzo del linguaggio comune), ma la logica dell'esercizio rimane inalterata. La relazione che lega le prime due parole è che il *calciatore* si serve del *pallone* per lavorare. Allo stesso modo, l'*acrobata* usa il *trapezio*. La risposta esatta è dunque la D.

63 La *pasta* è un *alimento*, per cui la logica che lega i due termini a sinistra dell'uguale è di *appartenenza*: il primo appartiene all'insieme rappresentato dal secondo. L'alternativa che soddisfa tale condizione è la E, infatti il *martello* è un *utensile*. Si presti attenzione all'alternativa D, errata in quanto i due termini sono corretti ma invertiti di posizione: il termine X doveva essere *cacciavite* e Y *utensile*.

64 Mancando un termine a sinistra e uno a destra dell'uguale e non potendo quindi a priori capire che logica lega i due termini di uno stesso membro, è necessario sostituire via via le diverse alternative fino a che non si crea la stessa logica a sinistra e a destra dell'uguale. Provando a sostituire i termini della A si avrebbe: *tribunale* sta a *giudice* come *cantiere* a *capomastro*.

Questa proporzione è corretta: il tribunale è il luogo dove lavora il giudice come il cantiere è il luogo dove lavora il capomastro (A soluzione del quesito).

65 *Recente* è sinonimo di *nuovo*, va quindi individuata l'alternativa che riporta una coppia di sinonimi. L'unica che segue tale logica è la D, soluzione del quesito, in quanto *spiritoso* è proprio sinonimo di *divertente*.

66 *Acido* è il contrario di *basico* così come *negativo* è il contrario di *positivo*. La risposta corretta è quindi la A.

67 La risposta esatta è la E. Infatti, il *termometro* è lo strumento che misura la *temperatura* così come il *barometro* è lo strumento che misura la *pressione*. L'alternativa B sarebbe corretta unicamente se il *barometro* fosse uno strumento per misurare l'*umidità* (tale strumento è invece l'igrometro). Le alternative A, C e D danno invece luogo a proporzioni prive di significato.

68 Ogni alternativa contiene due termini tra loro contrari a eccezione della E: *pedissequo* si riferisce infatti a chi segue le azioni e le idee altrui adeguandovisi ciecamente, senza apportare nulla di proprio ed è dunque un sinonimo (e non un contrario) di *impersonale*.

La risposta corretta è dunque la E.

69 Analizzando le coppie di termini proposte, si osserva che il rapporto è di appartenenza: il *diaframma* è un *muscolo* (il principale muscolo impegnato nella respirazione, situato tra addome e cavità toracica), così come l'*aorta* è un'*arteria*. Analogamente, la *polmonite* è un'*infiammazione* (tutti i vocaboli medici che terminano con la desinenza *-ite* indicano uno stato infiammatorio) a carico dei polmoni. Per ciò che riguarda l'alternativa E, il *carcinoma* è una forma di *tumore* maligno. L'unico rapporto anomalo è quello individuato dall'alternativa D, dove *odontalgia* significa semplicemente mal di denti e dunque non ha nessun rapporto di appartenenza con *indigestione*.

70 *Freccia*, *dardo*, *faretra* e *balestra* appartengono tutti all'ambito delle armi da lancio (la *faretra* è un astuccio atto a contenere *frecce* o *dardi* per archi o *balestre*). L'unica parola che non rientra in tale ambito è *rampone*, termine che indica un attrezzo appartenente all'equipaggiamento alpinistico (E soluzione del quesito).

71 L'esercizio presuppone un minimo di conoscenza della storia dell'antica Roma. Vespasiano, Augusto, Tito e Tiberio furono tutti imperatori romani, mentre Anco Marzio (B soluzione del quesito) fu uno dei sette re di Roma.

72 Tutti i termini proposti sono affini poiché tutti composti con il prefisso *poli-* (molto), a eccezione del termine *Politico* (risposta B) la cui origine risale alla parola *polis* (città-stato).

73 La caratteristica che accomuna tutte le alternative proposte tranne *scambiato* è rappresentata dal fatto che tutte contengono al loro interno la parola *atto*.

La soluzione è quindi data dall'alternativa D.

74 Le alternative sono tutte congiunzioni avversative a eccezione della A, che è dunque la risposta corretta: *invece* è infatti l'unico avverbio.

75 La risposta esatta è la A. L'Alhambra (in arabo, la Rossa), pur arricchita da interventi in stile gotico (cristiano), è probabilmente la più mirabile traccia dell'architettura islamica presente in Europa e si trova a Granada e non a Siviglia. Complesso fortilizio cintato e ricco di palazzi principeschi, sorge sulla cima della collina dell'Asabica e fu eretto a partire dalla fine del XIII secolo, con continue aggiunte e ampliamenti fino a tutto il XVI secolo.

76 Analizzando le coppie di termini proposte, si osserva che il rapporto è di appartenenza: il *diaframma* è un *muscolo* (il principale muscolo impegnato nella respirazione, situato tra addome e cavità toracica), così come l'*aorta* è un'*arteria*. Anche tra i termini *polmonite* e *infiammazione* c'è un rapporto di sottoinsieme nel senso che il primo indica uno stato infiammatorio (come tutti i vocaboli medici che terminano con la desinenza *-ite*) che, nel caso specifico, è a carico dei polmoni. Per ciò che riguarda l'alternativa E, il *carcinoma* è una forma di *tumore* maligno. L'unico rapporto anomalo è quello individuato dall'alternativa D, dove *odontalgia* significa semplicemente mal di denti e dunque non ha nessun rapporto di sottoinsieme o di appartenenza con *indigestione*.

77 In questo esercizio, la relazione tra i due termini dati è di *opposizione/contrarietà*. L'alternativa corretta è la B: *completo* è infatti l'opposto, il contrario, di *carente*. L'alternativa C, a prima vista accettabile, è in realtà errata: *miope* non è infatti il contrario di *presbite*; la miopia e la presbiopia sono infatti due difetti dell'occhio che comportano rispettivamente difficoltà di visione da lontano e da vicino. Le alternative D ed E sono da escludere perché formate da vocaboli (*valido/capace*, *rigido/eretto*) fra loro sinonimi, anziché contrari.

78 La relazione tra numero e parola si ottiene moltiplicando per 3 il numero delle lettere che compongono la parola e sottraendo 1: "trattore" = $8 \times 3 = 24 - 1 = 23$ (alternativa corretta A).

79 Passando da una figura alla successiva, i quattro elementi contenuti all'interno dell'esagono si spostano di una posizione in senso antiorario. L'elemento che viene così a trovarsi in basso a destra è l'unico a essere colorato. La figura mancante è quindi quella presente nell'alternativa D.

80 Passando da una figura all'altra i numeri aumentano di una quantità pari a 1 e le frecce ruotano entrambe di 45° in senso antiorario. La figura che completa le serie è, allora, quella proposta dall'alternativa B (soluzione del quesito), in cui i numeri sono pari a 4 e 5 e le frecce hanno completato una rotazione di 180°. Si faccia attenzione alla C, alternativa sbagliata in quanto propone una figura in cui i due numeri sono capovolti.

RAGIONAMENTO LOGICO E COMPRENSIONE DI TESTI

Quesiti di comprensione di testi

In base alle informazioni contenute nel brano seguente, rispondere alla successiva domanda.

Grazie a una divulgazione ingenua e superficiale attorno al gene e ai possibili interventi dell'ingegneria genetica, s'è creata una sorta di attesa magica, quella sorta di fiducia miracolistica che un tempo era appannaggio di alcune religioni o dei santoni. L'impatto con l'immaginario collettivo – favorito non solo dal rumore dei media ma anche da alcuni scienziati, interessati a creare attesa, fiducia e finanziamenti per le proprie ricerche – favorisce, in quest'epoca di sovrana incertezza, la speranza della possibilità di affidare il proprio destino a una delega biochimica, nella convinzione che il nostro destino individuale sia racchiuso nella catena di nucleotidi racchiusi nei nuclei delle nostre cellule.

Franco Prattico, *Genetica, l'industria della grande illusione*, «La Repubblica», 4 marzo 2002

1 Il brano è tratto dalla recensione a un libro dello scienziato Lewontin, il cui pensiero è riassunto nel passaggio proposto. Tra le deduzioni sotto elencate una sola è autorizzata dal testo dell'articolo sopra riportato. Quale?

- **A** Senza l'ausilio della divulgazione scientifica (purché approfondita e corretta) le possibilità di cura e prevenzione offerte dalla genetica rimarrebbero sterile campo di confronto tra scienziati e non, come invece dovrebbe essere, la nuova frontiera della medicina per tutti
- **B** La corretta comunicazione riguardo le reali possibilità offerte dalla genetica potrebbe portare sia a un ridimensionamento delle aspettative che il cosiddetto "uomo della strada" riversa in essa, sia – ed è ciò che molti scienziati temono – dei fondi destinati alla ricerca medica
- **C** Lo sviluppo della ricerca genetica è andato di pari passo con lo sviluppo delle nuove tecnologie informative (prima fra tutte Internet). Così come a una maggiore quantità di informazioni spesso si accompagna una minore qualità delle stesse, allo stesso modo una sempre crescente quantità di scoperte scientifiche (rese possibili anche dalle recenti scoperte in ambito genetico) si risolve in una informazione fine a se stessa, sterile e senza alcuna possibilità di impiego pratico
- **D** Gli scienziati sono uomini come tutti gli altri, più interessati a ottenere finanziamenti pubblici per scopi privati che a diffondere reale conoscenza; la conseguenza è che il sempliciotto che in precedenza versava l'obolo alla Chiesa, nella speranza della vita eterna in Cielo, ora compie una donazione alle Associazioni che (a parole!) lottano contro questa o quella malattia, nella speranza dell'eterna vita in Terra
- **E** Fino a quando non sarà proibito diffondere sui mezzi di comunicazione di massa informazione scientifica da parte dei non addetti ai lavori, gli scienziati verranno ridicolizzati perché non compresi, paragonati agli stregoni e ai santoni perché non amati

In base alle informazioni contenute nel brano seguente, rispondere alle successive domande.

«Voglio ora tentare di rispondere al secondo quesito che vi ho posto: quale fondamentale differenza biologica esiste fra gli esseri umani e gli altri animali? Una risposta possibile, che cercherò di giustificare, è la seguente: l'uomo è unico fra gli animali per il valore altissimo che la tradizione ha finito con l'assumere nella sua vita, procurandogli di generazione in generazione la continuità di quelle proprietà a cui deve il proprio equilibrio di efficienza biologica. Tutti sanno che l'uomo è un animale che usa utensili o strumenti. Gli strumenti usati dall'uomo sono di due specie principali: chiamerò gli uni strumenti motori o d'azione – per esempio, martelli, strumenti da taglio, automobili, megafoni, cannoni e altri utensili che aumentano spesso in modo prodigioso il repertorio delle nostre attività motorie. Chiamerò accessori sensoriali il secondo gruppo di strumenti: occhiali, apparecchi acustici, apparecchi radio, termometri, apparecchi che portano al di là di limiti mai prima raggiunti le comuni capacità sensoriali. (Ma non tutti gli strumenti rientrano in queste due categorie: gli abiti per esempio, ne restano esclusi.) L'uomo non è proprio l'unico animale che faccia uso di strumenti: ma gli esempi di animali inferiori che usino strumenti sono così rari che fan spettacolo a sé e se ne parla e discute in lungo e in largo: il picchio Galapagos, una specie di fringuello, usa, per esempio, tenere nel becco una spina per grattar via gli insetti dalla corteccia degli alberi. Inoltre molti animali si fabbricano case e tane, ma questo tipo di strumento non rientra nella nostra storia. Propongo di usare i termini coniati da A. J. Lotka, celebre studioso di statistica attuariale, per distinguere gli organi con cui si nasce da quelli che vengono fabbricati: strumenti *endosomatici* sono gli occhi, le zampe, le ali, i denti, i reni ecc. e strumenti *esosomatici* sono i telescopi, gli stuzzicadenti, gli scalpelli, le bilance, i vestiti ecc. Per quanto la distinzione fra gli strumenti di questi due tipi sembri molto ovvia, lo è assai meno da un punto di vista biologico che secondo l'istintivo buon senso. I due tipi di strumenti, infatti, servono alle stesse funzioni biologiche e, fino a un certo punto, l'uno può dare la sua delega all'altro. L'uomo è un animale che vola anche in senso biologico molto stretto: può volare più velocemente, più in alto e più lontano degli uccelli anche se non ancora proprio con la stessa grazia. È anche importante ricordare che gli strumenti esosomatici *funzionalmente* fanno parte del corpo anche se sono separati e distinti anatomicamente. Tutti gli apparecchi sensori, come occhiali, contatori Geiger e spettrofotometri si riallacciano a un certo punto e attraverso un certo percorso ai comuni sensi endosomatici, e gli strumenti motori hanno una funzione e sono funzionalmente intellegibili solo al momento in cui vengono usati. Di per sé, gli occhiali non sono strumenti della vista: lo diventano solo quando sono portati e ci si vede attraverso; e il martello è un utensile solo quando la mano lo adopera. (Se ricordo bene, fu Wilfred Trotter a dire che un chirurgo, quando usa uno strumento semplice tipo sonda o altro per esplorare le parti interne del corpo, ossia un qualcosa che possa definirsi un prolungamento delle dita come i trampoli sono il prolungamento delle gambe, non fa che trasmettere il senso del tatto all'estremità dello strumento.) Il rapporto fra lo strumento e chi lo usa può essere molto remoto, come nel caso di missili telecomandati o di macchinari atti a funzionare senza sorveglianza; tuttavia essi si comportano secondo uno schema che l'uomo vi ha costruito dentro, e l'integrazione funzionale dello strumento con colui che l'adopera è in linea di principio, dello stesso genere. Proprio per questa ragione deploro l'abitudine di descrivere il cervello come una specie di macchina calcolatrice; in realtà è la macchina calcolatrice che è una specie di cervello esosomatico: esegue funzioni analoghe a quelle del cervello, proprio come le macchine fotografiche ne eseguono di simili all'occhio, e gli abiti di simili alla pelle, e le automobili svolgono funzioni che endosomaticamente vengono eseguite dalle gambe. È vero che possiamo imparare qualcosa sul funzionamento del cervello studiando le macchine calcolatrici, proprio come abbiamo imparato qualcosa sull'occhio studiando le lenti; tuttavia non è detto che questo si verifichi sempre: il motore a scoppio non ha nulla da insegnarci sul funzionamento dei muscoli.»

---

2 Secondo l'autore, gli strumenti usati dall'uomo rientrano nelle due seguenti categorie:

- A percettivi e sensoriali
- B motori e visivi
- C motori e sensoriali
- D materiali e spirituali
- E nessuna delle precedenti

---

3 Secondo Lotka:

- A le zampe sono strumenti esosomatici
- B gli strumenti motori non sono funzionalmente intellegibili mentre se ne fa uso
- C i vestiti sono strumenti con cui si nasce
- D gli strumenti esosomatici fanno parte dell'anatomia del corpo umano
- E nessuna delle precedenti

4 **Secondo l'autore:**

- A si può imparare qualcosa sugli strumenti endosomatici studiando quelli esosomatici
- B vi è sempre un rapporto anatomico stretto tra uomo e strumento esosomatico
- C il cervello è una specie di macchina calcolatrice
- D l'uomo è l'unico animale che faccia uso di strumenti
- E il picchio Galapagos dimostra che anche nel mondo animale si fa normalmente uso di strumenti

5 **Il contenuto del brano è:**

- A scientifico-filosofico
- B storico
- C medico
- D biologico-sperimentale
- E psicologico

6 **Dal brano si deduce che il picchio Galapagos:**

- A è in via di estinzione
- B è in grado di fabbricarsi da solo la casa
- C ha una caratteristica comune all'uomo
- D risente degli schemi di comportamento indotti in lui dall'uomo
- E nessuna delle precedenti

In base alle informazioni contenute nel brano seguente, rispondere alle successive domande.

La storia del cavallo poliploide

Si dice che ancor oggi per gettare nell'imbarazzo i signori del premio Nobel basti menzionare i cavalli poliploidi. Vero o no, verso la fine degli Anni Ottanta il dottor P.U. Posif, il grande genetista erewhoniano, ricevette il premio per le sue manipolazioni del DNA del comune cavallo da tiro (Equus caballus). Si disse che egli aveva apportato un grande contributo all'ancor giovane scienza della trasportologia. In ogni caso vinse il premio per aver creato (nessun'altra parola potrebbe render giustizia a un'operazione di scienza applicata che quasi usurpava l'attività divina), creato, dico, un cavallo di dimensioni esattamente doppie di quelle del comune Clydesdale. Era lungo il doppio, alto e largo il doppio: era un poliploide, con un numero di cromosomi quadruplo del normale. Posif sostenne sempre che c'era stato un tempo in cui questo animale straordinario, quando era ancora un puledro, poteva reggersi sulle quattro zampe. Dovette certo essere uno spettacolo fantastico! Fatto sta che quando fu esposto al pubblico e ripreso e immortalato da tutti gli strumenti di comunicazione della civiltà moderna, il cavallo non si reggeva affatto in piedi. Per farla breve, era troppo pesante. Pesava, naturalmente, otto volte un normale Clydesdale. Per le sue comparse in pubblico o alla televisione, il dotto Posif faceva sempre chiudere gli idranti, che erano altrimenti costantemente necessari per mantenere l'animale alla normale temperatura di un mammifero; ma c'era sempre il timore che le parti più interne cominciassero a cuocere. Dopo tutto, la pelle e il pannicolo adiposo della povera bestia erano spessi il doppio del normale, mentre la sua superficie era solo quattro volte quella di un cavallo comune, sicché esso non si raffreddava adeguatamente. Ogni mattina il cavallo doveva essere sollevato sulle zampe con una piccola gru e infilato in una sorta di scatola a ruote dove poggiava su una serie di molle, calibrate per alleggerirlo di metà del suo peso. Il dotto Posif sosteneva che l'animale era straordinariamente intelligente. Aveva, naturalmente, otto volte più cervello (in peso) di qualsiasi altro cavallo, ma io non ebbi mai l'impressione che si occupasse di problemi più complessi di quelli che interessano gli altri cavalli. Aveva pochissimo tempo libero, tutto preso com'era sempre a sbuffare in parte per raffreddarsi, in parte per ossigenare il suo corpo ottuplo. Dopo tutto la sua trachea aveva una sezione soltanto quadrupla di quella normale. Poi c'era l'alimentazione. Ogni giorno doveva ingerire in qualche modo una quantità pari a otto volte quella sufficiente a un comune cavallo, e doveva far scendere tutto quel cibo lungo un esofago che aveva un calibro solo quadruplo del normale.

Anche i vasi sanguigni avevano dimensioni relativamente ridotte, e ciò rendeva più difficile la circolazione e imponeva al cuore un lavoro supplementare. Una bestia infelice! Questo apologo mostra ciò che inevitabilmente accade quando interagiscono due o più variabili le cui curve siano discrepanti. Questo è ciò che produce l'interazione tra cambiamento e tolleranza. Ad esempio, la crescita graduale di una popolazione (di automobili o di persone) non ha effetti manifesti su un sistema di trasporto finché improvvisamente la soglia di tolleranza viene superata e il traffico s'ingorga. Il cambiamento di una delle variabili rivela un valore critico dell'altra. Nel caso del cavallo immaginario, lunghezza, superficie e volume (o massa) sono in discrepanza perché le loro curve di crescita hanno caratteristiche mutuamente non lineari. La superficie varia come quadrato della lunghezza e il volume come cubo della lunghezza, sicché la superficie varia come volume elevato alla potenza di 2/3. Per il cavallo (e per tutte le creature reali) la faccenda si fa più seria, poiché per rimanere in vita devono essere assicurate molte dinamiche interne. C'è una logistica interna del sangue, del cibo, dell'ossigeno e delle scorie, e una logistica dell'informazione, sotto forma di messaggi neurali e ormonali. Nelle cose viventi il fenomeno della crescita aggiunge un ulteriore ordine di complessità ai problemi della grandezza. La crescita altererà le proporzioni dell'organismo? I problemi relativi ai limiti della crescita sono risolti in modi assai diversi dalle diverse creature. Un caso semplice è quello delle palme, che non modificano la circonferenza per compensare l'altezza. Una quercia, che tra il legno e la corteccia ha un tessuto che cresce (il cambio), si sviluppa in altezza e in larghezza durante tutta la sua esistenza. Una palma del cocco, invece, dove il tessuto soggetto a crescita si trova solo all'apice del fusto (è la cosiddetta insalata dei miliardari, e ottenerla significa uccidere la palma), presenta solo uno sviluppo in altezza accompagnato da un lento ingrossamento alla base del tronco. Per quest'organismo la limitazione dell'altezza è semplicemente un normale aspetto dell'adattamento a una nicchia. È la pura e semplice instabilità meccanica provocata da un'altezza eccessiva non compensata da una circonferenza adeguata che normalmente la conduce alla morte.

---

7 L'autore del testo si propone di mostrare che:

- **A** quando, in un qualsiasi fenomeno, vi sono parametri legati da leggi non lineari, uno di questi non può variare a piacere, senza rendere impossibile la sussistenza del fenomeno stesso
- **B** i parametri che legano tra loro i diversi aspetti di un fenomeno fisico sono sempre tra loro indipendenti
- **C** le difficoltà di ossigenazione e di smaltimento del calore corporeo del cavallo poliploide derivavano da diverse natura e conformazione degli organi interni
- **D** i processi di crescita di vegetali ed animali trovano un limite esclusivamente nel tempo di invecchiamento delle cellule
- **E** il cavallo poliploide non riusciva a reggersi sulle proprie zampe perché il suo corpo aveva dimensioni eccessive rispetto a quelle delle zampe

---

8 Il cavallo poliploide pesava otto volte un cavallo normale, e non riusciva a reggersi sulle zampe, perché:

- **A** la quantità di cibo necessaria a nutrire un corpo così grande era tale da appesantirlo eccessivamente
- **B** il cavallo si debilitava per l'insufficiente smaltimento del calore corporeo
- **C** il peso è proporzionale al volume, ed il volume è proporzionale al cubo della lunghezza
- **D** il cavallo era troppo alto, e le zampe si flettevano per carico di punta
- **E** le zampe del cavallo non avevano articolazioni adeguate

---

9 Il cavallo poliploide, quando era ancora un puledro, riusciva a reggersi in piedi sulle proprie zampe, poiché:

- **A** aveva dimensioni adeguate a sopportare il peso corporeo
- **B** aveva meno calorie da smaltire
- **C** faceva meno fatica a respirare
- **D** essendo giovane, aveva più energia
- **E** da giovane, aveva una muscolatura più resistente

10 **Secondo quanto è affermato nel testo, a cosa si deve il limite della vita di una palma?**

- **A** Al fatto che la chioma non si sviluppa a sufficienza per mantenerla in vita
- **B** Al fatto che l'apparato radicale non si sviluppa adeguatamente
- **C** Al deperimento organico delle funzioni vegetative
- **D** All'indebolimento progressivo del legno
- **E** Al fatto che la palma cresce più in altezza che in diametro del tronco

11 **Quale tra le seguenti cause concorre a determinare l'infelicità del cavallo?**

- **A** Aveva dimensioni e peso simili a quelle di un cavallo normale
- **B** Aveva sempre freddo
- **C** Faticava ad ingoiare il cibo
- **D** Non poteva riprodursi
- **E** Non era amato dal suo padrone

In base alle informazioni contenute nel brano seguente, rispondere alle successive domande.

Si può quanto meno tentare di descrivere vari atteggiamenti possibili. Il primo e il più diffuso sarebbe quello di attenersi alla descrizione che ho appena dato, e dire che la teoria quantistica consiste in questo, e che non c'è nient'altro da cercare. Essa fa descrizioni probabilistiche, le quali d'altronde corrispondono meravigliosamente alle misure sperimentali: è una teoria che raggiunge, oserei dire anche nel caso, una precisione considerevole; e il caso è in essa un elemento costitutivo, essendoci previsioni che possono essere formulate solo in termini di probabilità. La teoria quantistica sarebbe quindi probabilistica per il fatto che il Mondo alla scala microscopica sarebbe aleatorio per natura. Questa è la visione più diffusa: essa è perfettamente coerente se la teoria non si imbatte in ostacoli o in contraddizioni, e non ne ha incontrati da più di tre quarti di secolo, ossia da quando esiste. Altri fisici – un gruppo minoritario – non sono soddisfatti di questa situazione, a cominciare del resto da uno dei fondatori della teoria quantistica stessa, Louis de Broglie. Essi hanno sempre obiettato che è contrario alle ambizioni stesse di una teoria scientifica degna di questo nome accontentarsi di una situazione del genere, e che non esiste scienza in assenza di un determinismo assoluto. Per queste persone l'obiettivo era quello di trovare un modo per eliminare il caso e per tornare a una sottostante teoria deterministica. È la cosiddetta "teoria delle variabili nascoste": questa espressione significa che l'elettrone – per riprendere questo esempio – avrebbe, nella sua costituzione interna, un certo numero di proprietà che ignoriamo, ma che sarebbero governate da leggi assolutamente deterministiche. Sarebbe semplicemente la nostra ignoranza di queste proprietà e del loro comportamento a condurci a descrivere in modo statistico e aleatorio il comportamento dell'elettrone. In altri termini, quando alcuni elettroni vanno a colpire punti diversi dello schermo, è perché fra loro c'erano differenze iniziali. Al loro interno ci sarebbero alcune rotelline, piccoli meccanismi o chissà che altro che, se ne fossimo stati a conoscenza, ci avrebbe permesso di constatare che essi non erano nello stesso stato. Non sarebbe quindi sorprendente che essi abbiano un'evoluzione diversa e che vadano a colpire punti diversi dello schermo. Se conoscessimo meglio la struttura sottostante della materia, potremmo eliminare il caso, e ci ritroveremmo immediatamente in una situazione molto prossima a quella della fisica statistica classica, la quale utilizza le probabilità per descrivere il comportamento delle molecole solo perché non può interessarsi ai loro comportamenti individuali, alle loro singole traiettorie (cosa che, del resto, per lo più neanche vuole). Una tale visione è possibile per il fatto che, come ho detto all'inizio, il nucleo duro di una teoria, il suo formalismo, le sue equazioni non impongono un modo unico di concettualizzazione, di comprensione. È possibile costruire teorie con variabili nascoste. Ma perché esse abbiano un senso e un interesse occorre che permettano di recuperare integralmente tutte le predizioni verificate della teoria quantistica. Ci si rende conto allora – questo è stato in fondo il grande progresso degli ultimi vent'anni – che, se si vuol recuperare il determinismo, si è costretti a rinunciare a qualcos'altro, che è almeno altrettanto importante fisicamente, come il carattere locale di una teoria, ossia l'idea che le interazioni fra i sistemi non possano trasmettersi in modo istantaneo a qualsiasi distanza. Ciò significa che effettivamente è possibile costruire alla base della teoria quantistica delle teorie deterministiche, e persino in modi multipli, proprio perché nell'esperienza non c'è nulla che ci imponga una scelta precisa (in un certo senso, ci sono troppe possibilità). Queste teorie presenteranno però aspetti forse ancora più bizzarri di quelli della teoria quantistica convenzionale, non al livello della questione del determinismo e del caso, ma al livello di altri aspetti fondamentali. Si dovranno accettare allora comportamenti molto più strani di quelli che si sono voluti eliminare. Ecco perché, attualmente, queste teorie deterministiche che dovrebbero spiegare e sottendere la teoria quantistica hanno perso gran parte del favore di cui godevano, ivi compreso anche quello della minoranza che le difendeva.

12 Il brano è di natura:

- **A** storica
- **B** scientifica
- **C** filosofica
- **D** giornalistica
- **E** statistica

13 Il titolo del brano potrebbe essere:

- **A** statistica e probabilità nella teoria quantistica
- **B** caso e determinismo nella teoria quantistica
- **C** i punti oscuri della teoria quantistica
- **D** la teoria delle variabili nascoste nell'interpretazione della teoria quantistica
- **E** Louis de Broglie

14 La teoria quantistica probabilistica:

- **A** è accettata da un gruppo minoritario di fisici
- **B** corrisponde alla teoria delle variabili nascoste
- **C** esiste da più di 50 anni
- **D** è estranea al concetto di caso
- **E** è stata superata dalla teoria deterministica

15 Secondo l'autore, negli ultimi 20 anni:

- **A** la teoria quantistica probabilistica ha visto calare il numero dei suoi sostenitori
- **B** facendo rinunce, si riuscirebbe a recuperare la teoria probabilistica
- **C** si è capita la struttura intima della materia
- **D** non ha senso parlare di scienza ove non sia possibile eliminare la casualità
- **E** nessuna delle precedenti

16 Louis de Broglie:

- **A** ritiene insoddisfacente la stessa teoria quantistica che ha contribuito a fondare
- **B** è un matematico belga
- **C** ritiene che se si conoscessero meglio le proprietà dell'elettrone non sarebbe necessario ricorrere alle teorie deterministiche
- **D** è estraneo alla teoria delle variabili nascoste
- **E** nessuna delle precedenti

RAGIONAMENTO LOGICO E COMPRENSIONE DI TESTI

In base alle informazioni contenute nel brano seguente, rispondere alla successiva domanda.

L'ingegneria genetica è divenuta oggi oggetto dell'accusa più grave che sia mai stata mossa contro la scienza: dare ai biologi il potere di avvilire e di asservire sia il corpo che lo spirito dell'uomo. In effetti il potere di modificare l'essere umano non è una prerogativa nuova. [...] Gli esseri umani presentano notevole diversità di caratteristiche, quindi un immenso potenziale evolutivo che dà adito a svariate possibilità di selezione.

[...] Nessun esperimento, di nessun tipo, deve essere intrapreso su un essere umano senza il suo consenso. In ogni circostanza devono essere salvaguardati il rispetto e la dignità della persona umana. Anche quando lo si prende come oggetto, l'essere umano deve restare soggetto.

François Jacob, *Il topo, la mosca e l'uomo*, Bollati Boringhieri, Torino 1998

17 UNA sola delle riflessioni sui punti essenziali del pensiero di Jacob È VERAMENTE FONDATA sul testo citato. Quale?

- A Spaventa tutti il fatto che i biologi abbiano il potere di asservire, corpo e spirito, gli uomini, come il fuoco un tempo spaventò Prometeo
- B La paura induce a ripetere nei confronti della scienza le identiche accuse in base a cui essa era già stata condannata in passato
- C Per fortuna la molteplicità dei caratteri degli esseri umani sembra rendere particolarmente difficile, se non addirittura impossibile, manipolazioni selettive
- D Non esistono circostanze che giustifichino interventi volti a modificare un essere umano senza il suo consenso
- E Dobbiamo accettare che possano presentarsi casi particolarissimi in cui la manipolazione genetica sia comunque lecita, con o senza il consenso dell'interessato

In base alle informazioni contenute nel brano seguente, rispondere alla successiva domanda.

La parola "caso" viene usata nel gioco dei dadi o della roulette e si ricorre al calcolo delle probabilità per prevedere l'esito di una partita. Ma questi giochi puramente meccanici e *macroscopici* sono casuali solo in quanto è impossibile *in pratica* dirigere con sufficiente precisione il lancio del dado o quello della pallina. Si può evidentemente concepire una meccanica di lancio ad altissima precisione che consentirebbe di limitare in grande parte l'indeterminazione del risultato. Nella roulette, questa indeterminazione è puramente operativa, ma non essenziale. Lo stesso si può dire, come è facile constatare, per la teoria di numerosi fenomeni in cui si fanno intervenire il concetto di caso e il calcolo delle probabilità per ragioni esclusivamente metodologiche.

In altre situazioni il caso assume, invece, un significato essenziale e non più soltanto operativo. Ciò si verifica, ad esempio, nelle cosiddette "coincidenze assolute" che risultano dall'intersezione di due sequenze causali totalmente indipendenti l'una dall'altra. Supponiamo che il dott. Dupont sia chiamato d'urgenza presso un ammalato che visita per la prima volta, mentre lo stagnino Dubois sta effettuando la riparazione urgente di un tetto di un edificio vicino. Quando il dott. Dupont passa, allo stagnino sfugge inavvertitamente il martello e la traiettoria (deterministica) di quest'ultimo intercetta quella del medico che muore con il cranio fracassato. Noi diremmo che egli ha avuto una cattiva sorte: quale altro termine usare per un simile avvenimento, imprevedibile per la sua stessa natura? Il caso va considerato qui come essenziale, inerente all'indipendenza totale delle due serie di avvenimenti, la cui concomitanza provoca l'incidente.

Jacques Monod, *Il caso e la necessità*, Mondadori, Milano 1970

18 Nel brano, Jacques Monod esprime una teoria riguardo agli eventi che, a prima vista, sembrano casuali. Alla luce di questa teoria, si individui quale delle seguenti argomentazioni non è coerente con i contenuti del brano.

- **A** Marco è in viaggio di affari; resosi conto di avere terminato le sigarette, decide di effettuare una sosta in un Autogrill dove, al momento di uscire, acquista anche un biglietto della lotteria nazionale che due mesi dopo gli permetterà di vincere 50.000 euro. Questo avvenimento è un caso di indeterminazione essenziale
- **B** Osi Porges ha dedicato tutta la sua lunga vita a un unico, essenziale esercizio manuale: un lancio precisissimo di un dado a sei facce con la mano destra, posizionato in modo da fissare inizialmente la faccia con un unico pallino nero al centro. L'esito finale di tale lancio dovrebbe sempre essere pari a 6. Questa particolare abilità dovrebbe permettere al tenace Osi di sbancare le riffe clandestine di Bahia. Purtroppo per Osi il "trucchetto" non funziona a causa di quello che Monod definisce il "caso operativo"
- **C** Nell'esempio riportato da Monod il medico muore a causa di una "coincidenza assoluta"; se fosse però solo la nostra limitata visione umana a farci credere che di coincidenza si tratta, se in realtà ogni gesto ne causa un altro in un'infinita successione di eventi deterministici ("Dio non gioca a dadi", si troverebbe d'accordo Einstein), allora sarebbe stato scritto da sempre che il dottore doveva morire sotto il martello dello stagnino
- **D** Il lancio di una moneta (testa o croce?), l'estrazione di una pallina da un'urna (bianca o nera?), la caduta di un martello sulla pubblica via (il dottore morirà o verrà solamente sfiorato dall'attrezzo?) sono tutti eventi regolati dalla "indeterminazione essenziale", che in un mondo in cui ci fosse perfetta conoscenza sparirebbe, per lasciare il posto a una ben più triste determinazione totale
- **E** La sua vita è stata un insieme infinito di eventi regolati da coincidenze assolute: si è sposato con la ragazza che casualmente si è seduta accanto a lui alla lezione di Matematica in Università, ha trovato lavoro nell'azienda di un amico di suo padre incontrato in treno quando era al termine degli studi, è morto colpito dal martello lasciato cadere dal tetto da un idraulico distratto

---

In base alle informazioni contenute nel brano seguente, rispondere alla successiva domanda.

"Si stima che in 26 paesi africani, il numero di bambini che restano orfani, per qualsiasi causa, sarà più che raddoppiato entro il 2010. Nel 1990 l'AIDS era responsabile del 16% delle morti che lasciavano orfani in questi paesi; entro il 2010 la frazione sarà del 68%. Nell'Africa meridionale, la regione più colpita, il numero di bambini che hanno perso entrambi i genitori crescerà di un impressionante 1600% (da 0,2 milioni a 3,4 milioni). In 11 paesi in Africa con una popolazione complessiva di 109 milioni di abitanti, dal 20% al 37% dei bambini in età inferiore ai 15 anni, avranno perso uno o entrambi i genitori entro il 2010, nella maggior parte dei casi in conseguenza dell'epidemia di AIDS"

da G.Foster, Supporting Community Efforts to Assist Orphans in Africa. New England Journal of Medicine, 346(24), 2002, p.1907.

19 Nel brano riportato NON si afferma che:

- **A** la regione più colpita dall'epidemia di AIDS è l'Africa meridionale
- **B** in Africa meridionale ci sono attualmente 200.000 orfani
- **C** la percentuale di bambini resi orfani soprattutto in conseguenza dell'epidemia di AIDS nelle regioni più colpite varierà fra il 20% ed il 37%
- **D** il numero di morti in Africa meridionale crescerà del 1600%
- **E** tutte le precedenti affermazioni sono tratte dal brano

In base alle informazioni contenute nel brano seguente, rispondere alla successiva domanda.

L'influenza dell'arte, non illudiamoci, anche quando è a tratti intensa, è pur sempre effimera e superficiale nell'arco di una vita. Ma [...] penso si possa affermare che aspirazione precipua dell'arte è creare un meccanismo di identificazione, trasferire cioè l'esperienza emotiva e spirituale dei protagonisti di un romanzo, di un racconto, di una pièce teatrale, di un film, o persino di un dipinto o di una scultura, al lettore o all'osservatore, come se costui vivesse quell'esperienza senza doverne pagare lo scotto. Leggendo il racconto di Edipo, con il quale si identifica, il lettore sposa la madre, uccide il padre e si acceca. Seguendo le peripezie di Raskolnikov uccide la vecchia usuraia e sua sorella, oppure si suicida con Anna Karenina ma senza dover subire le conseguenze di tale gesto. Si trasforma in un insetto terribile e disgustoso come Gregor Samsa ma non viene gettato nella spazzatura dalla serva, bensì rimane seduto nella sua comoda poltrona e commenta: «Che racconto incredibile». Questo è, in breve, il distacco estetico che ci procura gioia e soddisfazione catartiche pur toccando temi difficili e gangli mentali in suppurazione [...].

Abraham B. Yehoshua, "Siamo tutti Raskolnikov senza soffrire", «La Stampa», 13-2-2005, p. 29

---

20 Il brano riportato NON giustifica UNA delle seguenti considerazioni. Quale?

- **A** Non possiamo attribuire all'arte la capacità d'influenzare durevolmente e profondamente l'esistenza delle persone
- **B** L'arte mira principalmente a favorire l'immedesimazione del fruitore con i personaggi e le situazioni che rappresenta
- **C** Leggere il racconto di Edipo consente di sperimentare in maniera attenuata e reversibile le terribili vicende
- **D** La gioia e la soddisfazione che il distacco estetico procura hanno una valenza purificatoria
- **E** L'arte ha l'effetto negativo di indurre il fruitore all'inazione, a vivere solo per interposta persona

PARTE SESTA

Soluzioni e commenti

1 Per individuare la risposta esatta è necessario comprendere la tesi di fondo del brano: sugli sviluppi dell'ingegneria genetica si sono diffuse, grazie a una divulgazione superficiale favorita a sua volta da scienziati interessati a ottenere finanziamenti per le proprie ricerche, grandi aspettative. I due concetti autorizzano, da un punto di vista logico, quanto espresso dall'alternativa B. Infatti, se la divulgazione superficiale venisse sostituita da una comunicazione corretta, le aspettative menzionate verrebbero ridimensionate, e queste aspettative sono talvolta invece incoraggiate da alcuni scienziati al fine di sostenere i finanziamenti per le loro ricerche. Nell'alternativa A, al contrario, si sostiene che una comunicazione corretta riguardo le reali possibilità della genetica permetterebbe di ottenere risultati significativi in ambito medico. L'autore non pensa invece che i risultati della ricerca dipendano dalla comunicazione. Anche l'alternativa C risulta errata in quanto in essa si sostiene una forte correlazione esistente tra ricerca genetica e diffusione delle informazioni con relativo scadimento della qualità della ricerca stessa: tale concetto è del tutto assente non solo nel testo di Prattico, ma anche nelle conclusioni che da esso possono essere tratte. L'alternativa D è facilmente eliminabile in quanto da una parte travisa alcuni elementi citati nel testo ma con senso ben diverso, come la fiducia un po' miracolistica presente nel senso comune e soprattutto relativamente agli scienziati, solo "alcuni" dei quali, nel brano, sono interessati a ottenere finanziamenti pubblici, e non lo sono affatto "per scopi privati", e dall'altra parte comprende elementi del tutto incongruenti (le "donazioni", le "Associazioni"). Quanto a travisamento dei contenuti e deduzioni non legittime, la E è errata in modo ancor più evidente.

2 Nella prima parte del brano è contenuta la risposta a tale quesito (alternativa C). L'alternativa B è errata in quanto parziale (quelli visivi sono solo una parte degli strumenti sensoriali).

3 In base a quanto affermato nel brano, Lotka chiama strumenti endosomatici quelli con cui si nasce ed esosomatici quelli che vengono fabbricati. Tra i primi vengono esplicitamente menzionate le zampe (A errata), mentre dei secondi si afferma che "*funzionalmente* fanno parte del corpo anche se sono separati e distinti anatomicamente" (D errata). Quanto agli strumenti motori, nel testo si trova che essi "hanno una funzione e sono funzionalmente intellegibili solo al momento in cui vengono usati", al contrario di quanto proposto dalla B (errata). Scartata infine anche la C. (nel brano si parla più volte di vestiti e abiti, ma mai si afferma che sono strumenti con cui si nasce), si stabilisce dunque che la risposta esatta è la E.

4 L'alternativa A corrisponde a quanto affermato nelle ultime righe del brano ed è dunque la risposta corretta del quesito in esame. Per ciò che riguarda l'alternativa B, l'autore afferma, poco oltre la metà del brano, che il rapporto stretto che esiste tra uomo e strumento esosomatico è di tipo funzionale e non anatomico. Le alternative C e D, infine, si escludono facilmente in base alle seguenti frasi contenute nel brano: "l'uomo non è proprio l'unico animale che faccia uso di strumenti ..." e "... deploro l'abitudine di descrivere il cervello come una specie di macchina calcolatrice ...". La E, infine, è errata perché il picchio Galapagos rappresenta l'eccezione e non la normalità nel mondo animale quanto all'uso di strumenti.

5 Tra le alternative proposte, l'unica che descrive correttamente il contenuto del brano è la A, in quanto le questioni scientifiche vengono lette in chiave filosofica.

RAGIONAMENTO LOGICO E COMPRENSIONE DI TESTI

6 L'autore afferma che il picchio Galapagos è uno dei rari esempi di animali che usino strumenti. Peraltro, il fatto di usare strumenti è una caratteristica che il picchio Galapagos ha in comune all'uomo e dunque l'alternativa C è esatta.

7 La tesi sostenuta dall'autore è quella riportata nell'alternativa A. Infatti riguardo al cavallo poliploide nel testo si legge "lunghezza, superficie e volume (o massa) sono in discrepanza perché le loro curve di crescita hanno caratteristiche mutuamente non lineari" e questo rende impossibile che il cavallo possa rimanere in vita a lungo; esiti analoghi si hanno per tutti i fenomeni in cui due o più parametri interagiscono seguendo leggi non lineari, come nel caso del traffico o della palma: oltre un certo punto di crescita di una variabile il sistema collassa. Naturalmente ciò non avviene per tutti i fenomeni fisici: nella maggior parte dei casi, al contrario, i parametri dei fenomeni fisici interagenti sono legati l'uno all'altro per permettere al sistema di funzionare al meglio. Questo rende dunque errata l'alternativa B. Anche la C è errata: la natura e la conformazione dei singoli organi interni del cavallo potrebbe anche non essere dissimile da quelle di un cavallo ordinario (dimensioni a parte), ma è la loro interazione a dare origine ai problemi di ossigenazione e smaltimento del calore che affliggono il cavallo poliploide. L'alternativa D si può escludere facilmente pensando all'esempio della palma, dove, come visto poco sopra, il processo di crescita vitale non è terminato a causa dell'invecchiamento cellulare.

8 L'alternativa corretta è la C. Se si raddoppiano i lati di un solido (un cubo, per esempio) ogni singola faccia ha superficie pari a 4 volte quella del solido di partenza, mentre il volume del solido è 8 volte quello iniziale. Nel caso del cavallo, raddoppiandone la lunghezza, il volume è 8 volte quello di un cavallo normale; anche il peso del cavallo poliploide, che è proporzionale al volume, è 8 volte quello del cavallo normale e questo è un peso eccessivo perché possa reggersi sulle zampe.

9 I problemi che il cavallo poliploide incontra nel reggersi in piedi dipendono dallo sviluppo non lineare di lunghezza e volume, e quindi peso, della povera bestia. Questa è però la condizione del cavallo adulto. Quando il cavallo era ancora un puledro la sua superficie e il suo peso avevano un rapporto tale per cui il cavallo aveva ancora la possibilità di reggersi in piedi (risposta corretta A). Con la crescita, le due curve discrepanti raggiungono e, purtroppo, passano la soglia di tolleranza rendendo impossibile al cavallo adulto reggersi in piedi. In altre parole, le problematiche a cui va incontro il cavallo sono date dalla crescita: se il puledro è "lungo" la metà del cavallo adulto, il suo peso è otto volte inferiore e quindi può ancora reggersi sulle zampe.

10 La crescita della palma, a differenza di quella del cavallo poliploide, rispetta fino alla fase conclusiva della vita la propria soglia di tolleranza. Fino a quando la lunghezza della palma è sostenuta dal tronco la palma sopravvive adattandosi alla nicchia in cui si trova. Quando questo limite è passato, cioè quando la palma cresce eccessivamente in altezza per la dimensione del tronco (risposta corretta E) la palma va incontro alla morte.

11 Nel testo in esame si parla esplicitamente di "bestia infelice" con riferimento ai problemi di alimentazione del cavallo legati ancora una volta a dati di crescita non lineari di peso, e quindi di quantità di cibo che deve essere ingerita, e di esofago, rispettivamente pari a otto e quattro volte quelli di un cavallo normale. La risposta esatta è dunque la C.

12 La soluzione esatta è in questo caso facilmente individuabile nell'alternativa B. Si tratta infatti di un brano il cui contenuto (natura) è incentrato sulla teoria quantistica, ossia su un argomento scientifico. La E potrebbe sembrare plausibile perché nel brano si parla di calcolo delle probabilità, ma si tratta comunque di un argomento secondario rispetto a quello della teoria quantistica.

13 Il titolo che meglio inquadra l'argomento del brano è quello espresso dall'alternativa B. La A è da scartare perché non considera l'aspetto del determinismo di cui l'autore parla a lungo. Le alternative C, D ed E, infine, indicano sì due argomenti citati nel brano, ma non sono adatti a rappresentarne il titolo in quanto relativi a passaggi specifici.

PARTE SESTA

14 L'alternativa **A** è da scartare perché la teoria accettata da un gruppo minoritario di fisici è quella deterministica. Anche la teoria delle variabili nascoste individua, secondo quanto espresso nel brano, una teoria di tipo deterministico e non probabilistico. L'alternativa **D** è errata perché evidentemente in contrasto con quanto ripetutamente affermato dall'autore. Infine la **E** accenna a un superamento di una teoria ad opera di un'altra, mentre, come si ricava dall'intero brano, il dibattito è ancora aperto. La soluzione esatta è la **C**.

15 La teoria che ha visto calare il numero dei propri sostenitori è, secondo l'autore, quella deterministica. L'alternativa **A** è dunque errata, così come sono in contrasto con il contenuto del brano la **B**, la **C** e la **D**. La soluzione esatta è dunque la **E**.

16 La soluzione esatta è la **A**. Nel brano, infatti, si afferma quanto segue: "altri fisici – un gruppo minoritario – non sono soddisfatti di questa situazione, a cominciare del resto da uno dei fondatori della teoria quantistica stessa, Louis de Broglie". In particolare, la **B** è errata in quanto il brano afferma che Louis de Broglie è un fisico e non fornisce alcuna informazione circa la sua nazionalità.

17 Nel testo non si parla di paura verso il potere dei biologi di asservire corpo e spirito dell'uomo, come non si parla della paura di Prometeo (alternativa **A** errata). Il testo parla inoltre di accuse *mai* fatte prima alla scienza (alternativa **B** errata) e della enorme potenzialità di manipolazioni selettive dovute alla molteplicità dei caratteri degli esseri umani (alternativa **C** errata). Il brano si conclude asserendo la necessità assoluta del consenso da parte dell'interessato in caso di interventi manipolativi di ordine genetico. L'alternativa **E** è quindi errata, mentre risulta corretta (fondata sul brano) la riflessione proposta dall'alternativa **D** che rappresenta la soluzione al quesito.

18 Nel brano si opera un'importante distinzione tra gli eventi che convenzionalmente si definiscono casuali e quelli che effettivamente lo sono; i primi (il lancio di un dado o della pallina sulla ruota della roulette) sembrano regolati dal caso, ma in realtà ciò è dovuto a quella che l'autore definisce "indeterminatezza operativa", cioè all'impossibilità pratica di determinare un risultato che in teoria potrebbe essere prevedibile. Questa teorica prevedibilità rende tali eventi diversi dai secondi, basati su una "coincidenza assoluta" che comporta necessariamente una "non prevedibilità" intrinseca dell'evento stesso. Alla luce di questa distinzione, si analizzino le diverse alternative. L'alternativa **A** presenta una storia completamente basata sulla *indeterminazione essenziale*. Per ciò che riguarda invece il curioso personaggio presentato nell'alternativa **B**, è proprio il *caso operativo* che impedisce a Osi di riuscire nel suo "trucchetto". Nell'alternativa **C** l'evento che provoca la morte del medico è utilizzato proprio come esempio di *coincidenza assoluta* (e quindi di *caso essenziale*). La breve biografia dell'alternativa **E** è infine strutturata come una serie di *eventi regolati da coincidenze assolute*. Queste quattro alternative, dunque, riportando correttamente il pensiero di Monod, non costituiscono la risposta corretta. Invece, la risposta **D** considera il lancio della moneta e l'estrazione di una pallina da un'urna come eventi basati sulla *indeterminazione essenziale* e quindi non prevedibili neppure teoricamente, in palese contraddizione con quanto sostenuto nel brano. Ne segue la correttezza di tale alternativa.

19 Secondo l'autore del brano è l'Africa meridionale la regione più colpita con 0,2 milioni, cioè 200.000 bambini orfani (le alternative **A** e **B** sono coerenti con il brano e quindi non sono la soluzione cercata). Nel brano si afferma anche che una percentuale dal 20% al 37% dei bambini in età inferiore ai 15 anni entro il 2010 (il brano è del 2002) sarà reso orfano di uno o entrambi i genitori, nella maggior parte dei casi in conseguenza dell'epidemia di AIDS (anche l'alternativa **C** è coerente). Non è invece affermato quanto proposto dall'alternativa **D** (soluzione del quesito), infatti l'aumento del 1600% non fa riferimento al totale dei morti in Africa meridionale, ma al numero di bambini che avranno perso i genitori.

20 La risposta esatta è la **E**. Infatti, nel brano di Yehoshua nulla si dice dei possibili "effetti negativi" (inazione, vivere per interposta persona) dell'arte sul fruitore.

RAGIONAMENTO LOGICO E COMPRENSIONE DI TESTI

parte settima

LINGUA INGLESE

Quesiti

"Fill in the blanks": ogni frase contiene una o più parole mancanti; il candidato deve scegliere, fra le alternative proposte, quella che completa correttamente la frase.

1 **He wrote _____ interesting article.**

A rather
B unusual
C rather an
D unusually
E surprisingly

2 **I'm _____ nervous.**

A become
B got
C get
D getting
E made

3 **We will look _____ the matter in detail.**

A for
B at
C into
D through
E after

4 **It's so nice _____ drive me to the station.**

A from him to
B that he
C he to
D of him to
E him to

5 **Please, come in and take _____ your coat.**

A on B over C off D up E away

6 **_____ much it costs, I will buy that car.**

A Therefore B Finally C However D Never E As

7 **He spends _____ his time reading newspapers.**

A many B more C much D most E most of

8 This is the stadium where Beckham _____ .

A first played
B played first
C played for first
D at first played
E played by first

9 Étienne wants to work in an international company. _____ why he needs to learn English.

A He is B It C It's D That's E The

10 Why shouldn't I smoke a cigarette if I _____?

A wouldn't B want it C would like D want to E like

11 I studied Law and _____ my brother.

A too B also C either D did E so

12 _____ I'm concerned, Swahili is not a difficult language.

A As far as B As long as C As much as D As to E What

13 "Are you happy?" "_____ I am".

A Course B Certain C Instead D Indeed E In fact

14 My grandfather _____ name's George.

A s' B as C of D is E 's

15 This bill is incorrect. I _____.

A am not going to pay
B am not paying
C don't have to pay
D won't be paying
E don't pay

16 _____ of what his parents suggest, he will do what he wants.

A Whatever B Regards C Regardless D Beside E Though

17 We all know he is rich. There's no need to show _____.

A off B round C in D out E to

18 I regret _____ harder when I was at school. I would have a better job now.

A studying
B not studying
C not to have studied
D not to study
E didn't study

19 What course are you _____ in?

A interested B written C made D watched E aiming

20 **I cannot see. Terence, switch the light on, _____?**

A can you B please C will you D don't you E do you

21 **She's an old friend; I _____ her _____ years.**

A have known, for
B know, for
C have known, since
D know, since

22 **He was wearing _____ riding boots.**

A red old Spanish leather
B old leather red Spanish
C old red Spanish leather
D Spanish red old leather

23 **She was easily intimidated _____ her employer, who made a practice of abusing his authority over her.**

A from B to C with D by E because

24 **The innovations of the _____ Age have had _____ effects on people in all walks of life.**

A Atomic – irrelevant
B Electronic – universal
C Bronze – pretentious
D Nuclear – profane
E Computer – astonishing

25 **Hello. How are you? I've heard a lot _____ you from my sister.**

A about of B of C on D about E relative

26 **Do you remember Silvia? I _____ engaged to her.**

A got B get C have D will E had

27 **The trial _____ in a theatrical manner, full of extravagant histrionics.**

A are conducted
B was been conducted
C conduces
D was conducted
E to conduce

28 **The masters of the world are bacteria and viruses. They _____ all other life and all other life lives and reproduces merely to provide them with _____.**

A dominate – companionship
B outnumber – room and board
C infest – opportunity
D serve – shelter
E are symbiotic with – partners

LINGUA INGLESE

Indicare la soluzione che completa correttamente la frase.

29 **Tom's sister has started a relationship _____.**

- A with one Richard's best friends
- B with one of best Richard's friends
- C with one of Richard best friends
- D with one of Richard's best friends

30 **When the pianist entered to begin his recital _____.**

- A Tom has already sitting in front of me.
- B Tom already sat in front of me.
- C Tom was already sit in front of me.
- D Tom was already sitting in front of me.

Trovare, tra le alternative proposte, quella che esprime una relazione simile a quella proposta nel testo dell'esercizio.

31 **Island : ocean**

- A hill : stream
- B forest : valley
- C oasis : desert
- D tree : field
- E peninsula : pier

32 **Nose : face**

- A ring : finger
- B stem : root
- C shoe : foot
- D knob : door
- E vine : building

33 **Modesty : arrogance**

- A debility : strength
- B cause : reason
- C passion : emotion
- D finance : pauper
- E practice : perfection

Trovare tra le alternative proposte quella che meglio esprime il significato contrario alla parola di partenza di ogni esercizio.

34 **Peremptory:**

- A humble
- B resistant
- C shabby
- D spontaneous
- E deferential

35 Insolvent:

A physically pure
B financially stable
C metaphisically correct
D chemically active
E emotionally strong

36 Illusory:

A nimble B realistic C powerful D underrated E remarkable

37 Temperate:

A aged B unlimited C truncated D producted E inebriated

Le frasi che seguono contengono una parte sottolineata caratterizzata da uno o più errori grammaticali. Si individui l'alternativa che, sostituita alla parte sottolineata, completa correttamente la frase.

38 You come back home and find a note from your girlfriend: she says she's gone to the hairdresser's. She waiting for you outside the Italian Café.

A She waiting for you outside the Italian Café
B She'll be waiting for you outside the Italian Café
C She waits for you outside the Italian Café
D She will wait for you outside the Italian Café
E She is going waiting for you outside the Italian Café

39 Yesterday afternoon a group of children playing in that field.

A was playing in that field
B play in that field
C had played in that field
D have played in that field
E were playing in that field

40 It's good! It seem to me that you are learning English very goodly.

A It seems to me that you are learning English very goodly
B It seem to me that you are learning English very well
C It seems about me that you are learning very well
D It seems to me that you learn English very well
E It seems to me that you are learning English very well

41 I was walking from the street when I suddendly saw a big cat in front about me.

A under the street when I suddendly saw a big cat in front of me.
B to the street when I suddendly saw a big cat after me.
C along of the street when I suddendly saw a big cat in front of me.
D along the street when I suddendly saw a big cat in front of me.
E along the street when I suddendly saw a big cat in front near me.

Nei brani mancano alcune parole. Individuare la soluzione tra le alternative suggerite.

Brano 1

In 1989 mass demonstrations led to a collapse of the Berlin Wall. A year _____ [1], on October 3, 1990, East and West Germany were reunited, after _____ [2] separate states for forty years. Twenty years ago German Chancellor Helmut Kohl pushed unification forward and served as the architect of a united Germany. He promised East Germans blooming landscapes and a new western-style life. Not _____ [3] in the western world wanted a united Germany. Great Britain and France were opposed because they thought Germany _____ [4] become too powerful.

On the whole, German reunification has been a success. Much progress has been made in the eastern part of Germany in the last twenty years. City and towns have been modernized. Most East Germans are better off than they were twenty years ago. Eastern Germany has become a home to new industries, especially in the _____ [5] of biotechnology and renewable energy.

42 Missing word [1] is:

A more B late C later D over E before

43 Missing word [2] is:

A being B to be C be D had been E is

44 Missing word [3] is:

A much B everyone C someone D no one E those

45 Missing word [4] is:

A are B did C will D would E should

46 Missing word [5] is:

A factory B fields C interest D area E concern

Brano 2

The school _____ [1] age should be cut to 14, a chief inspector of schools in England has _____ [2] said. Sir Chris Woodhead told *The Times* that this would give less academic students a better chance of learning a trade.

He said it was a "recipe for disaster" to force teenagers to study English and maths right up _____ [3] the age of 18.

Sir Chris said it was a mistake to make vocational education "quasi-academic" and added that the government had a "Utopian" view of school standards.

He said: "If a child at 14 has mastered basic literacy and numeracy, I _____ [4] very happy for that child to leave school and go into a combination of apprenticeship and _____ [5] education training and a practical, hands-on, craft-based training that takes them through into a job."

47 Missing word [1] is:

A leave
B left
C leaving
D to leave
E to be leaving

48 **Missing word [2] is:**

- A actually
- B recent
- C recently
- D presently
- E now

49 **Missing word [3] is:**

A at B to C for D from E right

50 **Missing word [4] is:**

A would be B will be C am D was E be

51 **Missing word [5] is:**

A far B many C more D little E how

Leggere i brani e rispondere alle domande seguenti.

Brano 1

Man, said Aristotle, is a social animal. This sociability requires peaceful congregation, and the history of mankind is mainly a movement through time of human collectivities that range from migrant tribal bands to large and complex civilizations. Survival has been due to the ability to create the means by which men in groups retain their unity and allegiance to one another.

Order was caused by the need and desire to survive the challenge of the environment. This orderly condition came to be called the "state", and the rules that maintained it, the "law". With time the partner to this tranquillity, man marched across the centuries of his evolution to the brink of exploring the boundaries of his own galaxy. Of all living organisms, only man has the capacity to interpret his own evolution and progress. As social life changed, the worth and rights of each member in the larger group, of which he was a part, increased. As the groups grew from clans to civilisations, the value of the individual did not diminish, but became instead a guide to the rules that govern all men.

52 **The best expression of the main idea of this passage is:**

- A oppression and society
- B the evolution of man
- C man's animal instincts
- D the basis for social order
- E a history of violence and strife

53 **The autor would expect the greatest attention to individual rights and values to be found in:**

- A farming communities
- B small villages
- C prehistoric families
- D nomadic tribes
- E modern cities

54 **According to the passage, man's uniqueness is attributed to the fact that he is:**

- A evolving from a simpler to a more complex being
- B a social animal
- C capable of noting his own progress
- D capable of inflicting injury and causing violence
- E able to survive by forming groups with allegiance to one another

Brano 2

A legendary island in the Atlantic Ocean beyond the Pillars of Hercules was first mentioned by Plato in the Timaeus. Atlantis was a fabulously beautiful and prosperous land, the seat of an empire nine thousand years before Solon. Its inhabitants overran part of Europe and Africa, Athens alone being able to defy them. Because of the impiety of its people, the island was destroyed by an earthquake and inundation. The legend may have existed before Plato and may have sprung from the concept of Homer's Elisyum. The possibility that such an island once existed has caused much speculation, resulting in a theory that pre-Columbian civilisations in America were established by colonists from the lost island.

55 The title that best expresses the ideas of this passage is:

- A a persistent myth
- B geography according to Plato
- C the first discoverers of America
- D buried civilisations
- E a labor of Hercules

56 According to the passage, we may safely conclude that the inhabitants of Atlantis:

- A were known personally to Homer
- B were ruled by Plato
- C were a religious and superstitious people
- D used the name Colombus for America
- E left no recorded evidence of their civilisation

57 According to the legend, Atlantis was destroyed because the inhabitants:

- A failed to obtain an adequate food supply
- B failed to conquer Greece
- C failed to respect their gods
- D believed in Homer's Elysium
- E had become too prosperous

58 It is possible to affirm that:

- A the legend of Atlantis existed before Plato
- B the Atlantis people were peaceful
- C Atlantis is a legendary island
- D the pre-Columbian civilisations were estabilshed by colonists from Atlantis
- E Homer wrote Timaeus

Brano 3

Scientists use the term "biological clock" to describe the timing that controls biological rhythms. But what is this clock and where can you find it? In animals it is probably controlled by the brain, but in plants and other living things that have no brain it must be something else.

Humans also have biological clocks that control their daily rhythms. Body temperature, blood pressure, sleeping and waking up have a 24-hour rhythm. Many illnesses have a yearly rhythm. Colds and flus often happen in winter. Measles occur mostly during the spring and summer.

When people travel by plane from one continent to another they often cross many time zones. Their internal clocks don't seem to work correctly. We call this jet lag. It makes you feel tired and it takes many days for your body's biological clock to get used to the new place.

People who work night shifts also have problems with their biological clocks. In general, they may not be as alert or active as people who work during the daytime. They also have more accidents during work. Sometimes they have more health and sleeping problems than other people.

By using the right medicine you can fight off problems that are connected with different times of day. Heart attacks and strokes often happen in the morning hours – between the time you get up and noon. Asthma often occurs between midnight and the morning hours. So when people with weak hearts take their medicine right after waking up it might prevent a heart attack.

Biological clocks control many rhythms of life. We are learning more and more about these rhythms. Doctors are looking for new ways to make travelling more comfortable and medical treatment more effective.

---

59 What is the jet lag?

- **A** Altered biological rhythms after crossing lots of time zones
- **B** Altered biological rhythms after crossing only one time zone
- **C** The 24 hour-rhythm in a human being
- **D** Any change in biological clock
- **E** To cross a lot of time zones

---

60 According to the passage:

- **A** in all living creatures and things biological clock is controlled by the brain
- **B** in animals the brain can control the biological clock
- **C** in animals the brain might control the biological clock
- **D** in animals the brain may control the biological clock
- **E** in all living creatures the brain must control the biological clock

---

61 The author states that those who work during night-time:

- **A** have wrong biological clocks
- **B** are unreliable at work
- **C** tend to have health problems
- **D** tend to change daily rhythms
- **E** sleep in the daytime

---

62 What are doctors trying to do?

- **A** To understand daily rhythms
- **B** To reduce the impact of travelling on rhythms of life
- **C** To reduce the impact of travelling on disease
- **D** To reduce the action of biological clock on the body
- **E** To make living easier despite biological clock

---

63 When should specific drugs be taken to be more effective?

- **A** As soon as a problem arises
- **B** When a problem gets worse
- **C** In the morning hours
- **D** Just before the time problems connected with different times of the day arise
- **E** Right after waking up

Brano 4

Looking back on my own reasonably serene childhood in Ireland during the 1950s, I recall quiet murmurs about people who suffered from "nerves".

I remember hearing that a neighbour – a well-to-do woman whose larger house and smart appearance was rather envied in the community – had had a "nervous breakdown".

Although when I repeated this to my aunt and uncle, with whom I was living, I was hushed up with a peremptory word of censure. There was, clearly, something slightly shameful about a "nervous breakdown" and one didn't speak about it.

I can see now, though I did not see then, that these were hidden incidents of depression among family and neighbours. But the stigma over depression, or even mental illness of any kind, must have added to their anguish.

How times have changed. It is an accepted truth, in our time, that depression is an illness with a global reach.

It seems that depression in various guises – whether chronic, uni-polar, bi-polar, clinical, recurrent, major or minor – accounts for a greater burden of disease, world-wide, than war, cancer and AIDS all put together.

This new openness is a good thing. Yet in the process, are we losing something?

Take the word, "trauma," which is now frequently and commonly invoked in conversation today. A person who has suffered a bereavement is said to be "in trauma".

A person who has been subjected to shock is said to be "traumatised". The break-up of relationships – a sad human experience which brings us a sense of loss, and hurts our need for attachment – is, similarly, described as "a traumatic experience".

In his excellent autobiographical study of depression which he so adroitly called Malignant Sadness, Professor Lewis Wolpert employs the concept of "trauma" to describe, for example, bereavement.

64 What does the author say about his childhood in Ireland?

- A People wouldn't talk about those suffering from nerves
- B People weren't used to suffer
- C People had no idea of what murmurs were
- D People used to talk about those who had a nervous breakdown
- E People perfectly knew what a nervous breakdown was

65 Which expression has replaced "to suffer from nerves" in today's conversation?

- A Trauma
- B To traumatise
- C To be in trauma
- D Sense of loss
- E Bereavement

66 How spread is depression?

- A No one can say, there's no possible comparison with cancer and AIDS
- B As much as cancer and AIDS
- C Less than cancer and AIDS altogether
- D Less than cancer and more than AIDS
- E More than cancer and AIDS altogether

67 According to the passage, what is a traumatic experience related to?

- **A** Relationships
- **B** Job
- **C** Health
- **D** Daily life
- **E** Money

68 Nowadays depression is considered to be:

- **A** a light form of anguish
- **B** a hidden incident among family and neighbours
- **C** a global feeling
- **D** an illness spread worldwide
- **E** one's fancy

Individuare il significato corretto dei termini riportati negli esercizi che seguono.

69 Warehouse

- **A** Magazzino
- **B** Impresa
- **C** Casa d'asta
- **D** Alleanza
- **E** Casa comune

70 Loan on overdraft

- **A** Prestito
- **B** Prestito garantito
- **C** Apertura di credito allo scoperto
- **D** Contratto d'affitto
- **E** Prestito su ipoteca

71 The tenth-of-a-point drop in the jobless rate was more a sign of weakness than of strength. When employers stop hiring, the number of people looking for jobs often slips, too, as word about fewer openings gets around. Last month, unemployment fell because nearly a half-million people dropped out of the labor force while the number with jobs went down by only a quarter-million. That left 6 million workers looking for jobs but unable to find them, compared with 6.2 million in April, when the unemployment rate was 4.5 percent.

According to this passage:

- **A** figures about employment show strength in the labour market
- **B** figures about employment not often show how people's attitude towards the labour market is actually affected
- **C** people fear that unemployment is going to increase because of the labour market's weakness
- **D** the number of employed people went down more than the number of those looking for a job

LINGUA INGLESE

72 **On the new basis, April retail sales are estimated to have increased by 1.4 percent compared to only 0.7 percent reported last month using the old system.**

Consumer confidence appears to have leveled off after falling sharply since last fall. Nevertheless, many analysts and policymakers remain concerned that consumers could decide to cutback on their purchases – perhaps as a result of rising job losses – to the point that it could tip the economy into a recession.

According to this passage:

- A the rise of inflation caused a sudden cut to purchases
- B purchases may be reduced because of rising job losses
- C consumers are reducing purchases less and less
- D unemployment may cause price increase and discourage consumers from buying

73 **Fabrizio has five children: three daughters and two sons. He writes their names on five pieces of paper and puts them in a box to draw two names. What's the probability of drawing the two sons consecutively?**

- A 20%
- B 10%
- C 5%
- D 2%
- E 0,5

74 **Last year Giovanni bought a new house. Now he wants to sell it and wishes he could earn a 20% profit on the total amount he paid to buy it. He can finally sell his house for Euro 204.000. How much did he pay for his house last year?**

- A 180.000 euro
- B 160.000 euro
- C 163.200 euro
- D 170.000 euro
- E 200.000 euro

75 **Guido lives in Lyon and his brother Lorenzo lives in Paris. They decide to meet in Dijon, that is 193 km far from Lyon and 314 km far from Paris. Lorenzo leaves at 9 am and drives at a constant speed of 100 kph. After one hour and a half he stops for a rest: is he now farer from Dijon or nearer to Dijon than Guido, who's still in Lyon?**

- A Nearer
- B Farer
- C No difference between the two
- D The information given does not allow to answer the question

76 **Six friends are having dinner together: Angela, Giovanni, Luca, Osvaldo, Sara and Valentina. Osvaldo married Angela, who's Giovanni's sister.**

Sara, Osvaldo's friend, married Luca, who's Valentina's brother. Valentina is Giovanni's wife.

According to such information, which of the following statements is false?

- A Sara is Valentina's sister-in-law
- B Angela and Valentina are sisters-in-law
- C Luca is Angela's brother-in-law
- D Giovanni and Osvaldo are brothers-in-law

77 **Il 60% of the people registered in a sports centre do swimming and 70% play tennis. The total people registered in the sports centre are 200; how many of them do both swimming and tennis?**

- A 30
- B 60
- C 40
- D 80
- E 130

78 **All the people who do sports are on a diet. Monica is on a diet.**

If these statements are true, then it is true that:

- A Monica does sports
- B all slim people do sports
- C Monica may possibly do sports
- D all those who are on a diet do sports

79 **Elena is planning a dinner to celebrate her husband's birthday: she means to invite Stefano and his wife Loredana, Alessandro and his wife Claudia, Michele and his wife Franca.**

Which of the following conditions has to be respected to make any man sit between two women and any woman sit between two men?

- A At the two heads of the table must sit either two women or two men
- B At the two heads of the table must sit a man and a woman
- C Paolo must sit next to his wife Elena
- D Michele must sit next to Claudia
- E Stefano and his wife must sit one in front of the other

80 **Andrea thinks: "If tomorrow I have a cold I'll go to the cinema. I'll go to the gym only in case of rain". The day after it rains but Andrea won't go to the gym.**

This conclusion is:

- A impossible because if it rains Andrea will go to the gym
- B possible but only in case Andrea has a cold
- C possible because the rain is a necessary but not sufficient condition to get Andrea to go to the gym
- D impossible because the rain is a sufficient condition to get Andrea to go to the gym

Soluzioni e commenti

1 Alle alternative A, B, D ed E manca l'articolo: *rather an, an unusual, an unusually, a surprisingly.* La risposta giusta è quindi la C, *rather an* (visto che *interesting* comincia per vocale).

2 Molti verbi riflessivi italiani si traducono *to get* + aggettivo. Raffreddarsi si traduce *to get cold*, sposarsi *to get married*, innervorsirsi si traduce *to get nervous*. La risposta giusta è la D.

3 Il verbo *to look* può essere seguito da diverse preposizioni, con significati diversi: *to look for* vuol dire cercare (risposta A); *to look at* vuol dire guardare (risposta B); *to look into* vuol dire indagare (risposta C); *to look through* vuol dire guardare attraverso (risposta D) e *to look after* (risposta E) vuol dire badare. Considerato l'oggetto *matter*, la risposta giusta è la C, *into*.

4 Per esprimere un giudizio su un comportamento altrui, la costruzione impersonale (*it's* + aggettivo) è seguita da *of* + pronome personale + verbo all'infinito (*to*). La risposta giusta è quindi la D: *it's so nice of him* (da parte sua) *to drive me to the station*.

5 L'invito a entrare sarà anche un invito a togliersi il cappotto: *to take off*. La risposta giusta è la C. *To take on* (risposta A) vuol dire prendere a bordo, accollarsi. *To take over* (risposta B) vuol dire sostituire. *To take up* (risposta D) significa cominciare un'attività. *To take away* (risposta E) vuol dire asportare, portare via.

6 *Therefore* (A) vuol dire quindi; *finally* (B) vuol dire infine; *however* (C) vuol dire tuttavia/per quanto; *never* (D) vuol dire mai; *as* (E) vuol dire come/poiché. Basta conoscere il significato di queste parole per capire che la risposta giusta è la C: *however much it costs* vuol dire "per quanto possa costare".

7 *Time* è un sostantivo *uncountable*, quindi molto/gran parte del suo tempo si dirà *much of his time/most of his time*. La risposta esatta è la E. *Many* (risposta A) precede sostantivi al plurale; *more* (risposta B) vuol dire più; *most* (risposta D) vuol dire la maggior parte di, ma è seguito da un sostantivo plurale. Un aggettivo possessivo (*his*), dimostrativo (*those*) o indefinito (*some*) rendono comunque necessario *of* dopo *most*.

8 Le parole *played* e *first* si possono ordinare come segue: *first played* (risposta A) e *played first* (risposta B), che significano rispettivamente "ha giocato per la prima volta" e " ha giocato per primo". Poiché si parla di stadio, è difficile che un solo giocatore abbia giocato per primo, dal momento che in una squadra di calcio (Beckham è un giocatore) si gioca in 11 tutti insieme. Più verosimile è l'alternativa A, che è la risposta corretta. Le alternative C, D ed E non hanno significato. *Played at first* vuol dire giocare dapprima/inizialmente.

9 L'espressione idiomatica *that is why* vuol dire "ecco perché", "è questo il motivo per cui". La risposta giusta è pertanto la D.

10 Il periodo ipotetico espresso nella domanda si può risolvere con una subordinata retta da un *simple present* (*want*) o da un *simple past* (*wanted*: volessi), dal momento che il *present conditional* espresso da *should* può reggere la principale sia nel primo sia nel secondo periodo ipotetico. *Would* (A) e *would like* (C) sono due condizionali. *Like* (risposta E) dovrebbe essere seguito da un complemento oggetto (*it*), mentre *want* (risposta D) è giustamente seguito da *to*, poiché è sottinteso *to smoke a cigarette*. La risposta giusta è quindi la D.

11 Alla frase manca "anche". In questo caso, dal momento che si sottintende la stessa azione per entrambi i soggetti (*I* e *my brother*), va bene *so* (anche seguito da *did*, ausiliare del verbo della principale, al *simple past*). *Too* (risposta A) di solito si colloca alla fine di una frase o dopo il soggetto a cui si riferisce. *Also* (risposta B) è uguale a *too* e di solito precede il verbo. *Either* (risposta C) vuol dire o l'uno o l'altro. *Did* (risposta D), in questo caso dovrebbe essere preceduto da *neither* o *so*. La risposta giusta è la E.

12 L'espressione idiomatica *as far as I'm/he is* (o altri soggetti) *concerned* vuol dire *in my/his* (o di altri soggetti) *opinion*. La risposta giusta è quindi la A.

13 In questo tipo di risposta si possono premettere varie parole, che rafforzano la risposta o la mettono in una particolare relazione (di contrasto) con la domanda. È possibile dire: *of course I am*, *certainly I am*, *I am instead* (se si vuole ribattere a un'ipotesi contraria), *indeed I am* (certamente lo sono), *in fact I am* (anzi lo sono). Considerate le alternative, in questo caso la risposta più opportuna è *indeed I am*, risposta D.

14 Per esprimere il legame di possesso si ricorre al genitivo sassone, con la seguente costruzione: proprietario + *'s* + cosa posseduta. La risposta giusta è la E. Si noti che la seconda *s apostrofata* (*name's*) sta per *is*, dal verbo *to be*.

15 Visto che il conto è sbagliato, il parlante vorrà esprimere la propria intenzione di non pagare. Si possono utilizzare o la forma *to be going to* oppure *will/won't*. *Am not paying* (risposta B) vuol dire non sto pagando (per quanto il *present continuous* possa avere significato di futuro, non esprime l'intenzionalità); *don't have to pay* (risposta C) vuol dire non devo pagare, e precisa l'assenza di obbligo. *Won't be paying* (risposta D) fotografa l'azione in fase di svolgimento (starò pagando). *Don't pay* (risposta E) non ha l'efficacia né la frequenza di uso di *am not going to pay*. La risposta giusta è la A.

16 In questo caso potrebbero completare la frase *regardless* (indipendentemente da) oppure *in spite* (nonostante), poiché entrambi possono essere seguiti da *of*. *Whatever* (risposta A) va bene ma senza il *to* dopo. *Regards* (risposta B) vuol dire saluti (formali). *Beside* (risposta D) vuol dire accanto a; *besides* (oltre a, inoltre) sarebbe stato corretto in questa frase. *Though* (risposta E) vuol dire sebbene, nonostante (seguito da frase, non da sostantivo). La risposta corretta è quindi la C.

17 Il verbo *to show* vuol dire mostrare; seguito da *off* vuol dire ostentare, mettersi in luce. La risposta esatta è la A. *Show round* (risposta B) vuol dire farsi vedere, farsi visitare. *Show in* (risposta C) vuol dire accompagnare dentro. *Show out* (risposta D) vuol dire accompagnare fuori. *Show to* (risposta E) vuol dire mostrare a.

18 Il verbo *to regret* è di quelli che hanno un diverso significato a seconda della forma del verbo che segue. In relazione al momento presente, se seguito da un verbo all'infinito vuol dire essere spiacenti, se seguito da un verbo alla *-ing form* significa rammaricarsi. In relazione a un'azione compiuta nel passato, può essere seguito o da *-ing* o da *that* + frase. In questo caso: *I regret not studying/that I didn't study*. Considerate tutte le alternative, la risposta giusta sarà la B.

19 *Interested* (risposta A) vuol dire interessato, e può essere seguito da *in*. *Written* (risposta B), *made* (risposta C) e *watched* (risposta D) non sono corretti. *Aiming* (risposta E) vuol dire ambire, puntare a, ma è seguito solo dalle preposizioni *at* e *to*. La risposta esatta è la A.

20 La *question tag* di una frase espressa all'imperativo si realizza con l'ausiliare *will*, come per esortare a compiere l'azione. La risposta giusta è dunque la C.

21 In inglese esiste un tempo verbale atto a esprimere azioni il cui inizio ha avuto luogo nel passato ma il cui corso è comunque attuale, come nel caso della conoscenza di una persona: è il Present Perfect, composto dall'ausiliare *to have* coniugato con il soggetto e il participio passato del verbo. Di conseguenza, la scelta ricade su *have known* (*'ve* è la contrazione di *have*, coniugato con *I*, prima persona singolare). La preposizione di tempo che segue è *for*, perché, a differenza di *since*, indica la durata dell'azione (anni, *years*), non il punto di inizio della stessa (*since*). La risposta esatta è dunque la A.

22 Gli aggettivi precedono sempre il sostantivo in inglese. Tuttavia, quando gli aggettivi sono numerosi, l'ordine in cui disporli, a partire dal più distante dal sostantivo, è il seguente: condizione dell'oggetto, dimensioni, età, forma, colore, origine geografica, materiale. Ora, la risposta esatta non può essere che la C, dove nell'ordine compaiono *old* (età), *red* (colore), *Spanish* (origine), *leather* (materiale).

23 Si noti che l'*employer* non è l'impiegato, ma il datore di lavoro. In ogni caso, la donna è intimidita da lui. In inglese il complemento d'agente è introdotto da *by* (risposta D). Tra le altre alternative, almeno la E poteva essere scartata senza difficoltà, dato che *because* è una congiunzione causale che introduce una frase subordinata.

24 L' unica risposta possibile è la E. Le altre si devono escludere a causa dell'aggettivo, che renderebbe assurdo il periodo. È sempre l'aggettivo che permette di sciogliere anche l'ultimo dubbio: nel caso della risposta B, per esempio, sarebbe ridondante dire *effetti universali... in tutti i percorsi della vita*.

25 In questo caso, non deve fuorviare il confronto con la lingua italiana: infatti, in italiano è corretto dire *ho sentito molto (parlare) di te*. In questo caso *to hear* significa *avere informazioni o notizie di* qualcuno o qualcosa, quindi si intende esprimere un complemento di argomento che in inglese non può essere introdotto da *of* (risposta B) o da *on* (risposta C). La A è da escludere in quanto *about* non regge la preposizione *of*. Anche la E è errata poiché *relative* è un aggettivo, mentre la frase di partenza richiede una preposizione. La scelta cade quindi sulla D.

26 *To get engaged* significa fidanzarsi (essere fidanzati nel senso di "durata" del rapporto si traduce invece *to be engaged*). Ciò permette allora di cominciare a escludere *have* e *had*, cioè le risposte C ed E. La D può essere esclusa perché *will* non può reggere un participio passato (cioè *engaged*; poteva essere ammissibile, a prescindere dal significato, *I will get engaged*). Restano quindi la A e la B, che traducono rispettivamente un passato (*mi sono fidanzato con lei*) e un presente (*mi fidanzo con lei*). Verosimilmente, l'alternativa migliore è proprio la A.

27 Il soggetto della frase è singolare: si può escludere la risposta A che propone un verbo alla forma plurale. La sintassi della frase orienta verso la scelta di un verbo passivo e non attivo (per esempio, non c'è nessun complemento oggetto): restano le risposte B e D. La B non è però grammaticalmente corretta (avrebbe dovuto essere *has been conducted*), quindi la risposta corretta è la D.

28 Per risolvere un esercizio di questo tipo, occorre provare a inserire nella frase tutte le alternative. La A non sembra accettabile, perché solo in senso molto lato può dirsi che i batteri e i virus dominano gli altri organismi, né tantomeno che questi ultimi forniscono compagnia ai primi. La B non sembra invece presentare difficoltà come pure la C. La D e la E invece utilizzano verbi (*to serve*: servire; *to be symbiotic*: essere simbiotici) che contraddicono l'affermazione iniziale, secondo la quale i virus e i batteri sono i padroni del mondo: si possono quindi scartare. La scelta tra le due alternative rimaste non è oggettivamente facile. Il confronto tra i sostantivi proposti può però aiutare. La C suggerisce che le altre forme di vita forniscono a virus e batteri un'*opportunità*, mentre la B suggerisce *alloggio e mensa*. È proprio quest'ultima che meglio si accorda con la situazione di dominio; quindi la risposta corretta è la B.

29 L'aggettivo possessivo non è preceduto né da articoli né da determinanti. Tuttavia, quando in italiano la struttura è preceduta da questi ultimi – aggettivi o pronomi che definiscono quantitativamente (uno, due, alcuni ecc.) o qualitativamente (questo, quello ecc.) il secondo elemento – in inglese tali determinanti vengono premessi all'aggettivo, sono immediatamente seguiti dalla preposizione *of* e il sostantivo a cui si riferiscono è reso al plurale nel seguente modo: *one of my friends* (non: *one my friend*). Ora, quando nella frase compare il "proprietario" (attraverso un sostantivo o un nome proprio, alla terza persona), l'espressione del legame è resa attraverso il genitivo sassone (*possessive case*). La risposta esatta è quindi la D: *one of Richard's best friends*.

30 L'avverbio *when* solitamente introduce una subordinata temporale il cui verbo è al tempo finito; in questo caso il tempo è un simple past (*entered*). La frase principale mette in evidenza un'azione in fase di svolgimento rispetto a quella finita della subordinata, per cui, coerentemente con il tempo di questa, il verbo che la regge è al past continuous (costruito con l'ausiliare *to be* coniugato al passato e il verbo alla forma *-ing*): *was sitting*. La risposta esatta è la D.

31 L'isola può essere concepita come un qualcosa che interrompe l'uniformità dell'oceano. Intuitivamente, questa è la stessa situazione dell'oasi nel deserto: la risposta esatta è la C. Nulla di simile potrebbe invece dirsi per le coppie collina-fiume, foresta-vallata, penisola-molo e nemmeno per albero-campo (non è detto che l'albero debba essere isolato, nel campo).

32 Chi non riuscisse a individuare la relazione esistente tra naso e faccia, potrebbe procedere nell'ordine inverso, analizzando cioè le varie soluzioni proposte. Si potrebbe allora osservare che l'anello (*ring*) e la scarpa (*shoe*) sono "ornamenti" della parte del corpo interessata (rispettivamente dito, cioè *finger*, e piede, cioè *foot*), cosa che invece non può dirsi del naso rispetto alla faccia. Si scarteranno così la A e la C. Né miglior fortuna possono avere la B (*fusto-radice*) e la E (*rampicante-edificio*). La risposta esatta è la D: il rapporto tra pomo e porta può avvicinarsi a quello tra naso e faccia, in quanto il primo è un elemento costitutivo, e prominente, della seconda.

33 Il rapporto tra i due concetti di partenza è di opposizione, per cui si possono scartare subito le risposte B, C ed E. Anche la D segue la stessa sorte, in quanto *povero* (*pauper*) non è il contrario di *finanza*. Non resta dunque che la A, poiché una condizione di *debilitazione* è opposta a una condizione di *forza*.

34 Non dovrebbero sussistere incertezze nello scartare la risposta B (*resistente*), la C (*trasandato*) e la D (*spontaneo*). Quanto alla A, si dovrebbe considerare che il contrario di *umile* è *arrogante* e non *perentorio*. La E è la risposta corretta.

35 È piuttosto evidente che il contrario di *insolvente* è *finanziariamente stabile*. Per una volta, l'italiano aiuta: la risposta corretta è la B.

36 *Illusorio* è un contrario di *realistico*, per cui la risposta esatta è la B. *Nimble* significa agile; *powerful* significa potente; *underrated* significa sottovalutato; *remarkable* significa notevole.

37 *Temperate*, temperato, moderato, non può essere il contrario di anziano (*aged*), troncato (*truncated*), prodotto (*producted*). Può esserci invece incertezza tra *unlimited* e *inebriated*; mentre *unlimited* significa illimitato, *inebrieted* può significare inebriato (in senso figurato). La risposta E sembra dunque essere la scelta migliore.

38 È evidente che l'errore sia nel verbo, anche perché da *outside* in poi tutte le frasi sono uguali. L'appuntamento è ovviamente stato fissato per un momento posteriore a quello di riferimento, per cui il tempo verbale dovrà essere necessariamente un futuro. La scelta si restringe allora alla B, alla D e alla E. La D non è corretta, in quanto il futuro semplice in inglese non si presta a esprimere una decisione presa in un tempo precedente a quello della sua manifestazione. La E è da escludere, perché la forma *to be going* è seguita da un infinito, non da un gerundio. La risposta esatta è la B, dove il futuro progressivo rende in inglese l'idea di un'azione (l'attesa) in corso in un momento futuro.

39 In inglese un soggetto collettivo deve avere il verbo al plurale. Si può così escludere la risposta A. Ragionando sul tempo verbale, si deve osservare che il passato prossimo (*have played*) e il trapassato prossimo (*had played*) non sono corretti per esprimere un'azione ormai già del tutto terminata. Nello stesso tempo, l'azione è anche continua, progressiva: tutto questo orienta decisamente verso la soluzione E.

40 Bisogna prestare molta attenzione, in quanto la frase di partenza presenta due errori: *seem* mancante della "s" finale e *goodly* che è un aggettivo e non un avverbio. Alcune delle alternative proposte correggono tali errori, ma ne introducono di nuovi. Soltanto la E appare interamente corretta.

41 Anche in questo caso, ci sono due macroscopici errori. Basterebbe comunque riconoscerne con certezza almeno uno per limitare le alternative. Se per esempio ci si rende conto dell'assurdità di *in front about me* e si opta per *in front of me*, restano da considerare le risposte A, C e D. La A è grammaticalmente corretta, ma come sarebbe possibile camminare *sotto* la strada? La risposta esatta è la D. La C differisce solo per una particella (*of* dopo *along*) che potrebbe sfuggire al candidato frettoloso: occorre invece leggere con grande attenzione gli esercizi di questo tipo.

LINGUA INGLESE

42 Considerate le date menzionate nelle prime due righe del brano, 1989 e 1990, il concetto espresso nella seconda frase si riferirà all'anno successivo, non precedente (si escluda la risposta E, *before*). Un anno dopo/più tardi si traduce *a/one year later*. La risposta corretta è la C.

43 Per risolvere rapidamente il quesito, basta sapere che dopo le preposizioni e le congiunzioni (in questo caso *after*) il verbo che segue è sempre alla forma in *-ing*. La risposta giusta è quindi la A: *being*.

44 Dal senso del paragrafo si deduce che non tutti volevano la riunificazione della Germania, quindi *not everyone*. Anche *not anyone* sarebbe stato corretto, con il significato di nessuno. La risposta giusta è la B. *No one* (risposta D) vuol dire nessuno ed è seguito da un verbo alla forma affermativa.

45 Alla frase manca l'ausiliare del tempo verbale. Il pensiero di Francia e Gran Bretagna andava al futuro, al timore che la Germania, dopo la riunificazione, potesse diventare in futuro uno Stato troppo forte. Si tratta di un futuro nel passato, che in inglese si esprime con un condizionale presente e quindi con l'ausiliare *would*. La risposta giusta è quindi la D, *would*. *Should* (risposta E) è l'ausiliare che introduce il consiglio, il suggerimento, l'auspicio, traducendo dovrebbe.

46 La parola mancante vuol dire settore, che in inglese si traduce *field*: risposta B. *Factory* (risposta A) significa stabilimento, fabbrica. *Interest* (risposta C) vuol dire interesse; *area* (risposta D) vuol dire zona, regione, area; *concern* (risposta E) vuole dire azienda oppure preoccupazione.

47 Il verbo che manca alla frase è *to leave*, lasciare. L'età di abbandono della scuola si traduce *school leaving age*, dove il verbo *to leave* è alla forma in *-ing* con valore di aggettivo. La risposta giusta è quindi la C.

48 Il verbo *has said* è al *present perfect*, un tempo che denota un'azione in fase di svolgimento o compiutasi da poco; suoi indicatori sono avverbi di tempo come *already, just, recently, not yet*. *Actually* (risposta A) non è un avverbio di tempo, ma vuol dire infatti; *recent* (risposta B) è un aggettivo; *presently* (risposta D) e *now* (risposta E) significano attualmente, ora, adesso (avverbi che giustificano il *simple present*, piuttosto). La risposta giusta è la C.

49 Nella frase si parla di costringere a studiare fino all'età di 18 anni: *right up to the age of 18*. La risposta al quesito è la B.

50 Nella sua dichiarazione, Sir Chris esprime un'ipotesi, quasi un auspicio, per cui se un giovane di 14 anni ha acquisito i fondamenti dell'insegnamento scolare, lui sarebbe felice di vederlo cominciare un percorso di apprendistato o formazione a lavori pratici, manuali. L'ipotesi si esprime con un condizionale, in questo caso presente. La risposta corretta è la A, *would be*.

51 Nella frase ci si riferisce a istruzione o formazione ulteriore o aggiuntiva. Di tutte le parole suggerite, l'unica corretta è *further*, risposta B. *Far* (risposta A) vuol dire lontano; *many* (risposta C) vuol dire molti; *little* (risposta D) significa poco; *how* (risposta E) vuol dire come.

52 Nel brano non si parla di oppressione, né di violenza né di lotta (*strife*). Anche l'istinto non è menzionato. La risposta B potrebbe ingannare, poiché la parola *evoluzione* è presente nel testo. Tuttavia, si dice solo che l'uomo è in grado di interpretare la propria evoluzione (che si deve intendere sia fisica sia spirituale), mentre il concetto che viene diffusamente descritto nel brano è proprio il cammino verso la civiltà. Questo orienta decisamente verso la risposta D.

53 Tutto l'andamento del brano mira a dimostrare che con il cammino verso stadi sempre più avanzati della civiltà e quindi con la costituzione di gruppi sociali sempre più ampi, i diritti e il valore dell'individuo hanno avuto un'importanza sempre maggiore. Si deve dunque optare per la risposta E.

54 La domanda è insidiosa. Non si chiede, per esempio, in che modo o grazie a quali mezzi l'uomo si è evoluto, ha cominciato a esplorare la galassia ecc. Si chiede quale è la sua unicità rispetto agli altri animali, ovvero la capacità di osservare il proprio progresso: la risposta corretta è la C.

55 Di Ercole non si parla se non per citarne la famose colonne. L'America è menzionata, ma non per la sua scoperta. Sarebbe eccessivo poi ritenere che il titolo possa essere *La geografia secondo Platone*: nel brano si dice solo che Platone ha parlato di Atlantide. Quanto alla risposta D, il brano effettivamente parla di antiche (sepolte) civiltà. Il filo conduttore è però sicuramente il mito, molto antico, di Atlantide, per cui la risposta da scegliere è la A.

56 Il brano non dice che Omero conobbe gli Atlantidi, né che Platone ne sia stato il legislatore. Quanto alla C, il brano afferma il concetto contrario. La risposta D è assurda. L'unica cosa che si può effettivamente dedurre dal testo, tra le alternative proposte, è proprio che quella civiltà non ha lasciato tracce evidenti di sé: la risposta esatta è la E.

57 Nel testo si dice che Atene sconfisse Atlantide, ma questo non è indicato come causa della rovina. Si afferma invece che l'isola fu distrutta a causa dell'empietà degli abitanti: questa è l'unica spiegazione che emerge dal brano e dunque l'unica da considerare. La risposta corretta è la C.

58 La risposta E è da escludere, in quanto il *Timeo* è stato scritto da Platone; anche la B è sbagliata in quanto si menzionano le guerre di conquista sostenute dagli Atlantidi. Le affermazioni riportate nelle risposte A e D sono introdotte nel brano solo in forma ipotetica. La risposta corretta è la C.

59 *Jet* è sinonimo di *plane*, aereo e significa anche viaggio in aereo; *lag* significa sfasamento, ritardo, rallentamento. Pur senza conoscere il significato delle singole parole, nel terzo paragrafo è scritto che: *When people travel by plane from one continent to another they often cross many time zones. Their internal clocks don't seem to work correctly. We call this jet lag.* Il *jet lag* è quindi l'alterazione dei ritmi biologici successiva all'attraversamento di molti fusi orari, non uno soltanto (B).
La risposta corretta è la A.

60 Nel testo dell'esercizio si afferma che l'orologio biologico negli animali è plausibilmente controllato dal cervello, mentre si presume che in altre creature viventi, in particolare quelle prive di cervello e le piante, tale controllo sia esercitato diversamente (*In animals it is probably controlled by the brain, but in plants and other living things that have no brain it must be something else*). Si possono quindi facilmente escludere le risposte A ed E, in quanto vi si parla di *all living creatures*. Le altre alternative sono tra loro simili e per fare distinzione, al fine di poter rispondere con esattezza, è importante rilevare le differenze di senso esistenti tra i verbi modali *can*, *may* e *might*. Can esprime la capacità, fisica o mentale, di realizzare qualcosa, mentre may indica la richiesta di autorizzazione o permesso di fare qualcosa. Inoltre *may* e *might*, entrambi verbi che esprimono "potere", si differenziano tra loro perché *may* viene utilizzato nelle frasi al presente, mentre *might* in quelle al condizionale, ma anche per definire un diverso livello di certezza percepito rispetto a qualcosa che può accadere (meno probabile in caso di *may*, più probabile in caso di *might*).
Oltretutto, nel testo si trova l'avverbio *probably*, che esprime un'idea di alta probabilità e plausibilità, mentre una maggiore incertezza viene resa con *possibly*. Ne consegue che, ritenuto probabile che sia il cervello negli animali l'organo deputato a controllare l'orologio biologico, la risposta più coerente con il testo è la B: *in animals the brain can control the biological clock*, dove *can* esprime chiaramente una capacità o un potenziale..

61 È necessario rispondere al quesito indipendentemente dalle deduzioni personali, attenendosi esclusivamente alle informazioni contenute nel testo. L'intero quarto paragrafo descrive le reazioni fisiche di chi lavora durante la notte: *People who work night shifts also have problems with their biological clocks. In general, they may not be as alert or active as people who work during the daytime. They also have more accidents during work. Sometimes they have more health and sleeping problems than other people.* Il fatto che chi lavora di notte abbia problemi o difficoltà nella regolazione dei propri ritmi biologici non vuol dire che abbia un orologio biologico sbagliato (A); il fatto che tali persone siano meno pronte o attive non significa che siano inaffidabili sul lavoro (B); per quanto logico, non è scritto che tali persone cambino i loro ritmi diurni né che dormano di giorno (D ed E). La risposta corretta è la C.

LINGUA INGLESE

62 Al termine del brano è scritto che i medici stanno cercando il modo di rendere gli spostamenti più agevoli e le cure più efficaci: *Doctors are looking for new ways to make travelling more comfortable and medical treatment more effective.* Pertanto, lo scopo è quello di ridurre l'impatto del viaggio sui ritmi di vita (non sulle malattie, C). La risposta corretta è la B.

63 L'assunzione dei farmaci è trattata nel quinto paragrafo: *By using the right medicine you can fight off problems that are connected with different times of day. Heart attacks and strokes often happen in the morning hours - between the time you get up and noon. Asthma often occurs between midnight and the morning hours. So when people with weak hearts take their medicine right after waking up it might prevent a heart attack.* Poiché è stato accertato che determinati problemi sorgono in momenti precisi del giorno, è possibile prevenire il verificarsi di certi episodi – se si è predisposti – assumendo i farmaci appena prima del momento in cui si possono presentare. Nel paragrafo viene fatto l'esempio dell'infarto cardiaco, che si verifica spesso durante la mattinata; ma questo non deve far credere che la risposta corretta sia la C. La risposta giusta è la D.

64 All'inizio del brano – nel terzo paragrafo – è scritto che *There was, clearly, something slightly shameful about a "nervous breakdown" and one didn't speak about it.* Non si parlava di questa condizione, il discorso era tabù, censurato, quindi non c'era la volontà di parlarne. La risposta esatta è la A. Si ricorda che *would* + forma base del verbo esprime un'azione compiuta spesso e volentieri nel passato; *to be used to* + *-ing* significa essere abituati a (fare qualcosa). Le risposte C, D ed E sono false, dal momento che c'erano sussurri, si vociava; non è vero che era abitudine parlarne; non è vero che si conosceva perfettamente la natura di un esaurimento nervoso.

65 *Trauma* è la parola a cui si rifanno tutte le espressioni utilizzate per definire una persona depressa. Ma l'espressione *to suffer from nerves* trova la sua equivalente odierna in *to be in trauma*, come spiegato nel terz'ultimo paragrafo: *Take the word, "trauma", which is now frequently and commonly invoked in conversation today. A person who has suffered a bereavement is said to be " in trauma".* La risposta esatta è la C.

66 Nel brano è scritto che, nel mondo, la depressione semina più vittime della guerra, del tumore e dell'AIDS messi insieme: *It seems that depression in various guises – whether chronic, uni-polar, bi-polar, clinical, recurrent, major or minor – accounts for a greater burden of disease, world-wide, than war, cancer and AIDS all put together.* La risposta esatta è la E.

67 Nel penultimo paragrafo è spiegato che: *The break-up of relationships – a sad human experience which brings us a sense of loss, and hurts our need for attachment – is, similarly, described as "a traumatic experience".* La perdita o il dolore alla base di un'esperienza traumatica è qui riferita ai rapporti umani. La risposta corretta è la A.

68 A metà del brano è scritto: *How times have changed. It is an accepted truth, in our time, that depression is an illness with a global reach.* La depressione è oggi considerata una malattia che può colpire chiunque nel mondo, non certo una leggera forma di angoscia (A), un episodio spiacevole tra vicini di casa (B), un sentimento globale (C) o un capriccio personale (E). La risposta corretta è la D.

69 L'esercizio vuole trarre in inganno sfruttando la parola *house*, che compare nella seconda parte di *Warehouse* e che, da sola, significa casa. Il significato corretto di *Warehouse* è invece *magazzino* (risposta A).

70 Ricordando che *loan* significa *prestito, credito*, si può escludere la risposta D. La A non può essere accolta, poiché *on overdraft* aggiunge qualcosa in più al concetto di prestito; *overdraft* significa scoperto: la risposta esatta è la C.

71 Il secondo e il terzo periodo del passaggio evidenziano l'argomento centrale: *When employers stop hiring, the number of people looking for jobs often slips, too, as word about fewer openings gets around. Last month, unemployment fell because nearly a half-million people dropped out of the labor*

PARTE SETTIMA

force while the number with jobs went down by only a quarter-million. In altre parole, dietro alle cifre che rivelano una riduzione nella disoccupazione c'è l'atteggiamento negativo assunto da chi, accortosi che i posti offerti diminuiscono, smette di cercar lavoro, riducendo quindi il numero dei disoccupati: dati questi presupposti, la disoccupazione si riduce perché coloro che si ritirano dal mercato del lavoro sono più di coloro che perdono effettivamente il posto di lavoro. Pertanto, le cifre possono ingannare, se non si analizza la realtà con attenzione: la risposta esatta è la **B**. Le risposte **A** e **D** esprimono concetti contrari a quelli espressi nel passaggio, mentre la risposta **C** introduce un concetto assente nel brano.

---

72 Dal passaggio si evince che i consumatori potrebbero ridurre gli acquisti (*consumers could decide to cutback on their purchases*); questo permette di escludere la risposta **A**. La causa, tuttavia, non è individuata né nell'aumento dei prezzi, né nell'aumento dell'inflazione (risposte **C** e **D** errate). La risposta corretta è la **B**: la disoccupazione crescente, anche se di poco, influisce tanto da indurre i consumatori a frenare gli acquisti: *perhaps as a result of rising job losses*.

---

73 Al momento della prima estrazione ci sono 5 fogliettini nell'urna, quindi la probabilità che venga estratto uno dei due figli maschi è pari a 2/5 (due casi favorevoli su 5 possibili). A questo punto, Fabrizio effettua la seconda estrazione e si troverà con 4 fogliettini dei quali uno solo contiene il nome del figlio maschio rimanente. La probabilità di estrarre questo fogliettoino è pari a 1/4. La probabilità che i due eventi (figlio maschio alla prima estrazione e figlio maschio alla seconda estrazione) si verifichino contemporaneamente è data dal prodotto delle due singole probabilità (si tratta di eventi indipendenti), ed è dunque pari a 2/5 x 1/4 = 2/20 = 1/10 (in termini percentuali 10%). La soluzione al quesito è fornita dall'alternativa **B**.

---

74 Giovanni realizza un guadagno del 20% sul prezzo pagato un anno prima, quindi 204.000 euro sono pari al prezzo pagato più il 20% dello stesso, cioè:

$$204.000 = X + 20\%\ X$$

dove X è il prezzo di acquisto della casa. Si può quindi dire che:

$$204.000 = 120\% \cdot X \rightarrow 204.000 = \frac{12}{10} \cdot X.$$

Risolvendo questa equazione si ottiene:

$$X = 204.000 \cdot \frac{10}{12} = 170.000 \text{ euro}$$

che corrisponde alla cifra pagata da Giovanni un anno fa. La **D** è la soluzione del quesito.

---

75 Viaggiando a 100 chilometri l'ora (in inglese: *kph*), dopo un'ora e mezza Lorenzo avrà percorso una distanza pari a 150 km. Per arrivare a Digione dovrà ancora compiere 314 – 150 = 164 km. Questa distanza è inferiore a quella che deve compiere Guido che è ancora fermo a Lione. La soluzione del quesito è, quindi, fornita dall'alternativa **A**.

---

76 Per risolvere il quesito è utile provare a schematizzare le informazioni riportate. Per semplicità si può usare il simbolo "+" per descrivere un rapporto coniugale, mentre "↔" indica un legame tra fratelli.

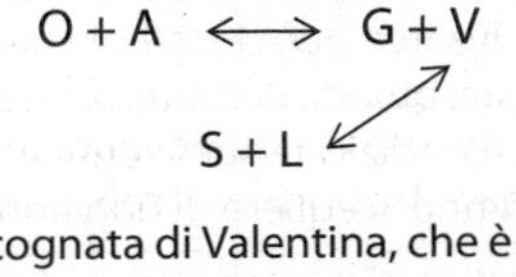

Avendo sposato Luca, Sara è cognata di Valentina, che è anche cognata di Angela, avendo sposato il fratello di questa. D'altra parte, Osvaldo, avendo sposato la sorella di Giovanni, è cognato di questo. L'unico rapporto inesistente tra quelli proposti è quello riportato nell'alternativa **C** (soluzione del quesito): tra Sara e Osvaldo c'è solo un rapporto di amicizia e quindi Angela (moglie di Osvaldo) non ha alcun rapporto di parentela con la prima.

77 Se nessuno degli iscritti che gioca a tennis praticasse anche il nuoto, si avrebbe un totale di iscritti pari a 60% + 70% = 130% che è naturalmente impossibile, essendo il totale uguale al 100%. Il 30% che eccede il totale è proprio la percentuale di iscritti che pratica entrambi gli sport e che viene, quindi, conteggiato sia nell'uno sia nell'altro gruppo. Il 30% dei 200 iscritti, dunque, gioca a tennis e pratica il nuoto. In termini numerici, questa percentuale corrisponde a 60 persone (il 30% di 200, appunto) e la soluzione al quesito è, quindi, fornita dall'alternativa **B**.

78 Per risolvere l'esercizio si provi a usare gli insiemi.

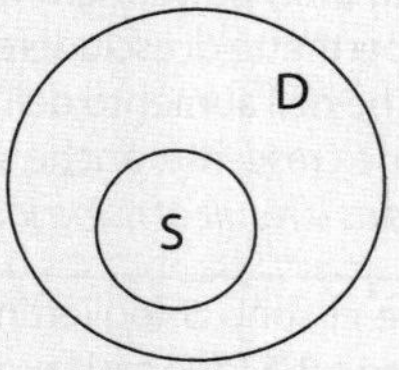

L'insieme S rappresenta tutte le persone che praticano sport, mentre il D tutte quelle che sono a dieta. Questa rappresentazione dice che tutti coloro che praticano sport sono a dieta (infatti la dieta caratterizza tutti quelli che fanno sport), ma non tutti quelli che sono a dieta praticano per forza sport (alternativa **D** errata). Poiché Monica sarà un qualunque punto all'interno dell'insieme D, l'unica cosa che si potrà affermare con certezza è che lei potrebbe praticare lo sport (ma non si ha alcuna certezza in merito – alternativa **A** errata). La soluzione al quesito è, dunque, fornita dall'alternativa **C**.

79 La soluzione al quesito è fornita dall'alternativa **A**. Infatti, indipendentemente da chi nello specifico si ha accanto o di fronte, per poter rispettare la regola che ogni uomo deve essere seduto tra due donne e viceversa, è necessario che persone dello stesso sesso siano sempre sedute le une di fronte alle altre.

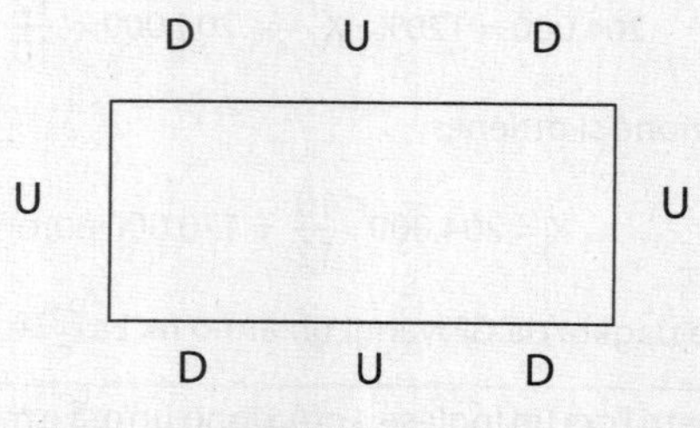

Comunque si giri questa configurazione, infatti, o due donne o due uomini si troveranno a capotavola. Le alternative **C**, **D** ed **E** esprimono condizioni che non necessariamente portano a una distribuzione come quella richiesta, e risultano, quindi, errate.

80 L'espressione "solo se" (*only in case*) introduce una condizione necessaria: è necessario che piova affinché Andrea vada in palestra. La pioggia è quindi per Andrea una condizione necessaria, ma non sufficiente per spingerlo ad andare in palestra. Sicuramente, se non piove Andrea non andrà e se è andato è perché piove, ma Andrea può decidere anche di non andare benché piova. La soluzione al quesito è quella proposta, quindi, dall'alternativa **C**. Si presti attenzione all'alternativa **B**. Il fatto che lui sia raffreddato (condizione sufficiente a spingerlo ad andare al cinema) è solo una delle possibili cause che gli fanno scegliere di non andare in palestra benché piova, ma non l'unica.

